对外经济贸易大学
远程教育系列教材

金融期货与期权

Financial Futures and Options

严渝军　主　编

田菁玉　夏　睿　副主编

清华大学出版社
北京

内 容 简 介

本书系统介绍国际国内主要的金融衍生品市场,重点介绍相关市场主流的金融期货和期权产品,从实操层面详细介绍了金融期货和期权的交易规则、产品研究、盘口分析、图形趋势、技术指标、套期保值、对冲套利策略等。

本书既可作为高等院校金融投资专业的相关教材,又可作为专业图书对投资者提供帮助。

图书在版编目(CIP)数据

金融期货与期权/严渝军主编 . ---北京:清华大学出版社,2015

(对外经济贸易大学远程教育系列教材)

ISBN 978-7-302-40464-4

Ⅰ.①金…　Ⅱ.①严…　Ⅲ.①金融期货-期权交易-高等学校-教材　Ⅳ.①F830.9

中国版本图书馆 CIP 数据核字(2015)第 126238 号

责任编辑:江　娅
封面设计:盛嘉宝业
责任校对:王荣静
责任印制:李红英

出版发行:清华大学出版社
　　　　网　　　址:http://www.tup.com.cn,http://www.wqbook.com
　　　　地　　　址:北京清华大学学研大厦 A 座　　　　　　邮　　编:100084
　　　　社 总 机:010-62770175　　　　　　　　　　　　　邮　　购:010-62786544
　　　　投稿与读者服务:010-62776969,c-service@tup.tsinghua.edu.cn
　　　　质量反馈:010-62772015,zhiliang@tup.tsinghua.edu.cn
印 装 者:清华大学印刷厂
经　　销:全国新华书店
开　　本:185mm×230mm　　印　张:18.5　　插　页:1　　字　　数:389 千字
版　　次:2015 年 6 月第 1 版　　　　　　　　　　　　　　印　　次:2015 年 6 月第 1 次印刷
印　　数:1~4000
定　　价:35.00 元

产品编号:060567-01

编 审 委 员 会

总　序

2012 年正值对外经济贸易大学远程教育学院（以下简称贸大远程）成立十周年。10 年来，贸大远程在组织结构、管理体制、招生网络、教学管理、技术平台、教材建设、课件开发等方面已形成了自己的特色。远程教育的名人名师战略、西部战略，以人为本、终身学习的服务理念，以及多元互动的国际化办学特色已在社会上产生了较大的影响力，成为业内公认、全国知名的优秀网院之一。2010 年在全国远程教育十周年庆典表彰活动中，贸大远程一举荣获网络教育教材建设奖金奖、国家网络精品课程（网络教育）建设组织奖银奖、优秀网络课程推广奖银奖、优秀论文奖和远程教育贡献奖五项大奖，成为全国 69 家现代远程教育试点高校获奖最多的高校之一，受到了教育部和全国高校现代远程协作组的充分肯定和高度赞誉。

《国家中长期教育改革和发展规划纲要（2010—2020 年）》强调指出："要大力发展现代远程教育，建设以卫星、电视和互联网等为载体的远程开放继续教育及公共服务平台，为学习者提供方便、灵活、个性化的学习条件。"中国现代远程教育经过十余年发展，为实现教育大众化、促进教育公平、加快教育教学改革、推进教育信息化等做出了重要贡献。在远程教育系统中，教材无疑是与远程学习者关系最为密切的一个要素。抓好教材建设是办好远程教育的一项十分重要的工作，应充分认识教材建设在远程教育工作中的必要性和重要性。近年来，随着现代远程教育工程试点工作的展开，作为教学资源建设的一个重要组成部分，远程教育教材的研发也越来越为各办学机构所重视。早在 2006 年，即"十一五"规划开局之年，贸大远程就率先组织本校具有丰富教学经验的优秀教师，以所开设的两个学历层次的七个特色专业为依据，以现有的导学课件为基础，编写了一套"对外经济贸易大学远程教育系列教材"。本套教材共分为经济贸易、工商管理、法律、金融与会计、行政管理、外语、综合七大系列,全面覆盖贸大远程相关专业的上百门课程。到目前为止,本套系列教材已经编写出版了近90种。其中,《商品学》、《投资管理》、《公共关系学》、《经济法学》和《商务英语写作》先后被评为"北京高等教育精品教材";《公文写作》、《世界贸易组织概论》、《大学英语》、《国际商法》等教材经多次重印仍畅销不衰。本套系列教材以品种全、质量高、成规模、销量大而著称,其选用者不仅限于贸大远程,而且包括其他高校远程学院和培训机构;不仅在学校教学中发挥了重要作用,而且在社会上也具有良好的使用效果,产生了一定的社会效益和经济效益。

对于远程教育的教材而言,"质量与特色"是一个至关重要的问题。教材是否具有远程特色,是否适合远程学习者学习,直接关系到学习者的学习成效,也关系到远程教育的质量。贸大远程在系列教材的策划初期,就高度重视学生在开放教育环境中的个性化学习需求,突出成人教育和远程教育的教学规律,专门为远程学生量身定制。在系列教材的编写与出版过程中,学院高度重视教材建设,始终与作者和出版社保持密切联系,注重收集来自教师与学生的反馈信息,对教材进行及时有效的评价与更新,注重教材的系统性、针对性,确保教材的质量。在系列教材的使用过程中,随着国家政治经济形势的不断变化,国家法律、法规的不断颁布与修订,学科的不断发展与知识的不断更新,以及学习者需求的不断变化,贸大远程审时度势,及时根据学院"十二五"教材建设规划做出了对第一版系列教材进行修订再版的决定,以顺应形势的变化、学科的发展以及学习者的需求,适应学院事业发展的新战略。工作着眼点从追求教材的"数量和规模"逐渐转为注重教材的"质量和特色",着力打造贸大远程优质教材品牌。

第二版远程教材的修订,除了要继续保持和发扬第一版教材在编写体例、结构形式、版式设计等技术层面的原有特色外,更加注重对教材内容及体系的更新和创新,使之更加突出现代远程教育人才培养模式与教学规律;更加体现远程课程体系、教学内容和教学方法方面的改革创新;更加注重理论联系实际和对学员应用能力的培养;更能适应成人教育对象业余学习并以自学为主的特点和需要。较之第一版教材具有更强的针对性、实用性和可操作性。现代远程教育的一个本质特征就是教的行为和学的行为在时空上的相对分离,并以计算机、多媒体、网络为主要媒体的教育形式。在这种新的教育体制下,传统的纸介质教材虽然不再是教学活动的主要媒介,但是在当前技术条件还十分有限的情况下,它仍然是远程教学活动必不可少的辅助工具。有鉴于此,本次远程教材的修订工作,更是有针对性地提出了交互性、一体化的修订策略。力争在导学教材自身的交互性方面有所突破,并力争在媒体建设上实现一体化。将纸质教材与多媒体教学资源有机结合,充分发挥远程教育电子媒体教学资源的优势,减少纸质教材的篇幅。纸质教材要求简洁明了、重点突出。在纸质教材讲清楚基本概念、基本知识、基本技能的基础上,将阅读参考资料,与课程内容相关的法律、法规,工具模板,操作范例等以多媒体网络资源的形式提供给学生。伴随第二版教材的修订工作,与之相配套的导学课件也将进入新一轮的更新制作阶段。

一套教材只有经过市场的考验，不断修订、完善与更新，才能打造成为精品之作。随着第一版远程系列教材的出版，已经整整过去 6 年了，经过贸大远程广大师生两至三轮教与学的使用与实践，经过社会大众学习者多年的选用与检验，教材的组织者、编写者和出版者从中积累了丰富的编写与出版经验。随着学院对教材工作的更加重视，相信在不久的将来，将会有一批体系更加成熟、内容更加实用、形式更加新颖的新版教材陆续问世。步入"十二五"新的历史发展阶段，贸大远程将与时俱进、不辱使命，本着对学生、对社会高度负责的精神，及时推出第二版远程教育系列教材，这是我们贸大远程人为推动中国远程教育的进一步发展所尽的一份教育者的责任。

"读书百遍，其义自见。"希望广大学员养成读书的好习惯，多读书，读好书，并且学以致用。衷心祝愿本套教材的修订再版能够进一步满足接受远程教育的广大学子日益增长的教育需求，伴随大家不断成长和进步。

对外经济贸易大学远程教育学院院长

2012 年 7 月于北京

前　言

　　我们知道,金融衍生品的发展历史不长,但其创新发展的速度却相当惊人。以农产品为代表的商品衍生品起源于 19 世纪 60 年代的美国芝加哥,如今已有 150 多年的历史。以股指期货为代表的金融衍生品是在 20 世纪 70 年代初才诞生,迄今不过 40 多年的历史,整整比商品期货晚了 100 多年。可如今金融衍生品的产品创新已达几千种,其交易量已经占到全球衍生品市场总交易量的 90% 以上,商品衍生品交易量所占份额还不足 10%,足见金融衍生品市场已成为全球衍生品交易的主战场。金融衍生品正以其设计简捷、交割便利、可衍生性强、交易多样化等特点快速发展蔓延,短短几十年几乎遍及世界各地。而金融衍生品的创新也日新月异,由此产生的交易策略更是丰富多彩,金融衍生品市场的发展正日趋全球化。当今世界上几乎所有持现货金融资产的各类机构和个人投资者都需要运用金融衍生品的反向交易来套期保值,对冲现货资产价格波动的风险。金融期货期权也就成为最有效的防范系统性风险的管理工具,因而被广泛推崇。

　　我国金融衍生品市场的真正建立是在本世纪的 2010 年,迄今不过几年的历史,才刚刚起步,是一个名副其实的新兴市场。尽管当下品种单一,机制不健全,交易策略匮乏,但不可否认的是未来我国金融衍生品的创新将会层出不穷,参与机构将涉及社会多个领域,交易机会、交易策略将异常丰富,多层次的金融衍生品市场发展空间巨大,将有可能成为全球最大的市场。面对如此庞大的金融衍生品市场,面对种类繁多的创新产品,面对不断涌现的交易机会,投资者应如何把握,如何尽快储备相关专业知识、构建相关量化交易策略、提高实盘操作技能,就显得尤为迫切。

　　本书正是在此背景下编著的,旨在系统介绍国际国内主要的金融衍生品市场,重点介绍相关市场主流的金融期货期权产品,从实操层面详细介绍金融期货期权交易的相关规则、产品研究、盘口分析、图形趋势、技术指标、套期保值、对冲套利策略等,旨在帮助投资者全面了解主要的金融期货期权市场及相关的期货期权产品。本书既可作为高等院校金融投资专业的相关教材,又可作为金融投资领域的专业书籍对投资者提供帮助。

本书主要内容如下:第一章为金融期货期权概述;第二章对国际国内金融期货与期权市场作了介绍;第三章详细讲述了金融期货交易技术与盘口分析;第四章介绍了金融期货的基本面分析;第五章讲述了金融期货投资的技术分析;第六章对金融期货套期保值策略进行了细致分析;第七章对金融期货的投机套利进行了讲述;第八章特别对我国即将推出的个股期权交易进行了介绍;第九章就金融期权套期保值策略进行讲述;最后,第十章对期权对冲套利进行了介绍。

本书成立专业小组进行编写。由严渝军设计主体框架并担任主编,由田菁玉、夏睿担任副主编。具体分工如下:第一、二章由田菁玉编写;第三章由陈敏、严渝军编写;第四章由周腾跃编写;第五章由严渝军、陈敏编写;第六、七章由夏睿编写;第八章由严渝军编写;第九、十章由吴萌萌编写。编写过程中难免有遗漏和考虑不周之处,敬请读者批评指正。

感谢对外经济贸易大学金融学院、远程教育学院对本书编写提供的大力支持,感谢陶利萍、张良峰等亲朋好友提供的大力帮助。

目 录

CONTENTS

金融期货与期权

C

HAPTER ONE

第一章

导　论

学 习 目 标

通过本章的学习,读者可以了解金融期货、期权的基本概念和主要特点,熟悉其交易流程及基本规则。

重 点 难 点 提 示

本章难点主要在金融期货、期权的交易流程及基本规则上,读者可根据期货期权市场的实际情况来对照学习。

第一节　期货简介

当今世界金融衍生品市场发展迅速,扩展极快,短短几十年就遍及世界各地,而且金融衍生品创新日新月异,由此产生的交易策略更是丰富多彩。几乎所有持现货金融资产的各类机构或个人投资者都免不了运用金融衍生工具来套期保值,对冲现货价格波动风险。金融期货、期权也就成为最有效的防范系统性风险的管理工具。那么什么是期货与期权呢?金融期货与金融期权又有什么特征? 其套期保值功能又是如何体现的呢?

一、期货的概念

期货的英文为 Futures,是由“未来”一词演化而来。其含义是:交易双方不必在买卖发生的初期就交收,而是共同约定在未来的某一时候交收实货,因此就称其为“期货”。期货是除外汇以外交易量最大的金融标的。

二、期货市场的发展历程

历史上最早的期货市场是江户幕府时代的日本。由于当时的米价对经济及军事活动造成重大影响,米商会根据食米的生产以及市场对食米的期待而决定库存食米的买卖。

在 20 世纪 70 年代,芝加哥商品交易所(CME)与芝加哥期货交易所(CBOT)两家交易所曾进行多项期货产品的创新,大力发展多个金融期货品种,令金融期货成为期货市场的主流。80 年代,芝加哥的交易所开始发展电子交易平台。踏入 90 年代末,各国交易所出现购并的趋势。

中国古代已有由粮栈、粮市构成的商品信贷及远期合约制度。在民国年代,中国上海曾出现多个期货交易所,市场一度出现疯狂热炒。东北大连、营口、奉天等 15 个城市曾设立期货交易所,主要经营大豆、豆饼、豆油期货贸易。1949 年中华人民共和国成立后,期货交易所在中国大陆绝迹几十年,到 1990 年郑州设立期货交易所,展开了一波期货热炒风潮,各省市百花齐放,最多一度同时开设超过 50 家期货交易所,超过全球其他国家期货交易所数目的总和。中国国务院在 1994 年及 1998 年,两次大力收紧监管,暂停多个期货品种,勒令多间交易所停止营业。自 1998 年后,中国大陆合法的商品期货交易所只剩下上海期货交易所、大连期货交易所、郑州期货交易所三家,前者经营能源与金属商品期货,后两者经营农产品期货。到 2006 年 9 月 8 日,中国金融期货交易所在上海挂牌成立,2010 年 4 月 16 日首项推出的产品为沪深 300 股指期货。

三、期货经纪人

期货经纪人与券商代理股票买卖有很大的不同。由于交易规则的差异尤其是期货的杠

杆放大,使得期货经纪人面临更大的经营风险,因此,期货经纪人应具有以下条件:

(1) 资本雄厚、信誉好。

(2) 通信联络工具迅捷、先进、服务质量好。

(3) 能主动向客户提供各种详尽的市场信息。

(4) 主动向客户介绍有利的交易机会,有一定的专家团队在线指导,有良好的商业形象和背景。

四、期货合约

期货合约是指由期货交易所统一制定的、规定在将来某一特定的时间和地点交割一定数量和质量的商品的标准化合约。它是由交易所设计,经国家监管机构审批上市的标准化合约。期货合约的持有者可借交收现货或进行对冲交易来履行或解除合约义务。

期货合约是期货交易的对象,期货交易参与者正是通过在期货交易所买卖期货合约,转移价格风险,获取风险收益。期货合约是在现货合同和现货远期合约的基础上发展起来的,但它们最本质的区别在于期货合约条款的标准化。在期货市场交易的期货合约,其标的物的数量、质量等级和交割等级及替代品升贴水标准、交割地点、交割月份等条款都是标准化的,使期货合约具有普遍性特征。期货合约中,只有期货价格是唯一变量,在交易所以公开竞价方式产生。

期货合约具体条款如下。

(一) 数量和单位条款

每种商品的期货合约规定了统一的、标准化的数量和数量单位,统称"交易单位"。例如,美国芝加哥期货交易所规定小麦期货合约的交易单位为 5 000 蒲式耳(每蒲式耳小麦约为 27.24 公斤),每张小麦期货合约都是如此。如果交易者在该交易所买进一张(也称一手)小麦期货合约,就意味着在合约到期日需买进 5 000 蒲式耳小麦。

(二) 质量和等级条款

商品期货合约规定了统一的、标准化的质量等级,一般采用被国际上普遍认可的商品质量等级标准。例如,由于我国黄豆在国际贸易中所占的比例比较大,所以日本名古屋谷物交易所就以我国产黄豆为该交易所黄豆质量等级的标准品。

(三) 交易时间条款

期货合约的交易时间是固定的。每个交易所对交易时间都有严格规定。一般每周营业5 天,周六、周日及国家法定节假日休息。一般每个交易日分为两盘,即上午盘和下午盘,上午盘为 9:00—11:30,下午盘为 1:30—3:00。

(四) 报价单位条款

报价单位是指在公开竞价过程中对期货合约报价所使用的单位,即每计量单位的货币价格。国内阴极铜、白糖、大豆等期货合约的报价单位以元(人民币)/吨表示。

(五)合约名称条款

合约名称需注明该合约的品种名称及其上市交易所名称。以郑州商品交易所白糖合约为例,合约名称为"郑州商品交易所白糖期货合约",合约名称应简洁明了,同时要避免混淆。

(六)交割地点条款

期货合约为期货交易的实物交割指定了标准化的、统一的实物商品的交割仓库,以保证实物交割的正常进行。

(七)交割期条款

商品期货合约对进行实物交割的月份作了规定,一般规定几个交割月份,由交易者自行选择。例如,美国芝加哥期货交易所为小麦期货合约规定的交割月份就有 7 月、9 月、12 月,以及下一年的 3 月和 5 月,交易者可自行选择交易月份进行交易。如果交易者买进 7 月份的合约,要么 7 月前平仓了结交易,要么 7 月份进行实物交割。

(八)最小变动价位条款

指期货交易时买卖双方报价所允许的最小变动幅度,每次报价时价格的变动必须是这个最小变动价位的整数倍。

(九)每日价格最大波动幅度限制条款

指交易日期货合约的成交价格不能高于或低于该合约上一交易日结算价的一定幅度。达到该幅度则暂停该合约的交易。例如,芝加哥期货交易所小麦合约的每日价格最大波动幅度为每蒲式耳不高于或不低于上一交易日结算价 20 美分(每张合约为 1 000 美元)。

(十)最后交易日条款

指期货合约停止买卖的最后截止日期。每种期货合约都有一定的月份限制,到了合约月份的一定日期,就要停止合约的买卖,准备进行实物交割。例如,芝加哥期货交易所规定,玉米、大豆、豆粕、豆油、小麦期货的最后交易日为交割月最后营业日往回数的第七个营业日。

(十一)其他

期货合约还包括交割方式、违约及违约处罚等条款。

五、期货交易特征

(一)双向性

期货交易与股市的一个最大区别就是期货可以双向交易,既可以买多也可卖空。价格上涨时可以低买高卖,价格下跌时可以高卖低补。做多可以赚钱,而做空也可以赚钱,所以说期货无熊市(在熊市中,股市会萧条而期货市场却风光依旧,机会依然)。

（二）费用低

对期货交易国家不征收印花税等税费,唯一费用就是交易手续费。国内三家交易所手续在万分之二三,加上经纪公司的附加费用,单边手续费亦不足交易额的千分之一(低廉的费用是成功的保证)。

（三）杠杆作用

杠杆原理是期货投资魅力所在。期货市场里交易无须支付全部资金,国内期货交易只需要支付一定的保证金(例如5%)即可获得未来交易的权利。由于保证金的运用,原本行情被以十余倍放大。假设期货里涨停仅为上个交易日结算价的3%,某日铜价格封涨停,操作对了,资金利润率达60%(即3%÷5%)之巨,是股市涨停板的6倍(有机会才能赚钱)。

（四）机会多多

由于期货是"T+0"回转交易机制,使得资金的应用效率可以达到最大,在把握趋势后,可以随时交易,随时平仓(方便的进出可以增加投资的安全性)。

期货是零和市场,期货市场本身并不创造利润。在某一时段里,不考虑资金的进出和提取交易费用,期货市场总资金量是不变的,市场参与者的盈利来自另一个交易者的亏损。而在股票市场步入熊市之时,市场价格大幅缩水,加之分红的微薄,国家、企业吸纳资金,也无做空机制,股票市场的资金总量在一段时间里会出现负增长,获利总额将小于亏损额(零永远大于负数)。

综合国家政策、经济发展需要以及期货的本身特点,都决定期货有着巨大发展空间。

六、交易保证金

期货交易实行保证金制度,保证金有两种:初始保证金和维持保证金。

在我国,期货交易的保证金按性质与作用的不同,可分为结算准备金和交易保证金两大类。

（一）结算准备金

结算准备金一般由会员单位按固定标准向交易所缴纳,为交易结算预先准备的资金。结算准备金是指会员为了交易结算在交易所专用结算账户中预先准备的资金,是未被合约占用的保证金。结算准备金的最低余额由交易所决定。

期货公司会员结算准备金最低余额为人民币200万元,非期货公司会员结算准备金最低余额为人民币50万元。若会员结算准备金余额大于零而低于结算准备金最低余额,交易所通过"会员服务系统"发出《追加保证金通知书》,在保证金补足之前,禁止会员开新仓;若结算准备金余额小于零,交易所通过"会员服务系统"发出《追加保证金通知书》和《强行平仓通知书》,如果下一交易日开市前未补足,交易所将按有关规定对该会员强行平仓。

结算准备金计算公式:

$$当日结算准备金余额=上一交易日结算准备金余额+上一交易日交易保证金$$
$$-当日交易保证金+当日实际可用充抵额度$$
$$-上一交易日实际可用充抵额度+当日盈亏$$
$$+当日入金-当日出金-交易手续费+其他资金等$$

交易手续费计算公式：

$$交易手续费=\sum[成交量(手)\times合约交易手续费(元/手)]$$

（二）交易保证金

交易保证金是会员单位或客户在期货交易中因持有期货合约而实际支付的保证金。它又分为初始保证金和追加保证金两类。

初始保证金是交易者新开仓时所需交纳的资金。它是根据交易额和保证金比例确定的，即初始保证金＝交易金额×保证金比例。我国现行的最低保证金比例为交易金额的5%，国际上一般在3%～8%之间。例如，大连商品交易所的大豆保证金比例为5%，如果某客户以2 700元/吨的价格买入5手大豆期货合约（每手10吨），那么，他必须向交易所支付6 750元（即2 700×5×10×5%）的初始保证金。

交易者在持仓过程中，会因市场行情的不断变化而产生浮动盈亏（结算价与成交价之差），因而保证金账户中实际可用来弥补亏损和提供担保的资金就随时发生增减。浮动盈利将增加保证金账户余额，浮动亏损将减少保证金账户余额。保证金账户中必须维持的最低余额叫维持保证金。

当保证金账面余额低于维持保证金时，交易者必须在规定时间内补充保证金，使保证金账户的余额＞结算价×持仓量×保证金比例，否则在下一交易日，交易所或代理机构有权实施强行平仓。这部分需要新补充的保证金就称追加保证金。仍按上例，假设客户以2 700元/吨的价格买入50吨大豆后的第三天，大豆结算价下跌至2 600元/吨。由于价格下跌，客户的浮动亏损为5 000元（即（2 700－2 600）×50），客户保证金账户余额为1 750元（即6 750－5 000），由于这一余额小于维持保证金（＝2 700×50×5%×0.75＝5 062.5元），客户需将保证金补足至6 750元（2 700×50×5%），需补充的保证金5 000元（6 750－1 750）就是追加保证金。这就意味着，即使大豆价格跌至2 000元/吨，保证金账户也依然维持在6 750元，即初始保证金。

七、盯市结算

期货结算是指交易所结算机构或结算公司对会员和对客户的交易盈亏进行计算，计算的结果作为收取交易保证金或追加保证金的依据。因此结算是指对期货交易市场的各个环节进行的清算，既包括了交易所对会员的结算，同时也包含会员经纪公司对其代理客户进行的交易盈亏的计算，其计算结果将被记入客户的保证金账户中。

期货交易所的结算实行保证金制度、每日无负债制度和风险准备金制度等。与期货市场的层次结构相适应,期货交易的结算也是分级、分层的。交易所只对会员结算,非会员单位和个人通过期货经纪公司会员结算。

(一) 对会员的结算

每一交易日结束后交易所对每一会员的盈亏、交易手续费、交易保证金等款项进行结算。其核算结果是会员核对当日有关交易并对客户结算的依据,会员可通过会员服务系统于每交易日规定时间内获得《会员当日平仓盈亏表》、《会员当日成交合约表》、《会员当日持仓表》和《会员资金结算表》。

会员每天应及时获取交易所提供的结算结果,做好核对工作,并将之妥善保存。

会员如对结算结果有异议,应在第二天开市前30分钟以书面形式通知交易所。如在规定时间内会员没有对结算数据提出异议,则视作会员已认可结算数据的准确性。

交易所在交易结算完成后,将会员资金的划转数据传递给有关结算银行。

(二) 对客户的结算

期货经纪公司对客户的结算与交易所的方法一样,即每一交易日交易结束后对每一客户的盈亏、交易手续费、交易保证金等款项进行结算。交易手续费一般不低于期货合约规定的交易手续费标准的3倍,交易保证金一般高于交易所收取的交易保证金比例至少3个百分点。

期货经纪公司在闭市后向客户发出交易结算单。

当每日结算后客户保证金低于期货交易所规定的交易保证金水平时,期货经纪公司按照期货经纪合同约定的方式通知客户追加保证金,客户不能按时追加保证金的,期货经纪公司应当将该客户部分或全部持仓强行平仓,直至保证金余额能够维持其剩余头寸。

八、到期交割

(一) 交割的概念

期货交割是指期货合约到期时,交易双方通过该期货合约所载商品所有权的转移,了结到期未平仓合约的过程。交割方式有现金交割、实物交割两类:现金交割是指合约到期日,核算交易双方买卖价格与到期日结算价格相比的差价盈亏,把盈亏部分分别结算到相应交易方,期间不涉及标的实物交割;实物交割是指合约到期日,卖方将相应货物按质按量交入交易所指定交割仓库,买方向交易所交付相应货款,履行期货合约。一般金融证券类期货合约以现金交易为主,商品期货合约以实物交割方式为主。

(二) 交割方式

期货交易的了结(即平仓)一般有两种方式:一是对冲平仓,二是实物交割。实物交割就是用实物交收的方式来履行期货交易的责任。因此,期货交割是指期货交易的买卖双方在合约到期时,对各自持有的到期未平仓合约按交易所的规定履行实物交割,了结其期货交易的行为。实物交割在期货合约总量中占的比例很小，然而正是实物交割机制的存在，使期货价格变动与相关现货价格变动具有同步性，并随着合约到期日的临近而逐步趋近。实物交割就其性质来说是一种现货交易行为，但在期货交易中发生的实物交割则是期货交易的延续，它处于期货市场与现货市场的交接点，是连接期货市场和现货市场的桥梁与纽带，所以，期货交易中的实物交割是期货市场存在的基础，是期货市场两大经济功能发挥的根本前提。

我国商品期货交易全部采用实物交割方式。实物交割方式包括集中交割和滚动交割两种。

（三）实物交割中的五大交割日

1. 第一交割日：买方申报意向

买方在第一交割日内，向交易所提交所需商品的意向书。内容包括品种、牌号、数量及指定交割仓库名等。卖方在第一交割日内将已付清仓储费用的有效标准仓单提交交易所。

2. 第二交割日：交易所分配标准仓单

交易所在第二交割日根据已有资源，按照"时间优先、数量取整、就近配对、统筹安排"的原则，向买方分配标准仓单。不能用于下一期货合约交割的标准仓单，交易所按所占当月交割总量的比例向买方分摊。

3. 第三交割日

买方必须在第三交割日 14:00 前到交易所交付货款并取得标准仓单。交易所在第三交割日 16:00 前将货款付给卖方。

4. 第四、五交割日

卖方交增值税专用发票，交易所收取买方会员全额货款，并于当日将全额货款的 80% 划转给卖方会员，同时将卖方会员仓单交付买方会员。余款在买方会员确认收到卖方会员转交的增值税专用发票时结清。发票的传递、余款的结算，会员均应当盖章和签字确认。

（四）滚动交割中的"三日交割法"

1. 第一日为配对日

凡持有标准仓单的卖方会员均可在交割月第一个交易日至最后交易日的交易期间，通过席位提出交割申请。没有进行仓单质押的交割申请提出后，释放相应的交易保证金；卖方会员在当日收市前可通过席位撤销已提出的交割申请，撤销交割申请后，重新收取相应的保证金。交割月买方会员无权提出交割申请。交易所根据卖方会员的交割申请，于当日收市后采取计算机直接配对的方法，为卖方会员找出持该交割月多头合约时间最长的买方会员。交割关系一经确定，买卖双方不得擅自调整或变更。

2. 第二日为通知日

买卖双方在配对日的下一交易日收市前到交易所签领交割通知单。

3. 第三日为交割日

买卖双方签领交割通知的下一个交易日为交割日。买方会员必须在交割日上午 9 时之前将尚欠货款划入交易所账户。卖方会员必须在交割日上午 9 时之前将标准仓单持有凭证交到交易所。

九、期货交易分类

期货交易可分为商品期货和金融期货。商品期货又分工业品(可细分为金属商品(贵金属与非贵金属商品)和能源商品、农产品、其他商品等。金融期货主要是传统的金融商品(工具),如股指、利率、汇率等,各类期货交易包括期权交易等。

(一)商品期货

农产品期货包括大豆、豆油、豆粕、籼稻、小麦、玉米、棉花、白糖、咖啡、猪腩、菜籽油、棕榈油等。

金属期货包括铜、铝、锡、铅、锌、镍、黄金、白银、螺纹钢、线材等。

能源期货包括原油(塑料、PTA、PVC)、汽油(甲醇)、燃料油等。新兴品种包括气温、二氧化碳排放配额、天然橡胶。

(二)金融期货

1. 股指期货

股指期货的全称是股票价格指数期货,也可称为股价指数期货、期指,是指以股价指数为标的的标准化期货合约,双方约定在未来的某个特定日期,可以按照事先确定的股价指数的大小进行标的指数的买卖。作为期货交易的一种类型,股指期货交易与普通商品期货交易具有基本相同的特征和流程。标的指数有英国 FTSE 指数、德国 DAX 指数、东京日经平均指数、香港恒生指数、沪深 300 指数等。

2. 利率期货

利率期货(interest rate futures)是指以债券类证券为标的物的期货合约,它可以避免利率波动所引起的证券价格变动的风险。利率期货一般可分为短期利率期货和长期利率期货,前者大多以银行同业拆借中场 3 月期利率为标的物,后者大多以 5 年期以上长期债券为标的物。

3. 外汇期货

外汇期货(foreign exchange futures)又称为货币期货,是一种在最终交易日按照当时的汇率将一种货币兑换成另外一种货币的期货合约。它是以汇率为标的物的期货合约,用来回避汇率风险。它是金融期货中最早出现的品种。

4. 股票期货

股票期货是以股票为标的物的金融期货合约。

十、期货的基本特征

期货交易的基本特征是合约标准化、集中竞价交易、双向交易、对冲了结、保证金交易、当日无负债结算。

（一）合约标准化

期货合约是由期货交易所制定的标准化合约，其中对每张合约代表的标的物数量、规格、交割时间和地点等条款进行了规定。这种标准化合约给期货交易带来极大的便利，交易双方不需要事先对交易的具体条款进行协商，从而节约了交易成本，提高了交易效率和市场流动性。

（二）集中竞价交易

期货交易实行场内（或电子交易系统内）交易，所有买卖指令必须在交易所内（或电子系统内）进行集中竞价成交。只有交易所的会员才有进场（进系统）交易的通道，其他交易者只能委托交易所会员，由其代理进行期货交易。

（三）双向交易

期货交易采用双向交易方式。交易者既可以先通过买入期货合约开始交易，也可以先通过卖出期货合约开始交易。前者也称为"买空"，后者也称为"卖空"。双向交易给予投资者双向的投资机会：在期货价格上升时，可通过低买高卖来获利；在期货价格下降时，可通过高卖低买来获利。

（四）对冲了结

交易者在期货市场买空或卖空后，大多并不是通过交收现货来结束交易，而是通过在合约到期前做一笔反向的交易来对冲了结，解除履约责任。对冲了结使投资者可以在合约到期前，依据对价格的预测分析多次买卖期货合约，从而提高了期货市场的流动性。

（五）保证金交易

期货交易实行保证金制度。交易者在买卖期货合约时不必缴纳全额资金，而是按合约价值的一定比例缴纳保证金（一般为 5％～15％）作为履约保证，即可进行数倍于保证金的交易。这种以小博大的保证金交易，也被称为"杠杆交易"。期货交易的这一特征使期货交易具有高收益和高风险的特点。保证金比例越低，杠杆效应就越大，高收益和高风险的特点就越明显。

（六）当日无负债结算

期货交易实行当日无负债结算，也称为逐日盯市（marking-to-market），即结算部门在每日交易结束后，按当日结算价对交易者的期货交易账户资金进行结算，从而做到"当日无负债"。当日无负债可以有效防范风险，保障期货市场的正常运转。

十一、期货的主要功能

（一）发现价格

由于期货交易是公开进行的对远期交割商品的一种合约交易,在这个市场中集中了大量的市场供求信息,不同的人从不同的地点,基于对各种信息的不同理解,通过公开竞价形式产生对远期价格的不同看法。期货交易过程实际上就是综合反映供求双方对未来某个时间供求关系变化和价格走势的预期。这种价格信息具有连续性、公开性和预期性的特点,有利于增加市场透明度,提高资源配置效率。

（二）回避风险

期货交易的产生,为现货市场提供了一个回避价格风险的场所和手段,其主要原理是利用期现货两个市场进行套期保值交易。在实际的生产经营过程中,为避免商品价格的千变万化导致成本上升或利润下降,可利用期货交易进行套期保值,即在期货市场上买进或卖出与现货市场上数量相等但交易方向相反的期货合约,使期现货市场交易的损益相互抵补,锁定企业的生产成本或商品销售价格,保住既定利润,回避价格风险。

（三）套期保值

在现货市场上买进或卖出一定数量现货商品同时,在期货市场上卖出或买进与现货品种相同、数量相当但方向相反的期货商品(期货合约),以一个市场的盈利来弥补另一个市场的亏损,达到规避价格风险的目的交易方式。

期货交易之所以能够保值,是因为某一特定商品的期现货价格同时受共同的经济因素的影响和制约,两者的价格变动方向一般是一致的,由于有交割机制的存在,在临近期货合约交割期时,期现货价格具有趋同性。

期货交易的两大功能使期货市场两种交易模式有了运用的舞台和基础,价格发现功能需要有众多的投机者参与,集中大量的市场信息和充沛的流动性,而套期保值交易方式的存在又为回避风险提供了工具和手段。同时期货也是一种投资工具。由于期货合约价格的波动起伏,交易者可以利用套利交易通过合约的价差赚取风险利润。

十二、期货投资风险

（一）杠杆使用风险

资金放大功能使得收益放大的同时也面临着风险的放大,因此对于10倍左右的杠杆应该如何用,用多大,也应是因人而异的。水平高的投资者可以5倍以上甚至用足杠杆,水平低的投资者如果也用高杠杆,那无疑就会使风险失控。

（二）强平和爆仓风险

交易所和期货经纪公司要在每个交易日进行结算,当投资者保证金不足并低于规定的比例时,期货公司就会强行平仓。有时候如果行情比较极端,甚至会出现爆仓即亏光账户所有资金,甚至还需要期货公司垫付亏损超过账户保证金的部分。

（三）交割风险

普通投资者做多大豆不是为了几个月后买大豆,做空铜也不是为了几个月后把铜卖出去,如果合约一直持仓到交割日,投资者就需要凑足足够的资金或者实物货进行交割（货款是保证金的 10 倍左右）。

十三、期货的基本交易制度

（一）持仓限额制度

持仓限额制度是指期货交易所为了防范操纵市场价格的行为和防止期货市场风险过度集中于少数投资者,对会员及客户的持仓数量进行限制的制度。超过限额,交易所可按规定强行平仓或提高保证金比例。

（二）大户报告制度

大户报告制度是指当会员或客户某品种持仓合约的投机头寸达到交易所对其规定的头寸持仓限量 80% 以上（含本数）时,会员或客户应向交易所报告其资金情况、头寸情况等,客户须通过经纪会员报告。大户报告制度是与持仓限额制度紧密相关的又一个防范大户操纵市场价格、控制市场风险的制度。

（三）实物交割制度

实物交割制度是指交易所制定的下述制度:当期货合约到期时,交易双方将期货合约所载商品的所有权按规定进行转移,了结未平仓合约。

（四）保证金制度

在期货交易中,任何交易者必须按照其所买卖期货合约价值的一定比例（通常为 5%～10%）缴纳资金,作为其履行期货合约的财力担保,然后才能参与期货合约的买卖,并视价格变动情况确定是否追加资金。这种制度就是保证金制度,所交的资金就是保证金。保证金制度既体现了期货交易特有的杠杆效应,同时也成为交易所控制期货交易风险的一种重要手段。

（五）每日结算制度

期货交易的结算是由交易所统一组织进行的。期货交易所实行每日无负债结算制度,又称"逐日盯市",是指每日交易结束后,交易所按当日结算价结算所有合约的盈亏、交易保证金及手续费、税金等费用,对应收应付的款项同时划转,相应增加或减少会员的结算准备金。期货交易的结算实行分级结算,即交易所对其会员进行结算,期货经纪公司对其客户进行结算。

（六）涨跌停板制度

涨跌停板制度又称每日价格最大波动限制,即指期货合约在一个交易日中的交易价格波动不得高于或低于规定的涨跌幅度,超过该涨跌幅度的报价将被视为无效,不能成交。

（七）强行平仓制度

强行平仓制度,是指当会员或客户的交易保证金不足并未在规定的时间内补足,或者当会员或客户的持仓量超出规定的限额时,或者当会员或客户违规时,交易所为了防止风险进一步扩大,实行强行平仓的制度。简单地说,就是交易所对违规者的有关持仓实行平仓的一种强制措施。

（八）风险准备金制度

风险准备金制度是指期货交易所从自己收取的会员交易手续费中提取一定比例的资金,作为确保交易所担保履约的备付金的制度。交易所风险准备金的设立,是为维护期货市场正常运转而提供财务担保和弥补因不可预见的风险带来的亏损。交易所不但要从交易手续费中提取风险准备金,而且要针对股指期货的特殊风险建立由会员缴纳的股指期货特别风险准备金。股指期货特别风险准备金只能用于为维护股指期货市场正常运转提供财务担保和弥补因交易所不可预见风险带来的亏损。风险准备金必须单独核算,专户存储,除用于弥补风险损失外,不能挪作他用。风险准备金的动用应遵循事先规定的法定程序,经交易所理事会批准,报中国证监会备案后按规定的用途和程序进行。

风险准备金制度有以下规定:

（1）交易所按向会员收取的手续费收入（含向会员优惠减收部分）20%的比例,从管理费用中提取。当风险准备金达到交易所注册资本10倍时,可不再提取。

（2）风险准备金必须单独核算,专户存储,除用于弥补风险损失外,不得挪作他用。风险准备金的动用必须经交易所理事会批准,报中国证监会备案后按规定的用途和程序进行。

（九）信息披露制度

信息披露制度,也称公示制度、公开披露制度,是指为保障投资者利益、接受社会公众的监督而依照法律规定必须将其自身的财务变化、经营状况等信息和资料向监管部门和交易所报告,并向社会公开或公告,以便使投资者充分了解情况的制度。它既包括发行前的披露,也包括上市后的持续信息公开,它主要由招股说明书制度、定期报告制度和临时报告制度组成。

十四、套期保值

（一）套期保值的定义

套期保值是指把期货市场当作转移价格风险的场所,利用期货合约作为将来在现货市场上买卖商品的临时替代物,对其买进准备以后售出商品或对将来需要买进商品的价格进行保险的交易活动。

（二）套期保值的基本特征

在现货市场和期货市场对同一种类的商品同时进行数量相等但方向相反的买卖活动,即在买进或卖出实货的同时,在期货市场上卖出或买进同等数量的期货,经过一段时间,当价格变动使现货买卖上出现盈亏时,可由期货交易上的亏盈得到抵消或弥补。从而在"现"与"期"之间、近和远之间建立一种对冲机制,以使价格风险降低到最低限度。

（三）套期保值的理论基础

现货和期货市场的走势趋同(在正常市场条件下),由于这两个市场受同一供求关系的影响,所以二者价格同涨同跌;但是由于在这两个市场上操作相反,所以盈亏相反,期货市场的盈利可以弥补现货市场的亏损。

十五、期货的开户流程

期货开户即投资者开设期货账户和资金账户的行为。证监会对于期货投资者的开户资金下限并没有明文规定,开户资金随期货公司规模和交易方式的不同,各公司对开户资金的要求都有一定的浮动空间。随着银期转账、期证转账业务的逐渐增多,客户可以自由地在银行账户、证券账户、期货账户之间转移资金。

十六、期货开户审核

我国的股指期货建立了投资者适当性制度,要求投资者参与股指期货必须满足三个硬性要求:首先,投资者开户的资金门槛为50万元以上;其次,拟参与股指期货交易的投资者需通过股指期货知识测试;最后,投资者必须具有累计10个交易日、20笔以上的股指期货仿真交易成交,或者三年内具有10笔以上的商品期货交易成交。

简单而言,今后的期指交易参与者,除了机构以外,自然人可被称作"三有"投资人,即有钱和抗风险能力、有期指知识以及有实际交易经验。除以上三项硬性要求外,投资者还须进行一个反映其综合情况的评估,投资者必须在综合评估中拿到70分以上,才能算作"合格"。对于存在不良信用记录的投资者,期货公司将根据情况在该投资者综合评估总分中扣减相应的分数,扣减分数不设上限。

十七、期货交易与远期现货交易

（一）期货交易与远期交易的联系

期货交易与远期合同交易的相似之处是两者均为买卖双方约定于未来一定时期或某特定期间内以约定的价格买入或卖出一定数量商品的契约。远期交易是期货交易的雏形,期货交易是在远期交易的基础上发展起来的。

（二）期货交易与远期交易的区别

1. 交易对象不同

期货交易的对象是交易所统一制定的标准化期货合约,是一种可以反复交易的衍生工具;远期交易的对象是交易双方私下协商达成的非标准化合同,所涉及的商品没有任何限制。远期合同交易代表两个交易主体的意愿,交易双方通过一对一的谈判,就交易条件达成一致意见而签订远期合同。

2. 功能和作用不同

期货交易的功能是规避风险和发现价格。期货交易是众多的买主和卖主根据期货市场的规则,通过公开、公平、公正、集中竞价的方式进行的期货合约的买卖,易于形成一种真实而权威的期货价格,指导企业的生产经营活动,同时又为套期保值者提供了回避、转移价格波动风险的机会。远期交易尽管在一定程度上也能起到调节供求关系,减少价格波动的作用,但由于远期合同缺乏流动性,所以其价格的权威性和分散风险的作用大打折扣。

3. 履约方式不同

期货交易有实物交割与对冲平仓两种履约方式,其中绝大多数期货合约都是通过对冲平仓的方式了结的。远期交易履约方式主要采用实物交收方式,虽然也可采用背书转让方式,但最终的履约方式是实物交收。

4. 信用风险不同

期货交易中,以保证金制度为基础,实行当日无负债结算制度,每日进行结算,信用风险较小。远期交易从交易达成到最终完成实物交割有相当长的一段时间,此间市场会发生各种变化,各种不利于履约的行为都有可能出现。此外,远期合同不易转让,所以,远期交易具有较高的信用风险。

5. 保证金制度不同

期货交易有特定的保证金制度,保证金既是期货交易履约的财力保证,又是期货交易所控制期货交易风险的重要手段。而远期合同交易则由交双方自行商定是否收取保证金。

第二节　期权简介

一、期权概念

期权（option）又称选择权,是在期货的基础上产生的一种衍生性金融工具。它指在未来一定时期可以买卖的权利,是买方向卖方支付一定数量的金额（指权利金）后拥有的在未来一段时间内（指美式期权）或未来某一特定日期（指欧式期权）以事先规定好的价格（指履约价格）向卖方购买或出售一定数量的特定标的物的权利,但不负有必须买进或卖出的义务。

期权这种金融衍生工具的最大魅力在于,可以使期权的买方将风险锁定在一定的范围之内。从其本质上讲,期权实质上是在金融领域中将权利和义务分开进行定价,使得权利的受让人在规定时间内对于是否进行交易行使其权利,而义务方必须履行。在期权交易中,购买期权的合约方称作买方,而出售合约的一方则称为卖方;买方是权利的受让人,而卖方则是必须履行买方行使权利的义务人。期权交易事实上是这种权利的交易。买方有执行的权利也有不执行的权利,完全可以灵活选择。期权分场外期权和场内期权。场外期权交易一般由交易双方共同达成。具体的定价问题则在金融工程学中有比较全面的探讨。

《英汉证券投资词典》解释亦作:期权合约。期权合约是以金融衍生产品作为行权品种的交易合约,指在特定时间内以特定价格买卖一定数量交易品种的权利。合约买入者或持有者(holder)以支付保证金——期权费(option premium)的方式拥有权利;合约卖出者或立权者(writer)收取期权费,在买入者希望行权时,必须履行义务。期权交易为投资行为的辅助手段。当投资者看好后市时会持有认购期权(call),而当他看淡后市时则会持有认沽期权(put)。期权交易充满了风险,一旦市场朝着合约相反的方向发展,就可能给投资者带来巨大的损失。实际操作过程中绝大多数合约在到期之前已被平仓(此处指的是美式期权,欧式期权则必须到合约到期日执行)。

二、期权的种类

由于期权交易方式、方向、标的物等方面的不同,产生了众多的期权品种,对期权进行合理的分类,更有利于我们了解期权产品。

(一)按期权的权利划分

按期权的权利划分,有看涨期权和看跌期权两种类型。看涨期权(call options)是指期权的买方向期权的卖方支付一定数额的权利金后,即拥有在期权合约的有效期内,按事先约定的价格向期权卖方买入一定数量的期权合约规定的特定商品的权利,但不负有必须买进的义务。而期权卖方有义务在期权规定的有效期内,应期权买方的要求,以期权合约事先规定的价格卖出期权合约规定的特定商品。

由交易实例,可以得出以下结论:一是作为期权的买方(无论是看涨期权还是看跌期权)只有权利而无义务,他的风险是有限的(亏损最大值为权利金),但在理论上获利是无限的;二是作为期权的卖方(无论是看涨期权还是看跌期权)只有义务而无权利,在理论上他的风险是无限的,但收益是有限的(收益最大值为权利金);三是期权的买方无须付出保证金,卖方则必须支付保证金以作为履行义务的财务担保。

期权是适应国际上金融机构和企业等控制风险。锁定成本的需要而出现的一种重要的避险衍生工具,1997年诺贝尔经济学奖授予了期权定价公式(布莱克-斯科尔斯公式)的发明人,这也说明国际经济学界对于期权研究的重视。

（二）按交割时间划分

按期权的交割时间划分,有美式期权和欧式期权两种类型。美式期权是指在期权合约规定的有效期内任何时候都可以行使权利。欧式期权是指在期权合约规定的到期日方可行使权利,期权的买方在合约到期日之前不能行使权利,过了期限,合约则自动作废。中国新兴的外汇期权业务,类似于欧式期权,但又有所不同,我们将在后面详细讲解。

百慕大期权(Bermuda option)是一种可以在到期日前所规定的一系列时间行权的期权。界定百慕大期权、美式期权和欧式期权的主要区别在于行权时间的不同,百慕大期权可以被视为美式期权与欧式期权的混合体,如同百慕大群岛混合了美国文化和英国文化一样。

（三）按合约上的标的划分

按期权合约上的标的划分,有股票期权、股指期权、利率期权、商品期权以及外汇期权等种类。

（四）特殊类型

标准欧式期权的最终收益只依赖于到期日当天的原生资产价格。而路径相关期权(path-dependent option)则是最终收益与整个期权有效期内原生资产价格的变化都有关的一种特殊期权。

按照其最终收益对原生资产价格路径的依赖程度可将路径相关期权分为两大类:一类是其最终收益与在有效期内原生资产价格是否达到某个或几个约定水平有关,称为弱路径相关期权;另一类期权的最终收益依赖于原生资产的价格在整个期权有效期内的信息,称为强路径相关期权。

弱路径相关期权中最典型的一种是关卡期权(barrier option)。严格意义上讲,美式期权也是一种弱路径相关期权。

强路径相关期权主要有两种:亚式期权(Asian option)和回望期权(lookback option)。亚式期权在到期日的收益依赖于整个期权有效期内原生资产经历的价格的平均值,又因平均值意义不同分为算数平均亚式期权和几何平均亚式期权;回望期权的最终收益则依赖于有效期内原生资产价格的最大(小)值,持有人可以"回望"整个价格演变过程,选取其最大(小)值作为敲定价格。

三、期权的要素

（一）特性

期权具有"零和游戏"特性,而个股期权及指数期权皆可组合,进行套利交易或避险交易。

期权主要可分为买方期权和卖方期权,前者也称为看涨期权或认购期权,后者也称为看空期权或认沽期权。具体分为四种:①买入买权(long call);②卖出买权(short call);③买入卖权(long put);④卖出卖权(short put)。

（二）标的资产（underlying assets）

每一期权合约都有一标的资产,标的资产可以是众多的金融产品中的任何一种,如普通股票、股价指数、期货合约、债券、外汇等。通常,把标的资产为股票的期权称为股票期权,如此类推。所以,期权有股票期权、股票指数期权、外汇期权、利率期权、期货期权等,它们通常在证券交易所、期权交易所、期货交易所挂牌交易,当然,也有场外交易。

（三）行使价（strike price 或 exercise price）

行使价是指在行使期权时,用以买卖标的资产的价格。在大部分交易的期权中,标的资产价格接近期权的行使价。行使价格在期权合约中都有明确的规定,通常是由交易所按一定标准以减增的形式给出,故同一标的的期权有若干个不同价格。一般来说,在某种期权刚开始交易时,每一种期权合约都会按照一定的间距给出几个不同的执行价格,然后根据标的资产的变动适时增加。至于每一种期权有多少个执行价格,取决于该标的资产的价格波动情况。投资者在买卖期权时,对执行价格选择的一般原则是:选择在标的资产价格附近交易活跃的执行价格。

（四）行使时限（到期日）（expiration date 或 expiry date）

每一期权合约具有有效的行使时限,如果超过这一期限,期权合约即失效。一般来说,期权的行使时限为一至三、六、九个月不等,单个股票的期权合约的有效期间至多为九个月。场外交易期权的到期日根据买卖双方的需要量身定制。但在期权交易场所内,任何一只股票都要归入一个特定的有效周期,有效周期可分为这样几种:①一月、四月、七月、十月;②二月、五月、八月和十一月;③三月、六月、九月和十二月。它们分别称为一月周期、二月周期和三月周期。

（五）欧式期权与美式期权的区别

欧式期权和美式期权的区别主要在执行时间上。

美式期权合同在到期日前的任何时候或在到期日都可以执行,结算日则是在履约日之后的一天或两天,大多数的美式期权合同允许持有者在交易日到履约日之间随时履约,但有一些合同规定一段比较短的时间可以履约,如"到期日前两周"。它多为场外交易所采用。

欧式期权合同要求其持有者只能在到期日履行合同,结算日是履约后的一天或两天。它在大部分场内交易中被采用。目前国内的外汇期权交易都是采用欧式期权合同方式。

通过比较,结论是:欧式期权本少利大,但在获利的时间上不具灵活性;美式期权虽然灵活,但付费十分昂贵。因此,国际上大部分的期权交易都是欧式期权。

（六）期权的价格

期权价格主要由内涵价值和时间价值两部分组成。

1. 内涵价值

内涵价值指立即履行合约时可获取的总利润。具体来说,可以分为实值期权、虚值期权和两平期权。

(1)实值期权。当看涨期权的执行价格低于当时的实际价格时,或者当看跌期权的执行价格高于当时的实际价格时,该期权为实值期权。

(2)虚值期权。当看涨期权的执行价格高于当时的实际价格时,或者当看跌期权的执行价格低于当时的实际价格时,该期权为虚值期权。当期权为虚值期权时,内涵价值为零。

(3)两平期权。当看涨期权的执行价格等于当时的实际价格时,或者当看跌期权的执行价格等于当时的实际价格时,该期权为两平期权。当期权为两平期权时,内涵价值为零。

2. 时间价值

期权距到期日时间越长,大幅度价格变动的可能性越大,期权买方执行期权获利的机会也越大。与较短期的期权相比,期权买方对较长时间的期权应付出更高的权利金。

值得注意的是,权利金与到期时间的关系,是一种非线性的关系,而不是简单的倍数关系。

期权的时间价值反映了期权交易期间时间风险和价格波动风险,当合约 0% 或 100% 履约时,期权的时间价值为零。在到期日的时间价值为零。

期权的时间价值＝期权价格－内涵价值

（七）期权的结算类型

1. 股票类结算方法

在股票交易中,如果投资者希望买入一定数量的股票,就必须立即支付全部费用才能获得股票,一旦买入股票后出现价格上涨,那么投资者也必须卖出股票才能获得价差利润。因此,其结算要求是:交易要立即以现金支付才能达成,而损益必须在交易结束后不再持有标的物时才能实现。在期权市场上,股票类结算方法与此非常类似。

股票类结算方法的基本要求是:期权费必须立即以现金支付,并且只要不对冲部位,就无法实现盈亏。这种结算方法主要用在股票期权和股票指数期权交易中,期权合约的结算与标的资产的结算程序大致相同。

2. 期货类结算方法

期货类结算方法与期货市场的结算方法十分相似,也采用每日结算制度。期货市场通常采用这样的结算方式。

不过,由于采用期货类结算方法的风险较大,因此许多交易所只是在期货期权交易中采用了期货类结算方法,而在股票期权和股指期权交易中仍采用股票类结算方法。这样,期权交易的结算程序可以因期权及其标的资产的结算程序相同而大大简化。

（八）期权合约

所谓期权合约，是指期权买方向期权卖方支付了一定数额的权利金后，即获得在规定的期限内按事先约定的敲定价格买进或卖出一定数量相关商品期货合约权利的一种标准化合约，买方也可以根据需要放弃行使这一权利。期权合约的构成要素主要有买方、卖方、权利金、敲定价格、通知和到期日等。

（九）期权履约

期权的履约有以下三种情况：

（1）买卖双方都可以通过对冲的方式实施履约。

（2）买方也可以将期权转换为期货合约的方式履约（在期权合约规定的敲定价格水平获得一个相应的期货部位）。

（3）任何期权到期不用，自动失效。如果期权是虚值，期权买方就不会行使期权，直到到期任期权失效。这样，期权买方最多损失所交的权利金。

期权权利金即买卖期权合约的价格，是唯一的变量，其他要素都是标准化的。权利金是期权的买方为获取期权合约所赋予的权利而必须支付给卖方的费用，其多少取决于敲定价格、到期时间以及整个期权合约。对期权的卖方来说，权利金是卖出期权的报酬，也就是期权交易的成交价。如果期权买方能够获利，则可以选择在期权到期日或有效期内按敲定价格行使权利；如果蒙受损失，就会选择放弃权利，其所付出的最大代价便是权利金。因此，对于期权买方来说其风险是有限的和可预知的，所以进行期权交易时期权买方不需要交纳保证金。期权的卖方在期权交易中面临与进行期货交易同样大的风险，而标的资产价格走势又是无法确切预知的，所以期权的卖方必须交纳一定金额的保证金，以表明其具有应付潜在履约义务的能力。

由于权利金是由买方负担的，是买方在出现最不利的变动时所需承担的最高损失金额，因此权利金也称作保险金。

（十）期权交易

买进一定敲定价格的看涨期权，在支付一笔少量的权利金后，便可享有买入相关期货的权利。一旦价格果真上涨，便履行看涨期权，以低价获得期货多头，然后按上涨的价格水平高价卖出相关期货合约，获得差价利润，在弥补支付的权利金后还有盈作。如果价格不但没有上涨，反而下跌，则可放弃或低价转让看涨期权，其最大损失为权利金。看涨期权的买方之所以买入看涨期权，是因为通过对相关期货市场价格变动的分析，认定相关期货市场价格较大幅度上涨的可能性很大，所以，他买入看涨期权，支付一定数额的权利金。一旦市场价格果真大幅度上涨，那么，他将会因低价买进期货而获取较大的利润，大于他买入期权所付的权利金数额，最终获利；他也可以在市场以更高的权利金价格卖出该期权合约，从而对冲获利。如果看涨期权买方对相关期货市场价格变动趋势判断不准确，市场价格只有小幅度上涨,买方可履约或对冲,获取一点儿利润,弥补权利金支出的损失;如果市场价格下跌,买方则不履约,其最大损失是支付的权利金数额。

(十一) 期权的风险指标

在对期权价格的影响因素进行定性分析的基础上,通过期权风险指标,在假定其他影响因素不变的情况下,可以量化单一因素对期权价格的动态影响。期权的风险指标通常用希腊字母来表示,包括 Delta、Gamma、Theta、Vega、Rho 等。对于期权交易者来说,了解这些指标,更容易掌握期权价格的变动,有助于衡量和管理部位风险。

Delta:衡量标的资产价格变动时,期权价格的变化幅度。

Gamma:衡量标的资产价格变动时,期权 Delta 值的变化幅度。

Theta:衡量随着时间的消逝,期权价格的变化幅度。

Vega:衡量标的资产价格波动率变动时,期权价格的变化幅度。

Rho:衡量利率变动时,期权价格的变化幅度。

四、期权的新型模式

比标准欧式或美式看涨期权和看跌期权盈亏状态更复杂的衍生证券有时称为新型期权(exotic options)。大多数新型期权在场外交易。它们是由金融机构设计以满足市场特殊需求的产品。有时候它们被附加在所发行的债券中以增加对市场的吸引力。有些金融机构十分积极地促销新型期权,它们几乎对客户提议的任何交易都准备好报价。

(一) 二元期权

二元期权(binary options),又称数字期权、固定收益期权,是操作最简单的金融交易品种之一。二元期权在到期时只有两种可能结果,基于一种标的资产在规定时间内(例如未来的一小时、一天、一周等)收盘价格是低于还是高于执行价格的结果,决定是否获得收益。如果标的资产的走势满足预先确定的启动条件,二元期权交易者将获得一个固定金额的收益,反之则损失固定金额的部分投资,即固定收益和风险。

二元期权的一个突出特征和投资优势在于,它只需在到期时期权的到期价格相比执行价格有价格上的增额(即使只波动了一分钱)就会获得很高的盈利。因此,即便是在市场清淡时期,二元期权也会给投资者带来显著的投资收益。相反,如果购买股票或外汇等金融品种,那么要想获得正的投资收益就要求有较大的市场波动。

二元期权不是传统意义上的期权,因为不像原始交易工具,二元期权不能赋予买方权利买卖标的资产,取而代之的是有权利获得固定的回报(通常为 65%～81%)。

执行二元期权交易完全基于 Web,投资者可以使用在线二元期权交易平台,如 Meetrader、Anyoption、777option、Webitrader 二元期权等,无论是新手还是老手都能使用并全部基于网络实现所有操作。

随着在线交易平台和工具的发展,在线二元期权交易开始广受欢迎,二元期权以其交易时间短、交易品种多、操作简单灵活、风险收益稳定等特点,迅速在欧美、中东以及日本等地区流行起来。随着中国市场的发展,一些二元期权相关网站陆续面世,还有一些大型的二元期权公司如 Webitrader 二元期权也开始开发中国二元期权市场,并且整合了银联支付方式,较低的入金门槛也方便了更多投资者的参与。

(二)打包期权

打包期权(packages)是由标准欧式看涨期权、标准欧式看跌期权、远期合约、现金及标的资产本身构成的组合。

(三)非标准美式期权

在标准美式期权的有效期内,任何时间均可行使期权且执行价格总是相同的。而实际中,交易的美式期权不一定总是具有这些标准特征。有一种非标准美式期权称为 Bermudan 期权。在这种期权中提前行使只限于期权有效期内特定日期。例如美式互期期权就只能在指定日才能行使。

(四)远期开始期权

远期开始期权是支付期权费但在未来某时刻开始的期权,它们有时用来对雇员实施奖励。通常选择合适的期权条款以便该期权在启动时刻处于平价状态。

(五)复合期权

复合期权是期权的期权。复合期权主要有四种类型:看涨期权的看涨期权,看涨期权的看跌期权,看跌期权的看涨期权,看跌期权的看跌期权。复合期权有两个执行价格和两个到期日。

(六)任选期权

任选(as you like it)期权具有如下的特征:经过一段指定时期后,持有人能选择期权或者是看涨期权或者是看跌期权。

五、期权的交易场所

期权交易没有特定场所,可以在期货交易所内交易,还可以在证券交易所进行与股权有关的期权交易。目前世界上最大的期权交易所是芝加哥期权交易所(Chicago Board Options Exchange,CBOE);全球最大的二元期权交易平台是 Meetrader(Meetrader Binary Options);欧洲最大的期权交易所是欧洲期货与期权交易所(Eurex);亚洲方面,韩国的期权市场发展迅速,并且其交易规模巨大,中国香港和台湾地区都有期权交易。目前包括郑州商品交易所在内的几家交易所已经对期权在中国大陆上市做出初步研究。

六、期权的特点

（一）独特的损益结构

与股票、期货等投资工具相比，期权的与众不同之处在于其非线性的损益结构。正是期权的非线性的损益结构，才使期权在风险管理、组合投资方面具有了明显的优势。通过不同期权与其他投资工具的组合，投资者可以构造出不同风险收益状况的投资组合。

（二）风险

期权交易中，买卖双方的权利义务不同，使买卖双方面临着不同的风险状况。对于期权交易者来说，买方与卖方部位均面临着权利金不利变化的风险。这点与期货相同，即在权利金的范围内，如果买的低而卖的高，平仓就能获利，相反则亏损。与期货不同的是，期权多头的风险底线已经确定和支付，其风险控制在权利金范围内。期权空头持仓的风险则存在与期货部位相同的不确定性。由于期权卖方收到的权利金能够为其提供相应的担保，从而在价格发生不利变动时，抵消期权卖方的部分损失。虽然期权买方的风险有限，但其亏损的比例却有可能是 100％，有限的亏损加起来就变成了较大的亏损。期权卖方可以收到权利金，一旦价格发生较大的不利变化或者波动率大幅升高，尽管期货的价格不可能跌至零，也不可能无限上涨，但从资金管理的角度来讲，对于许多交易者来说，此时的损失已相当于"无限"了。因此，在进行期权投资之前，投资者一定要全面客观地认识期权交易的风险。

七、实物期权

实物期权（real options）是指在不确定性条件下，与金融期权类似的实物资产投资的选择权。相对于金融期权，实物期权的标的物不再是股票、外汇等金融资产，而是投资项目等实物资产。与传统的投资决策分析方法相比，实物期权的思想不是集中于对单一的现金流预测，而是把分析集中在项目所具有的不确定性问题上。

实物期权的概念最初是由 Stewart Myers（1977）提出的，他指出一个投资方案其产生的现金流量所创造的利润，来自所拥有资产的使用，再加上一个对未来投资机会的选择。也就是说，企业可以取得一个权利，在未来以一定价格取得或出售一项实物资产或投资计划，所以实物资产的投资可以应用类似评估一般期权的方式来进行评估。同时又因为其标的物为实物资产，故将此性质的期权称为实物期权。Black 和 Scholes 的研究指出：金融期权是处理金融市场上交易金融资产的一类金融衍生工具，而实物期权是处理一些具有不确定性投资结果的非金融资产的一种投资决策工具。因此，实物期权是相对金融期权来说的，它与金融期权相似但并非相同。与金融期权相比，实物期权具有以下四个特性：

（1）非交易性。实物期权与金融期权本质的区别在于非交易性。不仅作为实物期权标的物的实物资产一般不存在交易市场，而且实物期权本身也不大可能进行市场交易。

（2）非独占性。许多实物期权不具备所有权的独占性，即它可能被多个竞争者共同拥有，因而是可以共享的。对于共享实物期权来说，其价值不仅取决于影响期权价值的一般参数，而且还与竞争者可能的策略选择有关系。

（3）先占性。先占性是由非独占性所导致的，它是指抢先执行实物期权可获得的先发制人的效应，结果表现为取得战略主动权和实现实物期权的最大价值。

（4）复合性。在大多数场合，各种实物期权存在着一定的相关性，这种相关性不仅表现在同一项目内部各子项目之间的前后相关，而且表现在多个投资项目之间的相互关联。

实物期权也是关于价值评估和战略性决策的重要思想方法，是战略决策和金融分析相结合的框架模型。

八、期货与期权的区别

（一）标的物不同

期货交易的标的物是标准的期货合约；而期权交易的标的物则是一种买卖的权利。期权的买方在买入权利后，便取得了选择权。在约定的期限内既可以行权买入或卖出标的资产，也可以放弃行使权利；当买方选择行权时，卖方必须履约。

（二）投资者权利与义务不同

期权是单向合约，期权的买方在支付权利金后即取得履行或不履行买卖期权合约的权利，而不必承担义务；期货合同则是双向合约，交易双方都要承担期货合约到期交割的义务。如果不愿实际交割，则必须在有效期内对冲。

（三）履约保证不同

在期权交易中，买方最大的风险限于已经支付的权利金，故不需要支付履约保证金。而卖方面临较大风险，因而必须缴纳保证金作为履约担保。在期货交易中，期货合约的买卖双方都要交纳一定比例的保证金。

（四）盈亏的特点不同

期权交易是非线性盈亏状态，买方的收益随市场价格的波动而波动，其最大亏损只限于购买期权的权利金；卖方的亏损随着市场价格的波动而波动，最大收益（即买方的最大损失）是权利金。期货的交易是线性的盈亏状态，交易双方则都面临着无限的盈利和无止境的亏损。

（五）作用与效果不同

期货的套期保值不是对期货而是对期货合约的标的金融工具的实物（现货）进行保值，由于期货和现货价格的运动方向会最终趋同，故套期保值能收到保护现货价格和边际利润的效果。期权也能套期保值，对买方来说，即使放弃履约，也只损失保险费，对其购买资金保了值;对卖方来说,要么按原价出售商品,要么得到保险费,也同样保了值。

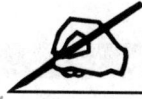

同步测练

1. 期货交易的基本特征有哪些?

2. 什么是期货市场?期货市场有哪些基本功能?

3. 什么是期货交易?期货交易和现货交易有哪些联系?

4. 期货交易的品种主要有哪些?

5. 期货市场在经济中有哪些作用?

6. 期货合约的履约方式主要有哪几种?

7. 期权的种类主要有哪些?

8. 期权的要素有哪些?

9. 期权合约的特点主要有哪些?

10. 期货与期权的区别是什么?

C 第二章

期 货 市 场

学 习 目 标

通过本章学习,使投资者可以了解期货的总体市场交易情况,把脉市场的形成历史和发展情况,了解我国期货市场成长情况。

重 点 难 点 提 示

本章属于期货市场总体概况等基本知识的介绍,重点难点不突出。

第一节　期货市场的产生和发展

期货市场包括商品期货市场和金融期货市场,国外发展已有上百年历史。而我国商品期货市场 20 世纪 90 年代才发展起来,金融期货市场更是 2010 年才建立起来,属新兴市场,未来发展潜力巨大!

一、期货市场的产生

(一)起源

随着现代商品经济的发展和社会劳动生产力的极大提高,国际贸易普遍开展,世界市场逐步形成,市场供求状况变化更为复杂,仅有一次性地反映市场供求预期变化的远期合约交易价格已经不能适应现代商品经济的发展,而要求有能够连续地反映潜在供求状况变化全过程的价格,以便广大生产经营者能够及时调整商品生产,以及回避由于价格的不利变动而产生的价格风险,使整个社会生产过程顺利地进行。在这种情况下,期货交易就产生了。

最初的期货交易源于 16 世纪日本大阪的大米市场。直到 19 世纪仍是日本独有,后来渐渐被全世界效仿。

1848 年美国芝加哥的 82 位商人为了降低粮食交易风险,发起组建了芝加哥期货交易所(CBOT),CBOT 的成立,标志着期货交易的正式开始。1865 年,CBOT 推出了标准化合约并实行了保证金制度;1882 年,CBOT 开始允许以对冲方式免除履约责任;1925 年,芝加哥期货交易所结算公司(BOTCC)成立,同时规定芝加哥期货交易所的所有交易都要进入结算公司结算。至此,真正现代意义上的期货交易开始形成。

期货交易的产生,不是偶然的,是在现货远期合约交易发展的基础上,基于广大商品生产者、贸易商和加工商的广泛商业实践而产生的。1833 年,芝加哥已成为美国国内外贸易的一个中心,南北战争之后,芝加哥由于其优越的地理位置而发展成为一个交通枢纽。到了19 世纪中叶,芝加哥发展成为重要的农产品集散地和加工中心,大量的农产品在芝加哥进行买卖,人们沿袭古老的交易方式在大街上面对面讨价还价进行交易。这样,价格波动异常剧烈。在收获季节农场主都运粮到芝加哥,市场供过于求导致价格暴跌,使农场主常常连运费都收不回来,而到了第二年春天谷物匮乏,加工商和消费者难以买到谷物,价格飞涨。客观上需要建立一种有效的市场机制以防止价格的暴涨暴跌,需要建立更多的储运设施。

为了解决这个问题,谷物生产地的经销商应运而生。当地经销商设立了商行,修建起仓库,收购农场主的谷物,等到谷物湿度达到规定标准后再出售运出。当地经销商通过现货远期合约交易的方式收购农场主的谷物,先储存起来,然后分批上市。当地经销商在贸易实践中存在着两个问题:他需要向银行贷款以便从农场主手中购买谷物储存,在储存过程中要承担巨大的谷物过冬的价格风险。价格波动有可能使当地经销商无利可图甚至连成本都收不回来。解决这两个问题的最好的办法是"未买先卖",以远期合约的方式与芝加哥的贸易商和加工商联系,以转移价格风险和获得贷款。这样,现货远期合约交易便成为一种普遍的交易方式。

在这种交易方式中,商品的品质、数量、价格、交货时间、交货地点等都是根据双方的情况协商达成。当出现须转让已签订的合同的情况时,这种交易方式就开始显现出它的局限性,并且当合同到期需要履约时,拒绝履约的情况时常发生。而由于当时条件所限,全面调查对方的信誉几乎是一件不可能完成的事。有鉴于此,为了进一步规范交易,CBOT 于 1865 年推出了标准化合约,对一张合约所代表的商品品质、数量、交货时间、交货地点等条款进行了统一规定。同年,该交易所又实行了保证金制度(即向合约签订双方收取不超过合约价值 10%的保证金),以消除交易双方由于不能按期履约而产生的诸多矛盾。1882 年,CBOT 允许以对冲合约的方式结束交易,而不必交割实物,这使得投机者开始进入,增加了期货市场流动性。随着期货交易的发展,结算出现了较大的困难。1925 年 CBOT 结算公司(BOTCC)成立,CBOT 的所有交易都要进入结算公司结算,现代意义上的结算机构初具雏形。随着交易规则和制度的不断健全和完善,交易方式和市场形态开始发生了质的飞跃,标准化合约、保证金制度、对冲机制和统一结算的实施,标志着现代期货市场的确立。

（二）发展

1848 年 3 月 13 日,第一个近代期货交易所——芝加哥期货交易所(CBOT)成立,芝加哥期货交易所成立之初,还不是一个真正现代意义上的期货交易所,只是一个集中进行现货交易和现货中远期合约转让的场所。

在期货交易发展过程中,出现了两次堪称革命的变革:一是合约的标准化,二是结算制度的建立。1865 年,芝加哥期货交易所实现了合约标准化,推出了第一批标准期货合约。合约标准化包括合约中品质、数量、交货时间、交货地点以及付款条件等的标准化。标准化的期货合约反映了最普遍的商业惯例,使得市场参与者能够非常方便地转让期货合约,同时,使生产经营者能够通过对冲平仓来解除自己的履约责任,也使市场制造者能够方便地参与交易,大大提高了期货交易的市场流动性。芝加哥期货交易所在合约标准化的同时,还规定了按合约总价值的 10%缴纳交易保证金。

随着期货交易的发展,结算出现了较大的困难。芝加哥期货交易所起初采用的结算方法是环形结算法,但这种结算方法既烦琐又困难。1891 年,明尼亚波里谷物交易所第一个成立了结算所,随后,芝加哥交易所也成立了结算所。直到现代结算所的成立,真正意义上的期货交易才算产生,期货市场才算完整地建立起来。因此,现代期货交易的产生和现代期货市场的诞生,是商品经济发展的必然结果,是社会生产力发展和生产社会化的内在要求。

从 1848 年到 20 世纪 70 年代,期货市场的交易品种主要是商品期货,可以分为以小麦、玉米、大豆等为代表的农产品期货,以铜、铝、锡、银等为代表的金属期货和以原油、汽油、丙烷等为代表的能源期货三大类型。

20世纪70年代,利率、股票和股票指数、外汇等金融期货相继推出,而美国长期国债期货期权合约于1982年10月1日在CBOT的上市,又为其他商品期货和金融期货交易开辟了一方新天地。

二、期货的发展

(一)期货市场品种的发展

国际期货市场的发展,大致经历了由商品期货到金融期货、交易品种不断增加、交易规模不断扩大的过程。

1. 商品期货

商品期货是指标的物为实物商品的期货合约。商品期货历史悠久,种类繁多,主要包括农产品期货、金属期货和能源化工期货等。其中大宗商品的期货交易在社会经济生活中产生了广泛影响。

(1)农产品期货。农产品期货是历史最悠久的期货品种,目前,已推出期货合约的农副产品主要有20多种,包括玉米、大豆、小麦、豆粕、稻谷、燕麦、大麦、黑麦、大豆油、油菜籽、菜籽油、菜粕、活猪、活牛、小牛、可可、咖啡、棉花、羊毛、糖、橙汁、木材、天然橡胶等,其中大豆、玉米、小麦期货被称为三大农产品期货。目前,芝加哥期货交易所是全球的农产品期货交易中心。

(2)金属期货。金属产品主要有9种,包括金、银、铜、铝、铅、锌、镍、钯、铂、钢。1876年成立的伦敦金属交易所(LME)最早进行金属期货交易。目前,世界金属期货交易主要集中在伦敦金属交易所和纽约商业交易所。而伦敦金属交易所期货价格被公认为是世界有色金属交易的定价标准。纽约商品交易所(COMEX)成立于1933年,交易品种有黄金、白银、铜、铝等,其中1974年推出的黄金期货合约在国际市场上有一定影响。

(3)能源期货。能源期货最早于1978年开始在纽约商业交易所交易,当时由于石油等能源产品价格剧烈波动,直接导致了石油等能源期货的产生。目前,纽约商业交易所(NYMEX)和洲际交易所(ICE)是世界上最具影响力的能源期货交易所,上市品种有原油、汽油、取暖油、乙醇等。

2. 金融期货

金融期货,是指以外汇、债券、股票指数等金融工具作为标的物的期货合约(图2-1)。金融期货交易产生于20世纪70年代的美国市场。

20世纪70年代初,世界金融体制发生了重大变化,浮动汇率制取代了固定汇率制,利率管制等金融管制政策逐渐取消。在浮动汇率制下,各国货币之间的汇率直接体现了各国经济发展的不平衡状况。反映在国际金融市场上,就是汇率、利率频繁剧烈波动,市场迫切需要一种便利有效的防范外汇风险的工具。在这一背景下,外汇期货应运而生。1972年5月,美国的芝加哥商业交易所(CME)设立国际货币市场分部(IMM),推出了外汇期货交易。其

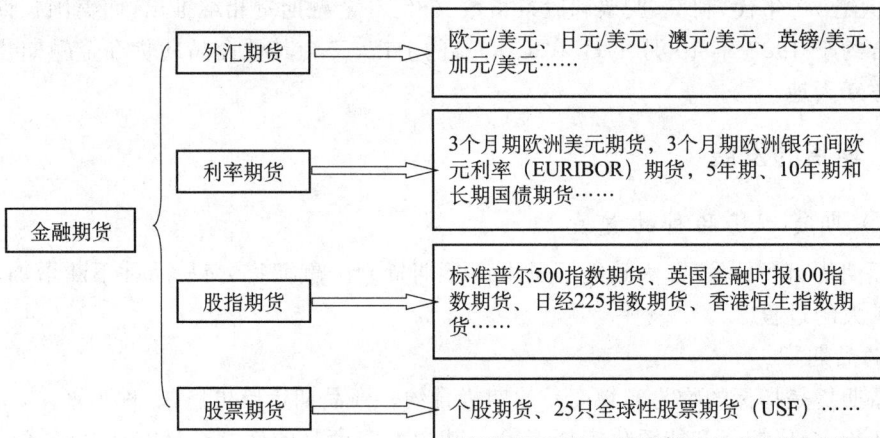

图 2-1　金融期货的种类

货币标的共有 7 种,分别是英镑、加拿大元、西德马克、日元、瑞士法郎、墨西哥比索和意大利里拉,这标志着金融期货交易的开始。1975 年 10 月,芝加哥期货交易所上市国民抵押协会债券(GNMA)期货合约,从而成为世界上第一个推出利率期货合约的交易所。1977 年 8 月,美国长期国债期货合约在芝加哥期货交易所上市。1982 年 2 月,美国堪萨斯期货交易所(KCBT)开发了价值线综合指数期货合约,使股票价格指数也成为期货交易的对象。金融期货的出现,从根本上改变了期货市场格局。目前,金融期货已经在国际期货市场上占据了主导地位,对世界经济产生了深远影响(见图 2-2)。

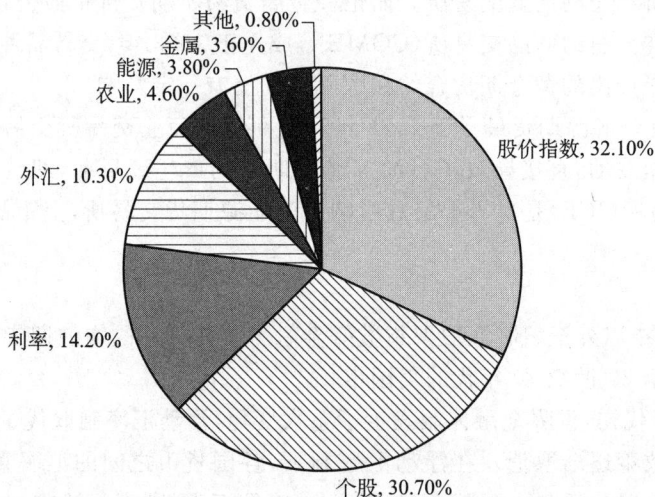

图 2-2　2012 年全球期货与期权交易量——不同品种占比

数据来源:美国期货业协会(FIA)。

3. 其他期货品种

随着期货交易实践的不断发展,期货交易所不断推出新的衍生产品,以满足社会和经济发展需要。出现了温度期货、降雪量期货、霜冻期货和飓风期货等天气期货和期权品种;也出现了各种指数期货,如经济指数期货、房地产指数期货、消费者物价指数期货等;也出现了以碳排放权交易为基础的碳期货和期权品种。

(二)期货交易所的发展趋势

从国际来看,期货交易所的发展主要呈现以下几个趋势。

1. 交易所的并购与整合不断地深入

随着世界经济的全球化,交易所面临的竞争越来越激烈,为了提高竞争能力,各国期货交易开始通过合并的方式来获得更大的市场规模。

伦敦国际金融期货期权交易所(LIFFE)于 1992 年兼并了伦敦期权市场,1996 年收购了伦敦商品交易所,其 1996 年的交易量首次超过历史悠久的芝加哥商业交易所,成为仅次于芝加哥期货交易所的世界第二大期货交易所。2002 年 1 月,LIFFE 又被总部位于巴黎的泛欧交易所(Euronext)合并,合并后名称变更为 Euronext. Liffe。2006 年 6 月,纽约证券交易所集团(NYSE)和泛欧交易所达成总价约 100 亿美元的合并协议,组成全球第一家横跨大西洋的纽交所—泛欧交易所集团(NYSE Euronext)。成立于 2000 年 5 月的美国洲际交易所(Intercontinental Exchange,ICE)于 2001 年在伦敦收购了国际石油交易所,于 2007 年与纽约期货交易所合并,于 2010 年与气候交易所合并,又于 2012 年 12 月以 82 亿美元的价格收购了纽约泛欧交易所集团(NYSE Euronext)。

2007 年,CME 与 CBOT 合并组成 CME 集团,2008 年 NYMEX 和 COMEX 又加入进来,形成了基本统一的芝加哥期货市场,目前,CME 集团已经成为全球最大的衍生品交易所集团。

2000 年 3 月,香港联合交易所、香港期货交易所与香港中央结算有限公司合并,成立香港交易及结算所有限公司(Hong Kong Exchanges and Clearing Limited,HKEx,也称香港交易所,或港交所),并于 2012 年以 13.88 亿英镑的价格收购英国伦敦金属交易所(LME),表明中国也开始积极介入国际期货市场的兼并浪潮之中。

交易所一方面通过跨洲跨国跨区域性并购,增强了其在全球的竞争力;另一方面通过对经营不同品种的交易所的并购,使得在同一集团内可提供多样化的金融产品。

2. 交易所股份制改革

早期的期货交易所一般以会员制的形式组成,是由会员所有和管理的非营利组织。这种模式的优点是会员可以控制交易所的业务,交易所可以严格控制会员结构,同时交易所的业务也受到保护。但这种模式效率较低。目前,由于国际竞争日趋激烈,为了提升组织运作效率,加强本身的竞争力,各国传统的非营利会员制交易所纷纷改组为以营利为目的公司制交易所,将股权与交易权分立,开始挂牌上市,如今,公司化已经成为全球交易所发展的一个新方向。1993年,瑞典斯德哥尔摩证券交易所改制成为全球第一家股份制的交易所。香港证券交易所和期货交易所也成为改制上市的成功范例。2000年3月,香港联合交易所与香港期货交易所完成股份化改造,成立不久的香港交易及结算所有限公司于2000年6月以引入形式在香港交易所上市。2000年,芝加哥商业交易所成为美国第一家公司制交易所,并在2002年成功上市。纽约—泛欧交易所集团(NYSE Euronext)作为一家完全合并的交易所集团于2007年4月4日在纽交所和欧交所同时挂牌上市。

出现这一趋势的根本原因是竞争加剧:一是交易所内部竞争加剧,二是场内交易与场外交易竞争加剧,三是交易所之间竞争加剧。

3. 电子化交易方式被广泛地应用。

电子化交易方式由于其具有降低交易员主观判断的风险、增强流动性、减少错账的发生、有助于维持纪律性及客观性等特点,在20世纪末开始取代了公开喊价的交易方式,成为了主流的交易方式。1988年,东京谷物交易所由场内公开喊价转型为电子化交易,成为第一家全面转型的交易所。其后在90年代初,为了满足欧洲及远东地区投资者在当地时间进行期货交易的需要,芝加哥期货交易所和芝加哥商业交易所与路透社合作,推出了全球期货电子交易系统(GLOBEX)。此后,其他交易所纷纷效仿,并开发出各自的电子交易系统,这些系统不仅具有技术先进、高效快捷、操作方便等特点,而且使全球24小时不间断进行期货交易成为现实。

三、国际期货市场的发展现状

(一)总体运行情况

从目前全球各区域期货和期权交易量来看,以欧美为代表的西方国家和地区的交易量出现下滑,以巴西、俄罗斯、印度和中国"金砖国家"为代表的新兴市场国家的交易量上升势头显著。从2010年起,亚太地区连续成为全球期货期权成交最为活跃的地区。2012年,亚太地区的期货期权成交量占到35.6%,而北美和欧洲的成交量分别为33.8%和20.9%(见图2-3)。

从目前全球各主要交易所的交易量来看,欧美交易所继续占据优势,如芝加哥商业交易所集团、欧洲期货交易所、纽约证交所—泛欧期货交易所集团、芝加哥期权交易所集团等都保持了较大的交易量;而新兴市场经济国家交易所成长迅速,如韩国交易所,凭借KOS-PI200股指期权连续成为全球交易量名列前茅的交易所,巴西证券期货交易所、印度国家证券交易所、印度大宗商品交易所、俄罗斯Micex-RTS交易所等也排名靠前(见表2-1)。我国三家商品交易所处于10～15名的位置,说明我国期货市场已经具备了一定的国际影响力。

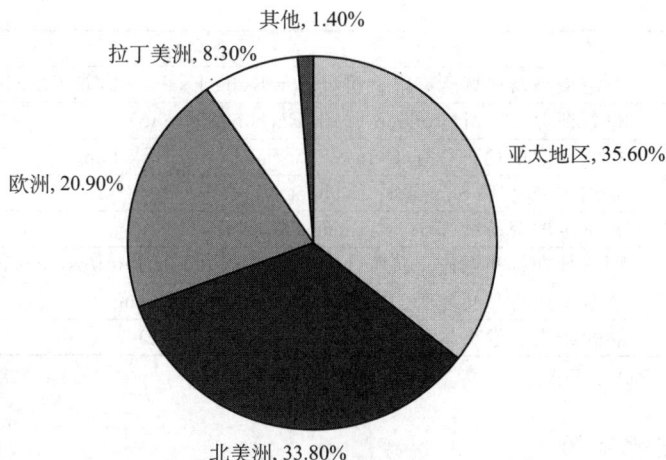

图 2-3　全球期货与期权交易量——不同地区占比

表 2-1　2012 年全球排名前 30 位的衍生品交易所

排名	交易所名称
1	芝加哥商业交易所集团(CME Group)
2	韩国证券交易所(Korea Exchange)
3	欧洲期货交易所(Eurex)
4	纽约证交所—泛欧期货交易所集团(NYSE Euronext)
5	印度国家证券交易所(National Stock Exchange of India)
6	巴西证券期货交易所(BM&Fbovespa)
7	芝加哥期权交易所集团(CBOE Group)
8	纳斯达克—OMX 集团(Nasdaq OMX)
9	俄罗斯 Micex-RTS 交易所(Micex-RTS)
10	印度大宗商品交易所(Multi Commodity Exchange of India)
11	美国洲际交易所(Intercontinental Exchange,ICE)
12	大连商品交易所(Dalian Commodity Exchange)
13	上海期货交易所(Shanghai Futures Exchange)
14	澳大利亚证券交易所集团(ASX Group)
15	郑州商品交易所(Zhengzhou Commodity Exchange)
16	多伦多证券交易所集团(TMX)
17	大阪证券交易所(Osaka Securities Exchange)
18	孟买证券交易所(BSE India)
19	约翰内斯堡证券交易所(JSE South Africa)
20	伦敦金属交易所(London Metal Exchange)
21	台湾期货交易所(Taiwan Futures Exchange)
22	美国 BATS 交易所(BATS)

排名	交易所名称
23	香港交易及结算所有限公司（Hong Kong Exchanges & Clearing）
24	伦敦证券交易所（London Stock Exchange Group）
25	中国金融期货交易所（China Financial Futures Exchange）
26	新加坡交易所（Singapore Exchange）
27	东京金融交易所（Tokyo Financial Exchange）
28	西班牙期货和期权交易所（Mercado Español de Futurosy Opciones Financieros）
29	土耳其衍生品交易所（Turkish Derivatives Exchange）
30	特拉维夫证券交易所（Tel-Aviv Stock Exchange）

数据来源：美国期货业协会（FIA）。

（二）美国期货市场

目前，美国期货市场的交易品种最多、市场规模最大，位居世界前列的期货交易所主要有如下几家。

（1）芝加哥期货交易所（CBOT）。该交易所成立于1848年，是历史最长的期货交易所，也是最早上市交易农产品和利率期货的交易所。其交易品种主要有玉米、小麦、大豆类产品、美国政府的中长期国债、股票指数、黄金和白银等期货，以及农产品、金融、金属的期权。

（2）芝加哥商业交易所（CME）。该交易所的前身是农产品交易所，由一批农产品经销商于1874年创建。1919年改组为目前的芝加哥商业交易所，是世界最主要的畜产品期货交易中心。1972年组建国际货币市场分部（IMM）并最先上市交易外汇期货，成为世界上最早开展外汇期货交易的交易所。1982年组建指数和期权市场分部。芝加哥商业交易所的交易品种主要有生猪、活牛、木材、化工产品、外汇、标准普尔500股指期货及期权等。

（3）纽约商业交易所（NYMEX）。该交易所成立于1872年，其交易品种主要有原油、汽油、取暖油、天然气、铂、黄金、铜等。纽约商业交易所是世界最主要的能源和黄金期货交易所之一。

历经多次合并重组，上述三家交易所已发展成为包括 CBOT、CME、NYMEX 和 COMEX 在内的 CME 集团。

（4）堪萨斯期货交易所（KCBT）。该交易所成立于1856年，是世界最主要的硬红冬小麦（面包用主要原料）交易所之一，也是率先上市交易股票指数期货的交易所。

（三）英国期货市场

英国的有色金属期货交易，在世界期货发展史上占有举足轻重的地位。英国的期货交易所主要集中在伦敦，伦敦金属交易所（LME）、伦敦国际金融交易所（LIFFE）和伦敦国际石油交易所（IPE）共同确立了伦敦国际期货交易中心的地位。

（1）伦敦金属交易所。该交易所成立于 1876 年,是最早的金属期货交易所。该所国际化程度高,外国公司、与外国公司合资的公司在会员中占有很大比重。其交易品种主要有铜、铝、铅、锌、镍、银的期货和期权,以及 LMEX 指数期货和期权等。伦敦金属交易所 1987年进行了公司制改组,2012 年被香港交易所收购。

（2）伦敦国际金融交易所。该交易所成立于 1982 年,是欧洲最早建立的金融期货交易所,也是世界最大的金融期货交易所之一。开始时交易限于 7 个金融期货品种,1985 年引入期权交易,1992 年与伦敦期权交易所合并。1996 年合并伦敦商品交易所,引入农林产品期货交易。1999 年改制为公众持股公司,2002 年与欧洲联合交易所(EURONEXT)合并,成为 EURONEXT 集团的下属公司。后经过 2006 年和 2012 年两次重组,目前成为洲际交易所(ICE)所属的最大的金融衍生品交易所。其交易品种主要有欧元利率、英镑利率、欧洲美元利率、英镑、瑞士法郎、日元、金融时报股票价格指数以及股票期权等期货和期权合约 70余种,其中欧元利率期货的成交量最大。

（3）伦敦国际石油交易所。该交易所成立于 1980 年,是英国期货市场的后起之秀,其主要交易品种为石油和天然气期货和期权,2001 年 3 月开始上市交易电力期货合约。2001年 7 月成为洲际交易所(ICE)的全资子公司。目前,伦敦国际石油交易所已发展成为欧洲最大的能源期货市场。

（四）欧元区期货市场

20 世纪 90 年代后期,交易所间联网、合并的浪潮席卷全球,欧洲各国的交易所经过战略整合,形成了两家跨国界的以证券和期货、期权为主要交易品种的交易所联盟——欧洲交易所(EUREX)和欧洲联合交易所(EURONEXT)。

1998 年 9 月,德国法兰克福期货交易所(DTB)与瑞士期权和金融期货交易所(SOF-FEX)合并为欧洲交易所。与此同时,法国、荷兰、比利时 3 国也分别完成了本国证券与期货交易所的合并,并于 2000 年 9 月最终合并为欧洲联合交易所这一综合性交易所。欧洲交易所和欧洲联合交易所都是世界主要的衍生品交易所。欧洲交易所的 3 个月美元期货、欧洲联合交易所的股票期权和股票指数期权的交易都取得了极大的成功。

（五）亚洲国家期货市场

日本是世界上建立期货市场较早的国家。20 世纪 90 年代以来,通过一系列整合,日本的期货交易所从 10 多家减少到 7 家,其中国际影响较大的是东京工业品交易所(TOCOM)和东京谷物交易所(TGE)。东京工业品交易所成立于 1951 年,是日本唯一的综合商品交易所。该交易所以贵金属交易为中心,上市品种有黄金、白金、银、钯、棉纱、毛线等。20 世纪90 年代后期上市交易石油期货,巩固了其日本第一大商品交易所的地位。东京谷物交易所成立于 1952 年,1985 年以前一直是日本第一大商品交易所,上市品种有大豆、小豆、白豆、马铃薯粉等。

韩国证券交易所(KSE)在 1996 年 5 月推出 KOSPI 股票指数期货,1997 年 10 月推出该指数的期权。此后,成交量大幅度增加,以手数计位于世界前列。KOSPI200 指数期货和期权成功的关键是合约设计合理,合约金额较小,期权合约金额较之期货更小。另外,韩国互联网的普及和网上交易的低成本,推动了个人投资者的积极参与,在 KOSPI200 指数期权成交量中个人投资者占 60%。2005 年韩国证券交易所(KSE)与韩国期货交易所(KOFEX)及韩国创业板市场(KOSDAQ)合并成立韩国交易所(简称 KRX),目前是韩国唯一的证券交易所。

新加坡国际金融期货交易所(SIMEX)的期货品种具有典型的离岸金融衍生品的特征,例如日经 225 指数期货、MSCI 台湾指数期货、3 个月欧洲美元期货等。1984 年新加坡国际金融期货交易所与芝加哥商业交易所通过联网建立起相互对冲机制,扩大了交易品种。1999 年新加坡国际金融期货交易所与新加坡证券交易所(SES)合并为新加坡交易所有限公司(SGX),成交量不断扩大。发展离岸金融衍生品和走联合之路,有力地巩固了新加坡的国际金融中心地位。

近年来,印度的期货市场发展迅速。印度的期货交易主要集中在印度国家证券交易所和印度大宗商品交易所。印度国家证券交易所是印度第二大证券交易所,于 2000 年 6 月推出了标普 CNX Nifty 股指期货,目前交易活跃。印度大宗商品交易所(MCX)于 2003 年 11 月开业,采用电子化系统,交易多达 40 多个期货品种,包括贵金属、铁矿石、有色金属、能源、农产品期货等,占了印度衍生品交易量的 80%,已经成为亚太地区成交量最大的交易所之一。该交易所的黄金、白银、天然气、原油期货等品种的交易量排名在世界前列。

第二节 期货市场的功能和作用

一、期货市场的功能

期货市场主要有规避风险、价格发现、风险投资三大功能。

(一)规避风险功能

期货市场上规避风险一般采用套期保值的方式,生产经营者通过在期货市场上进行套期保值业务,有效地回避、转移或分散现货市场上价格波动的风险。套期保值是在期货市场买进或卖出与现货数量相等但交易方向相反的商品期货,以期在未来某一时间通过卖出或买进期货合约而补偿因现货市场价格不利变化带来的损失。套期保值的基本经济原理就在于某一特定商品的期货价格与现货价格在同一时空内会受相同的经济因素的影响和制约,因而一般情况下两个市场的价格变动趋势相同。套期保值就是利用两个市场上的这种价格关系,取得在一个市场上出现亏损,在另一个市场上获得盈利的结果。此外,两个市场走势的"趋同性"也使套期保值交易行之有效,即当期货合约临近交割时,现货价格与期货价格趋于一致,二者的基差接近于零。

例如,某地玉米将在 2 个月后收获并上市销售,该地饲料加工企业决定 2 个月后购入一批玉米原料,于是该企业和种植者签订了一批在 2 月后交货的销售合同,此时,种植者和购买者在现货市场上都面临着价格波动的风险。具体来说,2 个月后如果玉米价格下跌,玉米种植户将蒙受损失;如果玉米价格上涨,饲料加工企业将加大采购成本,利润减少甚至出现亏损。

为了规避玉米价格波动的风险,二者这时可以通过期货市场进行套期保值。具体来说,玉米种植户卖出 2 个月后到期的玉米期货合约,如果 2 个月后玉米价格果真下跌了,那么玉米种植户在玉米现货交易中就损失了一笔,但由于他同时买入了玉米期货合约,把手中的卖出合约平仓。结果他发现,期货市场上的交易使他赚了一笔,而且可能正好抵补了他在玉米现货市场上的损失。再说玉米购买企业,它们买入 2 个月后到期的玉米期货合约,如果 2 个月后玉米价格果真上涨了,那么它们在玉米现货交易中就损失了一笔,但同时它们卖出玉米期货合约,把手中的买入合约平仓。结果它们发现,期货市场上的交易赚了一笔,而且可能正好抵补了在玉米现货市场上的损失。以上交易过程就是生产经营者通过套期保值来规避风险的具体措施。

(二)价格发现功能

价格发现功能是指在期货市场通过公开、公正、高效、竞争的期货交易运行机制形成具有真实性、预期性、连续性和权威性价格的过程。期货市场形成的价格之所以为公众所承认,是因为期货市场是一个有组织的规范化的市场,期货价格是在专门的期货交易所内形成的。期货交易所聚集了众多的买方和卖方,把自己所掌握的对某种商品的供求关系及其变动趋势的信息集中到交易场内,从而使期货市场成为一个公开的自由竞争的市场。这样通过期货交易所就能把众多的影响某种商品价格的供求因素集中反映到期货市场内,形成的期货价格能够比较准确地反映真实的供求状况及其价格变动趋势。

诺贝尔经济学奖获得者默顿·米勒曾经说过:"期货的魅力在于让你了解真正的价格。"而期货之所以有价格发现这个功能是在于:①价格信号是企业经营决策的依据。这是因为在市场经济中,价格机制是调节资源配置的重要手段,而价格是在市场中通过买卖双方的交易形成,价格反映了市场的供求关系,同时又影响供求变动。②在现货市场中,现货价格比较短暂,易受影响,不利于企业做决定。③预期价格是在有组织规范的市场内形成的。由于期货交易是公开竞价,不允许场外交易,众多期货交易者把真实、权威、透明的价格带入市场,使得期货价格能准确、真实地反映价格趋势。

(三)风险投资功能

对期货投机者来说,期货交易除了以上两个功能外还有进行风险投资、获取风险收益的功能。一般来讲,期货风险投资包括两层含义:一是投资者拿出(垫付)一定数额的货币资金用于期货交易,即买卖期货合约;二是投资者参加期货交易的目的主要是取得以货币表示的经济收益。所以,期货风险投资是一个含义广泛的概念。只要特定的投资主体为了获取经济收益,而用一定数额的货币资金买卖期货合约,都属期货风险投资行为,而无论投资主体是具体为了获取转移风险的经济收益,还是为了获得超额利润。

二、期货市场的作用

期货市场的作用是期货市场基本功能的外在表现,其发挥的程度依赖于社会、经济、政治等外部条件的完善程度,期货市场的作用是多元的、综合的,可分为宏观和微观两个方面。

(一)期货市场在宏观方面的作用

1. 有助于稳定经济,减缓行业价格波动

期货市场提供了分散、转移价格风险的工具,有助于稳定国民经济,期货品种涉及农产品、金属、能源、金融等行业,而这些行业在国民经济中起到了举足轻重的作用,由于期货市场是风险管理市场,解决的是市场价格风险的管理问题,使得市场经济中的无限风险有限化,也为这些行业提供了分散、转移价格风险的工具,有利于减缓价格波动对行业发展的不利影响,有助于稳定国民经济,促进债市和股市的平稳运行。

2. 为政府宏观政策制定提供参考依据

为了促进国民经济的快速增长和协调发展,政府需要制定一系列的宏观政策,关系国计民生的重要商品物资的供求状况及价格趋势是政府制定宏观经济政策所重点关注的。期货交易是通过对大量信息进行加工,进而预测远期价格的一种竞争性经济行为。它所形成的未来价格信号能反映多种生产要素在未来一定时间的变化趋势,具有超前性,而现货市场的价格信息具有短期性的特点,仅反映一个时点的供求状况,以此做参考制定的政策具有滞后性。通过现时的市场价格指导未来的生产或者产业结构,经常会造成下一阶段供求失衡,容易产生社会生产盲目扩张或收缩,造成社会资源的极大浪费。同时期货交易具有公开、公平、公正的特点,市场透明度高,形成的价格是国际贸易中的**基准价格**,政府可以依据期货市场的价格信号确定和调整宏观经济政策,引导工商企业调整生产经营规模和方向使其符合宏观经济发展的需要。

3. 有助于市场经济体系的建立与完善

从历史上看,期货市场由现货市场衍生而来,是现货市场发展到一定阶段的产物。期货市场产生以后,反过来又促进了现货市场的发展。现货市场和期货市场是现代市场体系的两个重要组成部分,在市场经济条件下它们共同调节资源的合理配置。从另一个角度讲,期货市场能够规避现货价格波动的风险,从而有助于现货市场交易规模的扩大,同时期货市场的交易对象是标准化合约,合约中规定了标的物的品质标准,在交割时不同品级的现货会有升水或贴水出现,体现优质优价原则。这有助于现货市场中商品品质标准的确立,促进企业提高产品质量。

（二）期货市场在微观方面的作用

期货市场在微观经济中的作用也就是期货市场对企业的作用。

1. 企业可以利用期货价格信号,组织安排现货生产经营

现货市场由于受地域的限制,常常不能一致地反映市场信息。而期货市场汇集了市场参与者的价格要求及预期,形成连续、有效、真实的价格体系,具有价格发现功能,对现货商品的未来价格走势有一定的预期性,所以生产经营者可以利用期货市场的价格信号,有效克服市场中的信息不完全和不对称,调整相关产品的生产计划,避免生产的盲目性。

2. 规避风险,降低生产成本,提高经济效益

由于现货市场价格具有一定的波动性,容易给企业带来价格风险。因此,企业可以通过期货市场进行套期保值,即企业通过期货市场反向操作,从而规避由于现货价格不利波动而产生的生产经营风险,达到锁定生产成本、实现预期利润的目的,使生产经营活动免受价格波动的干扰。

3. 实现新的盈利方式

期货市场为企业提供了实现套利利润的平台。期货市场虽然反映的是一种连续价格,但其为增加流动性而吸纳的投机因素常造成价格不合理变动,现货企业一般根据自身信息优势能够及早发现此现象。一些熟知期货交易策略的企业,通过套利模式的设计和运用,投资通常可以取得良好盈利效果。

第三节 我国期货市场的建立与规范

一、我国期货市场的建立

我国期货市场产生于 20 世纪 90 年代初。当时随着改革开放的逐步深化,价格体制逐步放开,导致农产品开始出现供求波动问题。这时,不解决价格调控的滞后性问题,就难以满足供求双方对远期价格信息的需要。一批学者开始提出了建立农产品期货市场的设想。1988 年 5 月,国务院决定进行期货市场试点,而河南地区是我国最重要的粮食产地,交通运输又较发达,所以,由于其得天独厚的优势条件,1990 年 10 月 12 日中国郑州粮食批发市场经国务院批准设立,其宗旨是以现货交易为基础,逐步引入期货交易机制。1993 年 5 月 28 日,中国郑州粮食批发市场更名为中国郑州商品交易所,正式引入标准化合约、保证金交易等期货机制,完成了从现货批发市场到期货交易所的转变。

1991 年 6 月 10 日,深圳有色金属交易所成立,是国内最早引入期货机制的交易所。1992 年 5 月上海金属交易所成立。随后,各地的期货交易所如雨后春笋般建立起来,至1993 年年底,国内各类期货交易所达 50 多家。与此同时,期货经纪公司也开始大量出现,1992 年 9 月第一家期货经纪公司——广东万通期货经纪公司成立;同年年底,中国国际期货

经纪公司开业。

到了 1994 年 5 月，全国冒出了近 40 家期货交易所，同时进行着 50 个期货品种的交易，而在同一时期，有 400 至 500 家期货公司相继成立，至 1993 年年底，国内的期货经纪机构已近千家。而各类期货兼营机构数不胜数。中国期货市场出现了盲目无序发展的局面，使期货两大重要功能之一价格发现功能无法发挥，从而导致合理、权威的价格无法形成。同时我国相关法规政策不完善而且滞后，致使市场规则不健全甚至缺失。这样的局面无疑违背了建立期货市场的初衷。

二、我国期货市场的规范与发展

（一）我国期货市场的两次整顿

1993 年 11 月，国务院发布《关于制止期货市场盲目发展的通知》，标志着我国期货市场第一轮治理整顿工作的开始。在此次整顿中将试点交易所缩减为 14 家（1996 年关闭 1 家），并对期货经纪公司进行清理整顿，重新审核，关闭了一大批不合格的经纪公司。同时，实行期货经纪业务许可证制度，并且停止了期货经纪公司开展的境外期货经纪业务及外汇按金交易与外汇期货交易。

1996—2000 年，国家开始对期货市场进行第二次清理整顿，期货市场陷入了低潮。国家把期货交易所进一步削减至 3 家，即上海期货交易所、大连商品交易所和郑州商品交易所，同时期货经纪公司从 330 家减为目前的 180 余家，兼营机构退出了期货经纪代理业，并提高了期货经纪公司的准入门槛，要求最低注册资本金不得低于 3 000 万元人民币。原来的 35 个期货交易品种也调整至 12 个，分别为上海交易所的铜、铝、胶合板、天然橡胶、籼米 5 个，郑州商品交易所的绿豆、小麦、红小豆、花生仁 4 个品种，大连商品交易所的大豆、豆粕、啤酒大麦 3 个品种，并且规定各个品种在各个交易所不得重复设置。

1999 年国务院颁布了《期货交易管理暂行条例》以及与之相配套的规范期货交易所、期货经纪公司及其高管人员的四个管理办法陆续颁布实施，使中国期货市场正式纳入法制轨道。2000 年，期货交易量萎缩至 5 400 万手，交易额为 1.6 万亿元人民币。同年 12 月 29日，中国期货业协会成立，标志着中国期货行业自律组织的诞生，从而将新的自律机制引入监管体系。经过两轮清理整顿，中国期货市场盲目无序的混乱局面得以扭转，逐步走向规范有序。同时一个以《期货交易管理暂行条例》及四个管理办法为主的期货市场规划框架基本确立，使得中国证监会的行政监督管理、期货业协会的行业自律管理和期货交易所的自律管理构成的三级监管体制系初步形成，期货市场主体行为逐步规范，至此，中国期货市场开始步入较快发展的平稳轨道。

（二）我国期货市场的复苏与完善

从 2001 年开始，期货市场逐渐复苏，期货法规与风险监控逐步完善，期货市场的规范化程度继续提高。一系列相继出台的法律法规,夯实了中国期货市场的制度基础,为期货市场的健康发展提供了制度保障。并且新的期货品种不断推出,期货交易量实现恢复性增长后连创新高。2008 年的全球金融危机使欧美衍生品市场遭受重创,而我国期货市场 2009 年、2010 年继续保持翻番增长态势,2011 年虽略有回调,但 2012 年迅速恢复增长。商品期货成交量近四年更连续高居全球首位,其中 2010 年,中国期货市场成交额达 309.12 万亿元,首次突破 300 万亿元大关,客户保证金存量首次突破 2 000 亿元,在成交量上一跃成为全球第一大商品期货市场,并且商品期货成交量占全球比重一度超过五成(见图 2-4)。

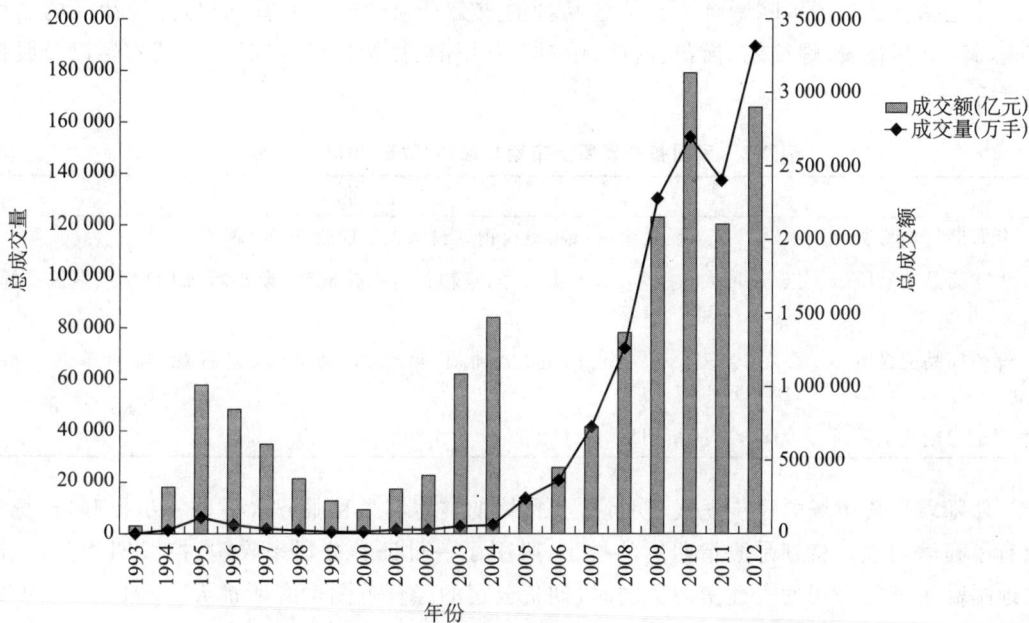

图 2-4 1993—2012 年中国期货市场年度成交量、成交额变化情况

资料来源:中国期货业协会。

2006 年 9 月 8 日,经国务院同意,中国证监会批准,由上海期货交易所、郑州商品交易所、大连商品交易所、上海证券交易所和深圳证券交易所共同发起在上海成立了中国金融期货交易所,并于 2010 年 4 月推出了沪深 300 指数期货。中国金融期货交易所的成立,对于深化资本市场改革,完善资本市场体系,发挥资本市场功能,具有重要的战略意义。2012 年 6 月,中国证监会发布《期货公司资产管理业务试点办法》,标志着我国期货行业期盼已久的期货公司资产管理业务也已经破茧而出。目前,我国期货市场正进入一个全新发展阶段。

(三)我国期货市场发展现状

1. 概况

目前,中国的期货交易所共有 4 家,分别是上海期货交易所(于 1998 年 8 月由上海金属交易所、上海粮油商品交易所及上海商品交易所合并组建)、大连商品交易所(成立于1993年2月28日)、郑州商品交易所和中国金融期货交易所。

随着我国期货市场创新的加快,期货品种体系日益完善,除原油之外,其他重要大宗商品在我国都有交易。近年来,交易所不断推出新品种,如从2011年到2013年上半年期间,陆续推出了铅、焦炭、甲醇、白银、玻璃、油菜籽、菜籽粕、焦煤等合约,我国期货市场已经上市31个商品期货合约和一个金融期货合约,形成了较为完善的期货品种体系。目前,我国已经是全球最大的商品期货市场之一,金融期货交易也已经起步,并在农产品和有色金属类期货品种上初步具备了国际影响力。从各品种的成交量和持仓量上看,交易比较活跃的品种有铜、锌、天然橡胶、螺纹钢、棉花、白糖、精对苯二甲酸、豆粕、豆油、棕榈油、聚乙烯以及股指期货等。

表2-2　我国各交易所上市期货品种(截至2013年5月)

交 易 所	上 市 品 种
上海期货交易所	铜、铝、锌、铅、黄金、白银、螺纹钢、线材、天然橡胶、燃料油
大连商品交易所	玉米、黄大豆一号、黄大豆二号、豆粕、豆油、棕榈油、聚乙烯(LLDPE)、聚氯乙烯(PVC)、焦炭、焦煤
郑州商品交易所	强麦、普麦、一号棉、白糖、早籼稻、菜籽油、油菜籽、菜籽粕、精对苯二甲酸(PTA)、甲醇、玻璃
中国金融期货交易所	沪深300股指期货

伴随着期货市场的稳步发展,期货中介机构的整体实力和服务水平进一步提升,自身实力有了显著增强。特别是股指期货的推出,吸引了一批证券公司来收购、控股期货公司,极大地提高了期货公司的资金实力。同时,期货公司的经营范围也有所扩大。2011年2月11日,中国证监会发布《期货公司期货投资咨询业务试行办法》(征求意见稿)。2011年5月1日,《期货公司期货投资咨询业务试行办法》正式实施。至2011年8月19日,中国证监会核准了14家期货公司的期货投资咨询业务资格。2012年6月8日,证监会公布了《期货公司资产管理业务试点办法》(征求意见稿)。2012年7月31日,《期货公司资产管理业务试点办法》正式公布,于9月1日起开始实施。期货投资咨询业务和资产管理业务的启动,标志着期货行业正式告别单一的期货经纪业务模式,进入服务国民经济发展的新阶段。

2. 中国金融期货交易所

中国金融期货交易所(China Financial Futures Exchange,CFFE),是经国务院同意,中国证监会批准,于2006年9月8日在上海期货大厦内挂牌,成为继上海期货交易所、大连商品交易所、郑州商品交易所之后的中国内地的第四家期货交易所,也是中国内地成立的首家金融衍生品交易所。该交易所为股份有限公司,实行公司制,这也是中国内地首家采用公司制为组织形式的交易所。中国金融期货交易所股份有限公司注册资本金为5亿元人民币。

出资股东分别为：上海期货交易所、上海证券交易所、深圳证券交易所、大连商品交易所、郑州商品交易所。5家股东分别出资1亿元人民币，按照中国证监会前期任命，朱玉辰为中国金融期货交易所首任总经理。上市品种由沪深300股指指数期货于2010年4月16日首发登场，国债期货也于2013年9月8日上市。道富投资认为，中国金融期货交易所的成立，对于深化资本市场改革，完善资本市场体系，发挥资本市场功能，具有重要的战略意义。

表2-3　中国金融期货交易所上市品种

合 约 标 的	沪深300指数
合约乘数	每点300元
报价单位	指数点
最小变动价位	0.2点
合约月份	当月、下月及随后两个季月
交易时间	上午9:15—11:30;下午13:00—15:15
最后交易日交易时间	上午9:15—11:30;下午13:00—15:00
每日价格最大波动限制	上一个交易日结算价的±10%
最低交易保证金	合约价值的12%
最后交易日	合约到期月份的第三个周五,遇国家法定假日顺延
交割日期	同最后交易日
交割方式	现金交割
交易代码	IF
上市交易所	中国金融期货交易所

资料来源：www.cffex.com.cn/sspz/hs300/hy/。

3. 上海期货交易所

上海期货交易所依循"法制、监管、自律、规范"的方针，围绕"建成规范、高效、透明的、以金融衍生品交易为主的综合性期货交易所"的战略目标，坚持科学发展观，以稳定为基础，以发展为主线，以创新为动力，严格依照法规政策制度组织交易，履行市场一线监管职能，致力于创造安全、有序、高效的市场机制，营造公开、公平、公正和诚信、透明的市场环境，发挥期货市场发现价格、规避风险的功能，为国民经济发展服务。

随着市场交易的持续活跃和规模的稳步扩大，市场功能及其辐射影响力显著增强，铜期货价格作为世界铜市场三大定价中心权威报价之一的地位进一步巩固；天然橡胶期货价格得到国内外各方的高度关注；燃料油期货的上市交易开启了能源期货的探索之路。

主要交易品种有铜、铝、锌、铅、黄金、白银、螺纹钢、线材、天然橡胶、燃料油、沥青、热卷轧板等。

4. 大连商品交易所

大连商品交易所成立于1993年2月28日，是经国务院批准并由中国证监会监督管理的四家期货交易所之一,也是中国东北地区唯一一家期货交易所。经中国证监会批准,现上市交易的有玉米、黄大豆1号、黄大豆2号、豆粕、豆油、棕榈油、线型低密度聚乙烯、聚氯乙烯、焦炭、焦煤10个期货品种。成立十八多年以来,大连商品交易所规范运营、稳步发展,已经成为我国重要的期货交易中心。近几年来发展尤为迅速,2006年至2010年,成交量由2.41亿手增长至8.06亿手,成交额由5.22万亿元增长至41.71万亿元,实现了跨越式发展。2010年在全球交易所期货期权交易量排名中,它位列第13名。

截至2010年年底,大连商品交易所共有会员188家,指定交割库83个,投资者开户数超过120万户,分布在全国28个省、直辖市、自治区。从1993年开业至2010年年底,大连商品交易所累计成交期货合38.04亿手,累计成交额146.56万亿元,实现实物交割1 332万吨,在发现商品价格、保护农民利益、引导农产品生产与流通、为市场主体提供避险工具等方面,发挥了重要作用,也为大连区域性金融中心建设、东北亚航运中心建设和东北地区振兴做出了积极贡献。

大连商品交易所一贯秉承以市场需求为导向的原则,通过制度创新、品种创新、技术创新和服务创新等多种方式满足广大会员、投资者和现货企业的需求,历经十数载,已发展成为我国重要的商品期货交易中心和全球第二大农产品期货市场,以及全球最具有活力和发展潜力的期货交易所之一,为我国的市场经济发展和流通体制改革做出了贡献。大连商品交易所的上市品种从大豆到塑料,覆盖了农业产品和工业产品市场的多个领域;近几年更加大了与国际市场的交流力度,已成为美国期货业协会(FIA)和英国期货与期权协会(FOA)成员,并与芝加哥商业交易所(CME)等15家境外期货交易所在信息共享、市场开发等方面展开全方位合作。

上市品种主要有玉米、黄大豆一号、黄大豆二号、豆粕、豆油、棕榈油、聚丙烯、聚氯乙烯、塑料、焦炭、焦煤、铁矿石、胶合板、纤维板、鸡蛋。

5. 郑州商品交易所

郑州商品交易所成立于1990年10月12日,是经国务院批准成立的国内首家期货市场试点单位,在现货交易成功运行两年以后,于1993年5月28日正式推出期货交易。1998年8月,它被国务院确定为全国三家期货交易所之一,隶属于中国证券监督管理委员会垂直管理。

郑州商品交易所是为期货合约集中竞价交易提供场所、设施及相关服务,并履行《期货交易管理暂行条例》和《期货交易所管理办法》规定职能,不以营利为目的,按照《郑州商品交易所章程》实行自律性管理的法人。

郑州商品交易所曾先后推出小麦、绿豆、芝麻、棉纱、花生仁等期货交易品种,目前经中国证监会批准交易的品种有小麦、棉花、白糖、精对苯二甲酸(PTA)、菜籽油、早籼稻等期货品种,其中小麦包括优质强筋小麦和硬冬(新国标普通)小麦。截至2005年年底,它共成交期货合约44 081万手,成交金额138 261亿元。1997年至1999年,它的期货交易量连续三年位居全国第一,市场份额约占 50% 左右。目前,郑州小麦和棉花期货已纳入全球报价体系,在发现未来价格、套期保值等方面发挥积极作用。"郑州价格"已成为全球小麦和棉花价格的重要指标。目前郑州商品交易所上市的品种有白糖、PTA、棉花、强麦、硬麦、籼稻、甲醇。

同步测练

1. 简述期货市场价格发现功能的含义及其特点。
2. 我国现在有几家期货交易所? 各交易所有哪些品种?
3. 国际期货市场是怎样产生的? 简述国际期货市场的发展趋势。
4. 期货市场为何具有价格发现的功能?

C 第三章

期货交易实务

学 习 目 标

通过本章学习,使读者了解期货交易流程,熟悉期货交易的五个环节;着重了解期货挂盘交易方式和复式竞价原理,把握挂盘交易在实际生活中的应用;全面了解各种期货交易制度。

重 点 难 点 提 示

本章重点是期货交易制度,包括开户、下单、竞价、结算及对冲平仓与交割在内的期货交易流程;本章难点为期货交易实务中对期货挂盘交易方式和复式竞价原理的理解和运用,以及挂盘交易的各个规则及其计算。

第一节　期货交易流程

由于期货交易竞争性强,风险程度高,必须严密组织、严格管理。期货交易在其业务操作流程上具有规范性、系统性、程序性和完整性的自身特点,完整的期货流程应包括开户、下单、竞价、结算及对冲平仓与交割五个环节。

一、开户

期货交易规则要求交易参与者在决定参与交易的时候,必须首先履行开立交易账户的手续。账户的开立实质上是委托人(投资者)与代理人(期货公司)之间建立一种法律关系。

因为期货交易必须集中在交易所进行,而有资格进行场内操作交易的只有交易所的会员——期货经纪公司和自营会员。普通投资者在进入期货市场交易之前,首先应选择一个具备合法代理资格、信誉好、资金安全、运作规范和收费比较合理的期货经纪公司会员。自营会员没有代理资格。

投资者在经过对比、判断,选定期货经纪公司之后,即可向该期货经纪公司提出委托申请,开立账户以记录客户的保证金变化情况及余额、记录客户合约仓位变化情况及余额。开设账户后客户才能开始委托交易。

一般来说,各期货经纪公司会员为客户开设账户的程序及所需的文件不尽相同,但基本程序及方法大致相同。

(一)风险揭示

客户委托期货经纪公司从事期货交易必须事先在期货经纪公司办理开户登记。

期货经纪公司在接受客货开户申请时,需向客户提供《期货交易风险揭示书》。个人客户应在仔细阅读并理解后,在该《期货交易风险说明书》上签字;单位客户应在仔细阅读并理解之后,由单位法定代表人在该《期货交易风险说明书》上签字并加盖单位公章。

(二)签署合同

期货经纪公司在接受客户开户申请时,双方须签署《期货经纪合同》。个人客户应在该合同上签字,单位客户应由法定代表人在该合同上签字并加盖公章。

个人开户应提供本人身份证,留存印鉴或签名样卡。单位开户应提供企业法人营业执照影印件,并提供法定代表人及本单位期货交易业务执行人的姓名、联系电话、单位及其法定代表人或单位负责人印鉴等内容的书面材料,以及法定代表人授权期货交易业务执行人的书面授权书。

交易所实行客户交易编码登记备案制度,客户开户时应由期货经纪公司按交易所统一的编码规则进行编号,一户一码,专码专用,不得混码交易。期货经纪公司注销客户的交易编码,应向交易所备案。

（三）缴纳保证金

客户在期货经纪公司签署期货经纪合同之后,应按规定缴纳开户保证金。期货经纪公司应将客户所缴纳的保证金存入期货经纪合同中指定的客户账户中,供客户进行期货交易。期货经纪公司向客户收取的保证金,属于客户所有;期货经纪公司除按照中国证监会规定的下列可划转的情形外严禁挪作他用:

（1）依据客户的要求支付可用资金;

（2）为客户交存保证金,支付手续费、税款;

（3）国务院期货监督管理机构规定的其他情形。

二、下单

下单是指客户在每笔交易前向期货经纪公司业务人员下达交易指令,说明拟买卖合约的种类、数量、价格等的行为。

（一）交易方向

交易方向主要根据委托判断是做多(买入)还是做空(卖出),是开仓还是平仓。

（1）多头开仓或增仓(做多)。多头开仓是指客户以前并未持有某一合约,现委托买入;如果客户已经持有某一合约的多头仓位,即已经买入了该合约且未平仓,现委托追加买入该合约,称为多头增仓。

（2）空头开仓或增仓(做空)。空头开仓是指客户以前并未持有某一期货合约,先委托卖出。如果客户已经持有某一合约的空头仓位,即已经卖出合约且未平仓,现委托追加卖出该合约,称为空头增仓。

（3）多头平仓。多头平仓是指客户持有某一合约的多头仓位,即已经买入该合约且未平仓,现委托卖出该合约,但数量不得超过所持仓位。

（4）空头平仓。空头平仓是指客户持有某一合约的空头仓位,即已经卖出该合约且未平仓,现委托买入该合约,但数量不得超过所持仓位。

从买卖方向看,交易方向分为做多和做空;要么是买,要么是卖。交易中性质为买(做多)的包括多头开仓、多头增仓、空头平仓等;交易中性质为卖(做空)的包括空头开仓、空头增仓、多头平仓等。无论是做多还是做空,都是签订了买卖的标准化合约,为了保证日后履约,开仓和增仓一方必须提供一定的保证金作为保证。如此开仓和增仓之后,如果再平仓,相当于在先签订了买(或者卖)的合同之后,又签订了卖(或者买)的合同,两相抵消,开仓和增仓时占用的保证金已无须继续占用,在扣除买卖的盈亏后退还给交易者。

（二）常用交易指令

目前,我国期货交易所使用的交易指令种类主要有限价指令、市价指令和取消指令三种。其中,大连商品交易所、上海期货交易所目前只采用限价指令和取消指令,郑州商品交易所三种指令均使用。

(1)市价指令(MKT):是指不设限定价格的买卖申报指令。市价指令以尽快成交为首要目的,尽可能以市场最优价格成交。撮合成交时,市价指令见价成交,只能与限价指令成交,成交价格等于限价指令的限定价格;未成交部分自动撤销,不再在中金所系统中等待成交。其特点是成交速度快,一旦指令下达后不可更改或撤销。

(2)限价指令(LMT):是指限定价格的买卖申报指令。限价指令为买进申报的,只能以其限价或限价以下的价格成交;为卖出申报的,只能以其限价或限价以上的价格成交。限价指令当日有效。其特点是可以按客户的预期价格成交,成交速度相对较慢,有时甚至无法成交。

(3)止损指令(STOP):是指当市场价格达到客户预计的价格水平时,即变为市价指令予以执行的一种指令。投资者在建仓后,为了控制风险,接着下达一个触发条件的平仓指令,在某个价格条件满足时迅速通过交易所的交易系统发出平仓指令。这个指令下达触发后立即变成市价指令,交易所交易系统将优先成交,所以在国外又叫STOP指令。它是和限价指令、市价指令同样重要的基础交易指令;这个极为重要的指令在国外得到了非常普遍的运用,发挥着巨大的作用,被称为交易的保护神。

止损指令是一种条件触发式的交易指令。当这个指令发出后,行情在当天一旦触及或者低于设定价格时,该指令就会在第一时间自动下达到交易所系统内成交;反之,行情没有触及或击穿设定价格,该指令当天不会依据优价原则成交。

设置触发式的交易指令包括1%~10%的浮亏率、支撑位或阻力位、黄金回档区、超买超卖区、成交密集区、高点或低点等。

STOP平仓止损指令在国外有时也被高明的投资者作为止盈的平仓指令,如盈利锁定、止盈平仓和盈利追踪等。

STOP止损指令本质上是投资者的交易指令暂时寄存在交易所的交易系统中。STOP止损平仓盘有强烈的助涨助跌效果。因为期货为双向交易(即将运行的我国股指期货也将是双向交易),在关键性的历史价位被突破,在当日的熔断点、当日的涨跌停板处,在期货交易中将经常遇到这样的"追风"STOP止损平仓盘。STOP止损指令的弱点是将自己的底线交给了对手。由于交易所的做市商制度,部分机构与交易所信息共享程度很高,而国际股票、期货及衍生品交易中这样的买卖盘很多,信息不对称下,部分机构或基金就充分地掌握其他投资人的价格底线,利用当天的涨跌停板极限价触及成交投资人设下的STOP止损指令进行大肆洗盘(恒生指数及SP500、美元外汇等特别明显),投资者不能清楚地判断行情的真假方向,导致做对方向还亏钱的悲剧。

(4)阶梯价格指令:是指按指定的价格间隔,逐步购买或出售指定数量期货合约的指令。

(5) 限时指令:是指要求在某一时间段内执行的指令。如果在该时间段内指令未被执行,则自动取消。限时指令有当日、周、月指令(DO),开盘指令(MOO,即按开盘集合成交的价位),收盘指令(MOC,即收市前一分钟内成交的价位),组合指令(OCO,即两个或多个指令的组合,如 LMT+STP)等。

(6) 双向指令:是指客户向经纪人下达两个指令,一个指令执行后,另一个指令则自动撤销。

(7) 套利指令:是指同时买入和卖出两种期货合约的指令。一个指令执行后,另一个指令也立即执行。它包括跨商品套利指令、跨期套利指令和跨市场套利指令等。

(8) 取消指令(CXL):是指客户要求将某一指定指令取消的指令。期货公司对其代理客户的所有指令,必须通过交易所集中撮合交易,不得私下对冲,不得向客户作获利保证或者约定与客户分享收益。

(三) 下单方式

《期货交易管理条例》中规定,客户可以通过书面、电话、互联网或者中国证监会规定的其他方式向期货公司下达交易指令。

具体下单方式有如下几种:

(1) 书面委托下单:客户亲自填写交易单,填好后签字交由期货经纪公司交易部,再由期货经纪公司交易部通过电话报单至该公司在期货交易所场内的出市代表输入指令进入交易所主机撮合成交。

(2) 电话委托下单:客户通过电话直接将指令下达到期货经纪公司交易部,再由交易部通知出市代表下单。期货经纪公司须将客户的指令予以录音,以备查证。事后,客户应在交易单上补签字。期货经纪公司在接受客户指令后,应及时通知出市代表。出市代表应及时将客户的指令输入交易席位上的计算机终端进行竞价交易。

(3) 网上委托下单:客户运用计算机,利用期货经纪公司提供的交易软件将直接交易指令通过网络传输到经纪公司的交易系统,系统自动将客户的交易指令转送到交易所的交易主机撮合成交。这是目前最为便捷的交易方式之一。

(四) 委托有效时间

交易指令中如果不特别注明交易指令的有效时间,则交易指令当日有效。在人工撮合成交的情况下,客户可以规定有效委托时间,例如约定委托有效时间为开市的首三分钟有效、收市前的三分钟有效、三日内有效等。

三、竞价交易

(一) 竞价方式

在指令驱动机制下,由买卖双方通过公开竞价生成期货成交价,这是按照价格优先和时间优先的原则生成的公平、合理的价格,是由市场供需决定的,反映了市场参与者对价格的预期。

期货的成交价格根据价格形成是否连续分为集合竞价和连续竞价。通过收集买卖申报,然后在某一特定时间按单一价格执行买卖申报的交易形式称为集合竞价。通过直接连续撮合买卖申报来形成交易价格的交易形式称为连续竞价。

开盘价一般情况下由集合竞价生成,然而收盘价却未必由集合竞价产生。集合竞价采用最大成交量的原则,也就是以这个价格成交能够得到最大成交量:高于集合竞价产生的价格的买入申报均可成交;低于集合竞价产生的价格的卖出申报均可成交;等于集合竞价产生的价格的买入或卖出申报,可根据买入申报量和卖出申报量的多少,按量少的一方的申报量进行成交。

集合竞价生成价格的步骤和方法是:

(1)交易系统分别对所有有效的买入申报按申报价由高到低的顺序排列,申报价相同的按进入系统的时间先后排列;所有有效的卖出申报按申报价由低到高的顺序排列,申报价相同的按进入系统的时间先后排列。

(2)交易系统将依次逐步将排在前面的买入申报和卖出申报配对成交,直到不能再成交为止。如果最后一笔成交恰好是全部成交的,则取最后一笔成交的买入申报价和卖出申报价的算术平均价为集合竞价产生的价格,该价格按各个期货合约的最小变动价位取整;如果最后一笔成交是部分成交的,则以部分成交的申报价为集合竞价产生的价格。

(3)假如有多个价格满足最大成交量原则,则依次按照最小剩余量原则和接近前一收盘价原则来确定一个唯一的竞价价格。

开盘集合竞价中的未成交申报单自动参与开市后的竞价交易。收盘集合竞价前的未成交申报单继续参与收盘集合竞价。

交易所在开盘后将采用连续竞价方式进行交易。限价指令在连续竞价交易时,交易所计算机自动撮合系统将买卖申报指令以价格优先、时间优先的原则进行排序,当买入价格大于或者等于卖出价格时自动撮合成交。并且,撮合成交价等于买入价(BP)、卖出价(SP)和前一成交价(CP)三者中居中的一个价格,也就是:

当 BP>SP>CP,最新成交价=SP;

当 BP>CP>SP,最新成交价=CP;

当 CP>BP>SP,最新成交价=BP。

例如,买方出价2 004点,卖方出价2 001点,如果前一成交价为2 000点,则最新成交价为2 001点;如果前一成交价为2 002点,则最新成交价为2 002点;如果前一成交价为2 005点,则最新成交价为2 004点。

(二)成交回报与确认

当期货经纪公司的出市代表收到交易指令,确认无误后以最快的速度将指令输入计算机内进行撮合成交。当计算机显示指令成交后,出市代表必须马上将成交的结果反馈回期货经纪公司的交易部。

期货经纪公司交易部将出市代表反馈回来的成交结果记录在交易单上并打上时间戳记后,将记录单报告给客户。成交回报记录单应包括以下几个项目:成交价格、成交手数、成交回报时间等。

客户对交易结算单记载事项有异议的,应当在下一交易日开市前向期货经纪公司提出书面异议;客户对交易结果单记载事项无异议的,应当在交易结算单上签字确认或者按照期货经纪合同约定的方式确认。

客户既未对交易结算单记载事项确认,也未提出异议的,视为对交易结算单的确认。对于客户有异议的,期货经纪公司应当根据原始指令记录和交易记录予以核实。

如果客户使用电子交易方式,那么客户在经纪公司提供的交易系统上马上可以看到成交的情况。

四、结算

(一)结算的概念与程序

期货结算是指交易所结算机构或一个独立的结算公司对会员和对客户的交易盈亏进行计算,计算的结果作为收取交易保证金或追加保证金的依据。因此结算是指对期货交易市场的各个环节进行的清算,既包括了交易所对会员的结算,同时也包含会员经纪公司对其代理客户进行的交易盈亏的计算,其计算结果将被记入客户的保证金账户中。在交易所内达成的交易,只有经结算机构进行处理后才算最终达成,才能得到履约的财务担保。

期货交易所的结算实行保证金制度、每日无负债制度和风险准备金制度等。与期货市场的层次结构相适应,期货交易的结算也是分级、分层的。交易所只对会员结算,非会员单位和个人通过期货经纪公司会员结算。

1. 交易所对会员的结算

(1) 每一交易日结束后交易所对每一会员的盈亏、交易手续费、交易保证金等款项进行结算。其核算结果是会员核对当日有关交易并对客户结算的依据,会员可通过会员服务系统于每交易日规定时间内获得《会员当日平仓盈亏表》、《会员当日成交合约表》、《会员当日持仓表》和《会员资金结算表》。

(2) 会员每天应及时获取交易所提供的结算结果,做好核对工作,并将之妥善保存。

(3) 会员如对结算结果有异议,应在第二天开市前30分钟以书面形式通知交易所。如在规定时间内会员没有对结算数据提出异议,则视作会员已认可结算数据的准确性。

(4) 交易所在交易结算完成后,将会员资金的划转数据传递给有关结算银行。

2. 期货经纪公司对客户的结算

(1) 期货经纪公司对客户的结算与交易所的方法一样,即每一交易日交易结束后对每一客户的盈亏、交易手续费、交易保证金等款项进行结算。交易手续费一般不低于期货合约规定的交易手续费标准的 3 倍,交易保证金一般高于交易所收取的交易保证金比例至少 3 个百分点。

(2) 期货经纪公司在闭市后向客户发出交易结算单。

(3) 当每日结算后客户保证金低于期货交易所规定的交易保证金水平时,期货经纪公司按照期货经纪合同约定的方式通知客户追加保证金,客户不能按时追加保证金的,期货经纪公司应当将该客户部分或全部持仓强行平仓,直至保证金余额能够维持其剩余头寸。

3. 各个层次的结算均包括的三方面内容

(1) 交易处理和头寸处理。也就是结算机构负责对市场上所有交易进行配对,并对做了哪些交易、各个账户头寸数量进行登记。在合约到期交割时,对采取实物交割的合约来说,交易所为空头指定多头并帮助交割;对采取现金交割的合约来说,交易所以交割结算价为基准,划付持仓双方的交割盈亏,了结所有未平仓合约。

(2) 财务管理。也就是每天要对头寸进行无负债的盈亏结算,向亏损一方收取资金,向盈利一方支付资金;对已经建立的头寸收取交易保证金。

(3) 风险管理,也就是对结算对象评估风险,计算需要收取的保证金,以一定的置信度确保收取的保证金能够覆盖结算对象有可能发生的最大损失。

【例 3-1】　假设客户甲通过期货经纪公司 A 买入 1 手 8 月欧元期货合约,客户乙通过期货经纪公司 B 卖出 1 手 8 月欧元期货合约,并且 A、B 期货经纪公司都是结算会员。甲乙二人的指令同时进入计算机交易撮合系统,且配对成交。那么 A 公司客户甲账户上将显示甲以 1.500 0 美元卖出 1 手 9 月欧元期货合约。假设甲、乙二人必须分别向期货经纪公司交纳 1 500 美元的初始保证金,而 A、B 公司也必须将一定数额的结算保证金存入结算机构。第一天 9 月欧元期货合约的收盘价是 1.501 0 美元,则甲获利 125 美元(每 1 手欧元期货合约的数量规格是 125 000 欧元,因此价格上升 0.001 0 时,可获利润 125 美元),乙则损失 125 美元。到了第二个交易日早上,在所有前一交易的结算完成后,实际转账工作流程如下:

(1) 从 B 公司账户转出 125 美元至结算所,结算所再将 125 美元转入 A 公司账户。

(2) A 公司向甲账户存入 125 美元,使得甲账户的保证金余额成为 1 625 美元。

(3) B 公司在乙账户中扣减 125 美元,使得乙账户的保证金余额成为 1 375 美元。

(二) 期货交易结算的组织形式

期货结算的组织形式有两种:一种是独立于期货交易所的结算公司,如伦敦结算所 (London Clearing House)同时为伦敦的三家期货交易所进行期货结算;另一种是交易所内设的结算部门,如日本、美国等国期货交易所都设有自己的结算部门。我国目前采用的是交易所内设结算机构的形式。独立的结算所与交易所内设结算机构的区别主要体现在:结算所在履约担保、控制和承担结算风险方面,独立于交易所之外,交易所内部结算机构则全部集中在交易所。独立的结算所一般由银行等金融机构以及交易所共同参股,相对于由交易所独自承担风险,风险比较分散。

（三）期货结算业务的核心内容

期货结算业务最核心的内容是逐日盯市制度,即每日无负债制度,指每日交易结束以后,交易所按当日结算价对每一会员的盈亏、交易保证金、交易手续费、税金等款项进行结算,计算盈亏。结算后,对应收、应付的款项同时划转,相应增加或减少会员保证金账户的资金数量。

在期货交易当中,交易达成以后,需要对参与交易的投资者进行盈亏的结算。交易所在结算过程中,其结算机构或结算所充当中央对手方的角色,也就是结算机构在结算过程当中介入买卖双方之间,被称为"买方的卖方"和"卖方的买方"。因此,期货交易的盈亏结算并不直接在交易双方间进行,而是由交易所（或者结算所）通过在双方保证金账户划转资金来实现。如果乙方的保证金账户中的资金不能承担其损失（在扣除亏损后保证金账户余额出现负数）,则交易所作为成交合约的担保者,必须代乙方承担这部分亏损,以保证盈利者能及时地得到全部盈利。这样亏损者就对交易所欠下了债务。为了防止这种负债现象的发生,当日无负债结算制度应运而生,并成为期货结算业务最核心的制度之一。

期货交易实行分级结算,即交易所的结算机构或独立的结算所对结算会员进行结算,结算会员对其客户进行结算。期货交易所的结算机构或结算所在当日交易结束以后,核算出每个结算会员每笔交易的盈亏数额,并据此调整会员保证金账户,结算结构也会通知给会员。结算会员根据结算结果对客户进行结算,并及时告知客户。如果经结算,该会员（或者客户）的保证金不足,交易所（或者结算会员）应立即向结算会员（或客户）发出追缴保证金的通知,结算会员（或客户）应在规定时间内向交易所（或结算会员）追加保证金。

具体而言有以下两个方面。

1. 计算浮动盈亏

就是结算机构根据当日交易的结算价,计算出会员未平仓合约的浮动盈亏,确定未平仓合约应付保证金数额。浮动盈亏的计算方法是:浮动盈亏＝（当天结算价－开仓价格）×持仓量×合约单位－手续费。如果是正值,则表明为多头浮动盈利或空头浮动亏损,即多头建仓后价格上涨,表明多头浮动盈利,或者空头建仓后价格上涨,表明空头浮动亏损。如果是负值,则表明多头浮动亏损或空头浮动盈利,即多头建仓后价格下跌,表明多头浮动亏损,或者空头建仓后价格下跌,表明空头浮动盈利。如果保证金数额不足维持未平仓合约,结算机构便通知会员在第二天开市之前补足差额,即追加保证金,否则将予以强制平仓。如果浮动盈利,会员不能提出该盈利部分,除非将未平仓合约予以平仓,变浮动盈利为实际盈利。

2. 计算实际盈亏

平仓实现的盈亏称为实际盈亏。期货交易中绝大部分的合约是通过平仓方式了结的。

多头实际盈亏的计算方法是:

盈亏＝（平仓价－买入价）×持仓量×合约单位－手续费

空头盈亏的计算方法是：

$$盈亏＝（卖出价－平仓价）×持仓量×合约单位－手续费$$

当期货市场出现风险，某些会员因交易亏损过大，出现交易保证金不足或透支情况。结算系统处理风险的程序如下：

（1）通知会员追加保证金；

（2）如果保证金追加不到位，首先停止该会员开新仓，并对该会员未平仓合约进行强制平仓；

（3）如果全部平仓后该会员保证金余额不足以弥补亏损，则动用该会员在交易所的结算准备金；

（4）如果仍不足以弥补亏损，则转让该会员的会员资格费和席位费；

（5）如果仍不足以弥补亏损，则动用交易所风险准备金，同时向该会员进行追索。

（四）结算公式与应用

1. 结算的基准

交易所对会员存入交易所专用结算账户的保证金实行分账管理，为每一会员设立明细账户，按日序时登记核算每一会员出入金、盈亏、交易保证金、手续费等。

交易所实行保证金制度，保证金分为结算准备金和交易保证金。结算准备金设最低余额，每日交易开始前，会员结算准备金余额不得低于此额度。若结算准备金余额大于零而低于结算准备金最低余额，不得开新仓；若结算准备金余额小于零，则交易所将按有关规定对其强行平仓。

交易保证金是指会员在交易所专用结算账户中确保合约履行的资金，是已被合约占用的保证金。当买卖双方成交后，交易所按持仓合约价值的一定比例向双方收取交易保证金。

交易所实行每日无负债结算制度。该制度是指每日交易结束后，交易所按当日结算价结算所有合约的盈亏、交易保证金及手续费、税金等费用，对应收应付的款项实行净额一次划转，相应增加或减少会员的结算准备金。

2. 结算公式

未平仓期货合约均以当日结算价作为计算当日盈亏的依据。

（1）当日盈亏可以分项计算。分项结算公式为：

$$平仓盈亏＝平历史仓盈亏＋平当日仓盈亏$$
$$持仓盈亏＝历史持仓盈亏＋当日开仓持仓盈亏$$
$$当日盈亏＝平仓盈亏＋持仓盈亏$$

（2）保证金余额的计算。

$$结算准备金余额（即当日结算准备金）＝上一交易日结算准备金＋入金－出金$$
$$＋上一交易日交易保证金－当日交易保证金$$
$$＋当日盈亏－手续费等$$

3. 有关概念

平仓是指期货交易者买入或卖出与其所持期货合约的品种、数量及交割月份相同但交易方向相反的期货合约,了结期货交易的行为。

当日结算价是指某一期货合约当日成交价格按照成交量的加权平均价。当日无成交价格的,以上一交易日的结算价作为当日结算价。每个期货合约均以当日结算价作为计算当日盈亏的依据。

持仓量是指期货交易者所持有的未平仓合约的数量。

4. 资金划转

当日盈亏在每日结算时进行划转,当日盈利划入会员结算准备金,当日亏损从会员结算准备金中扣划。当日结算时的交易保证金超过昨日结算时的交易保证金部分从会员结算准备金中扣划。当日结算时的交易保证金低于昨日结算时的交易保证金部分划入会员结算准备金。

(五)期货交易所的结算

期货交易所的结算机构是期货市场的一个重要组成部分。它有两种存在方式,即独立的结算所和交易所的结算部。其主要功能是保证期货市场的正常运营和市场的健全性。交易所结算部是商品期货交易所的附属机构,交易所结算制度的执行机构。它负责结算所有会员单位的交易账户,清算每日交易,收取交易保证金(履约保证金)和追加保证金,管理监督交割和报告交易数据。

期货交易所结算部门的作用如下所述。

1. 计算期货交易的盈亏

期货交易者的交易完成之后,所有的成交信息都汇总至交易所结算部,结算部在核对的基础上,进行结算,计算出每个会员的盈亏情况,并反映在会员的保证金账户中。交易结算实行每日无负债结算制度,当天的交易结果当天清算完成。

2. 充当交易对手,担保交易履约

交易所结算部对所有期货合约交易者起着第三方的作用,即结算部对每一个卖方会员来讲是买方,而对每一个买方会员来讲是卖方。对于交易所结算部本身来说,它每天的盈亏都是平衡的,这样,交易者都只与交易所结算部发生业务关系,期货交易的买卖双方不对对方负有财务责任,而只对交易所结算部负责。由于期货买卖双方可以不必考虑交易对手是否履约而随意买卖合约,而作为交易对手第三方的交易所结算机构承担了保证使每笔交易按期履约的全部责任,从而简化了结算手续,促进了交易,提高了交易效率。

3. 管理会员资金,控制市场风险

交易所结算机构管理所有会员的基础保证金、交易保证金,以确保所有期货交易得以履行,保证期货市场的健全性和财务完整性。各交易所结算机构都实行严格的结算保证金和每日无负债结算制度。交易所制定了最低保证金标准,会员公司或其客户成交结算一张合

约必须向交易所结算机构交纳最低保证金。同时,为了保证会员经纪公司的利益,经纪公司向其客户征收的保证金一般要高于交易所对会员收取的保证金水平。这样,有了一系列严格的制度和程序,保证了期货市场的正常运转,防止造成巨额亏空和清算的混乱。我国的期货市场在经历了几次大的风波事件之后,各交易所都意识到加强结算制度和管理监控力度是控制期货交易风险的关键。

4. 监管期货交易的实物交割

交易所一般不负责实际商品交割的全过程,而只是为需要交割现货的买卖双方制定交割细则,负责相应的账目往来划转。在期货交易中,所有合约都必须通过对冲或进行实物交割来平仓了结。

五、对冲平仓与交割

(一)对冲与交割方式

期货市场上的交易者买卖期货合约之后,可选择平仓或者交割的方式结束自己的交易行为,而绝大多数的交易者参与期货交易的目的是为了套期保值和投资获利,并不是为了买卖现货。因此绝大多数的期货合约是以对冲平仓的方式来结束交易行为。对冲平仓,即按照与自己已经持有的合约头寸相反的方向卖出(或买入)期货合约,以冲销已经持有的交易头寸。

由于期货交易主要是"买空卖空",只要"先买后卖"或"先卖后买",都可以了结交易,不再对此次交易负有责任和义务。在进行对冲操作时,应遵循以下基本原则:

(1)前后买卖的期货合约的商品种类必须相同。

(2)前后买卖的期货合约的交割月份必须相同。

(3)前后买卖的期货合约的交易单位必须相同。

(4)前后买卖的期货合约的活动都是在同一个期货交易所内进行。

(5)必须在合约到期以前进行对冲。

对于对冲平仓有买空结算和卖空结算两种。其结算公式如下:

买空结算的盈利或亏损=(对冲价格-买入价格)×合约张数×合约单位-总佣金费用

卖空结算的盈利或亏损=(卖出价格-对冲价格)×合约张数×合约单位-总佣金费用

当期货合约到期时,则不能进行对冲平仓,而是要进行交割。

期货交割是指期货合约到期时,交易双方通过该期货合约所载商品所有权的转移,了结到期未平仓合约的过程。交割方式有现金交割、实物交割两类:现金交割是指合约到期日,核算交易双方买卖价格与到期日结算价格相比的差价盈亏,把盈亏部分分别结算到相应交易方,期间不涉及标的实物交割;实物交割指期货合约到期时,买卖双方以交割结算价进行期货合约标的物所有权转移,以了结未平仓合约的交割方式。在期货交易中,虽然利用实物交割方式平仓了结的交易很少,只占合约总数的1%~3%,然而正是由于期货交易的买卖双方可以进行实物交割,这一做法确保了期货价格真实地反映出所交易商品实际现货价格,为套期保值者参与期货交易提供了可能。因此,实物交割是非常重要的。卖方将货物提单和销售发票通过交易所结算部门或结算公司交给买方,同时收取全部货款。一般金融证券类期货合约以现金交易为主,商品期货合约以实物交割方式为主。期货交割是促使期货价格和现货价格趋于一致的制度保证。

(二)实物交割方式与交割结算价的确定

1. 实物交割方式

集中交割:所有到期合约在交割月份最后交易日后一次性集中交割的交割方式。

滚动交割:除上述时间外,在交割月第一交易日至最后交易日之间的规定时间也可以进行交割的交割方式。

标准仓单是指由交易所统一制定的,交易所指定交割仓库在完成入库商品验收、确认合格后签发给货主的实物提货凭证。标准仓单经交易所注册生效。标准仓单的持有形式为《标准仓单持有凭证》。标准仓单可用于交割、转让、提货、质押等。

(1)标准仓单的生成。标准仓单的生成包括交割预报、商品入库、验收、指定交割仓库签发及交易所注册等环节。

(2)标准仓单的流通。是指标准仓单用于在交易所履行到期合约的实物交割、标准仓单交易及标准仓单在交易所外转让。标准仓单转让必须通过会员在交易所办理过户手续,同时结清有关费用。

(3)标准仓单注销。标准仓单合法持有人到交易所办理标准仓单退出流通手续的过程。通过会员提交标准仓单注销申请及相应的《标准仓单持有凭证》。交易所安排提货,签发《提货通知单》。

在规定交割期内卖方未能交付有效标准仓单,或买方未能解付货款或解付不足的情况,均构成交割违约。交割违约的处理:先由交易所代为履约;交易所可采用征购和竞卖的方式处理违约事宜,其损失和费用由违约会员承担;交易所对会员进行支付违约金、赔偿金等处罚。

2. 交割结算价

我国期货合约的交割结算价通常为该期货合约交割配对日的结算价或为该期货合约最后交易日的结算价。例如,大连商品交易所的交割结算价是该合约自交割月份第一个交易日起至最后交易日所有结算价的加权平均价。

(三)现金交割结算价的确定

期货产品的多样化决定了其交割方式以及交割价格确定方式的多样化,股指期货、利率期货、外汇期货的交割方式及交割结算价格各有特点。

股指期货实行现金交割,交割结算价是根据现货指数确定的,这是因为如果将股指期货合约最后一天的结算价作为交割结算价,极易出现人为操纵的情况,使得交割时的期货价格不能收敛于股票指数的现货价格。因此,股指期货的交割结算价一般都以现货为基础。例如,香港交易所集团采用最后交易日恒生指数每5分钟报价的平均值整数为最后结算价;芝加哥商业交易所采用最后结算日 S&P500 指数开盘价为最后结算价;而法国期货交易所在 CAC40 指数期货交易中,采用最后交易日相应现货指数在 15:40 至 16:00 的所有指数值及 16:00 后第一个指数值的算术平均值为最后结算价。

利率期货分为短期利率期货和中长期利率期货,而其交割方式和交割结算价是不同的。短期利率期货合约大都采用现金交割的方式,交割结算价一般按照现货市场上某一个影响较大的市场利率为依据。比如,芝加哥商业交易所的3个月欧洲美元期货合约的交割结算价是根据英国银行家协会的结算利率确定的,具体计算是 100 减去 3 个月期欧元银行间定期存款利率。芝加哥商业交易所的 3 个月期国债期货交割结算价是根据最后交易日(合约月份第三个星期三)现货市场上 91 天期国债拍卖贴现率的加权平均值而计算的,将 100 减去这一加权平均拍卖贴现率就是交割结算价。欧洲期货交易所的 3 个月期 Euribor 期货合约交割结算价的确定方式为:将最后交易日欧洲中部时间(CET)11:00(伦敦时间 10:00)欧洲银行家协会或国际货币协会(ACI)公布的 3 个月期欧元存款利率(不带百分号)四舍五入到第三位小数,将 100 减去该数即为交割结算价格。中长期利率期货则一般采用实物交割方式。

同时,外汇期货多数采用实物交割的方式,个别采用现金交割方式。例如,在芝加哥商业交易所,欧元、加拿大元、日元、英镑、澳大利亚元、瑞士法郎、墨西哥比索等主要交易品种都是采用实物交割方式,而巴西雷亚尔采用现金交割方式,交割结算价为最后交易日巴西中央银行公布的巴西雷亚尔兑美元汇率的倒数。在芝加哥商业交易所,采用实物交割的外汇期货合约一年交割 4 次,分别在 3 月、6 月、9 月和 12 月的第三个星期三交割,巴西雷亚尔则一年 12 个月都可以交割,俄罗斯卢布也采用现金交割,但是目前仅有 3 个月、6 个月、9 个月和 12 个月 4 种合约。

第二节　挂盘交易方式

虽然还有许多期货交易所采用交易池人工撮合交易方式,但新兴期货市场一般都采用电脑自动撮合交易方式,而且采用人工撮合交易方式的期货交易所转而采用电脑自动撮合交易方式已经成为一股潮流。在电脑自动撮合成交时,通常通过挂盘交易方式,以下我们介绍挂盘交易方式。

一、挂盘交易原理

常见的复式竞价原理是指交易指令传送到期货交易所的交易系统后,如果交易系统中存在能够与该交易指令相匹配的委托,交易系统会自动按复式竞价原理配对成交。这种挂盘交易的撮合是分次进行的,包括以下过程。

（一）排队

期货交易系统首先对在规定时间内接收到的同一期货合约的所有买卖盘(或者按时间顺序接收到的规定数量的买卖盘)及此前尚未成交并且还未撤销的所有买卖盘进行排队。排队规则如下:

(1)买盘排队规则。首先是价格优先,即将所有买盘按价格从高到低的顺序排成一列;其次是时间优先,即价格相同时,按收到委托的时间先后排列,将先收到的买盘排在前面。

(2)卖盘排队规则。首先是价格优先,即将所有买盘按价格从低到高的顺序排成一列;其次是时间优先,即价格相同时,按收到委托的时间先后排列,将先收到的卖盘排在前面。

【例3-2】 上海期货交易所白银合约1506在某日8:55—8:59交易所规定的集合竞价时间内收到的有效买卖盘如表3-1所示。

表3-1 8:55—8:59收到的有效买卖盘

时间序号	交易方向	委托数量	委托限价(元/千克)
③	空头平仓	5	4 030
④	多头平仓	8	4 028
⑤	空头增仓	9	4 029
⑥	多头增仓	10	4 033

此前未成交且到8:59还未撤单的有效买卖盘如表3-2所示。

表3-2 此前未成交且至8:59还未撤单的有效买卖盘

时间序号	交易方向	委托数量	委托限价(元/千克)
①	空头开仓	5	4 032
②	多头开仓	8	4 027

多头开仓或增仓为买,多头平仓为卖;空头开仓或增仓为卖,空头平仓为买。按复式竞价原理,对该日8:55—8:59内的买卖盘进行排队,结果如表3-3所示。

表3-3 买卖盘排队

买 盘				卖 盘			
序号	交易方向	委托数量	委托限价(元/千克)	序号	交易方向	委托数量	委托限价(元/千克)
⑥	多头增仓	10	4 033	④	多头平仓	8	4 028
③	空头平仓	5	4 030	⑤	空头增仓	9	4 029
②	多头开仓	8	4 027	①	空头开仓	5	4 032

（二）交易配对

按照排队规则完成买卖盘排列以后,就可以进行配对。配对规则如下:

首先是配对尝试。如果买盘队列中第一个盘的价格大于或等于卖盘队列中第一个盘的价格,则可进行配对。如果买盘队列当中第一个盘的价格小于卖盘队列中第一个盘的价格,那么配对结束。配对时,委托数量较少的一方被完全配对,委托数量较多的一方仅有与数量较少的一方数量相等的部分得到配对,其余部分参与下一次配对。

仍以例3-2说明。第一次尝试配对,第一个买盘的价格为4 033元/千克,第一个卖盘的价格为4 028元/千克,买盘价格大于卖盘,可以成交,其中④号盘的委托数量(8手)可以全部成交,⑥号盘中的委托数量(8手)能够全部成交,剩余的委托数量(2手)等待下一次成交。首次配对,买卖盘队列余额如表3-4所示。

表3-4　首次配对情况

买 盘				卖 盘			
序号	交易方向	委托数量	委托限价 (元/千克)	序号	交易方向	委托数量	委托限价 (元/千克)
⑥	多头增仓	2	4 033	⑤	空头增仓	9	4 029
③	空头平仓	5	4 030	①	空头开仓	5	4 032
②	多头开仓	8	4 027				

第二次配对,第一个买盘的价格为4 033元/千克,第一个卖盘的价格为4 029元/千克,买盘价格大于卖盘,可以成交,其中⑥号盘的委托数量(2手)可以全部成交,⑤号盘中的委托数量(2手)能够全部成交,剩余的委托数量(7手)等待下一次成交。第二次配对之后,买卖盘队列余额如表3-5所示。

表3-5　第二次配对情况

买 盘				卖 盘			
序号	交易方向	委托数量	委托限价 (元/千克)	序号	交易方向	委托数量	委托限价 (元/千克)
③	空头平仓	5	4 030	⑤	空头增仓	7	4 029
②	多头开仓	8	4 027	①	空头开仓	5	4 032

第三次配对,第一个买盘的价格为4 030元/千克,第一个卖盘的价格为4 029元/千克,买盘价格大于卖盘,可以成交,其中③号盘的委托数量(5手)可以全部成交,⑤号盘中的委托数量(5手)能够全部成交,剩余的委托数量(2手)等待下一次成交。第三次配对之后,买卖盘队列余额如表3-6所示。

表 3-6　第三次配对情况

买　盘				卖　盘			
序号	交易方向	委托数量	委托限价 （元/千克）	序号	交易方向	委托数量	委托限价 （元/千克）
②	多头开仓	8	4 027	⑤	空头增仓	2	4 029
				①	空头开仓	5	4 032

此时第一个买盘的价格为 4 027 元/千克,第一个卖盘的价格为 4 029 元/千克,买盘的价格小于卖盘,无法成交,配对结束。未成交的买卖盘进入下一次撮合。

（三）确定成交价格

如果规定一次撮合成交只产生一个成交价格,也即所有成功的配对都用一个价格成交,那么成交价格该如何确定呢? 由于在配对的过程中,买价是逐步下降而卖价是逐步上升的,如果一个价格能使最后一次成功配对的买卖双方满意,那么这个价格就一定能使此前所有成功配对的买卖双方都满意,在这种情况下,一次撮合的成交价格将由最后一次成功配对的买卖双方的价格确定。

(1) 当最后一次成功配对的买卖双方的价格相等时,该次撮合的成交价格就是最后一次成功配对的买卖双方的价格。

(2) 当最后一次成功配对的买卖双方的价格不相等时(且只能买价大于卖价),买价和卖价之间的任何一个数都可作为本次撮合的成交价格。

现实中,一般交易所采用距离最近原则,又称居中数规则,即与前次集合竞价的撮合成交价最近的那个价格就是本次撮合成交价格。具体规定为:如果前次撮合成交的价格小于本次撮合成交的卖盘,则本次撮合成交价格为本次撮合成交的卖盘价格;如果前次撮合成交价格大于本次撮合成交的买盘价格,则本次撮合成交价格为本次撮合成交买盘价格;如果前次撮合成交的价格小于本次撮合成交的买盘价格,大于本次撮合成交的卖盘价格,则本次撮合成交价格为前次撮合成交的价格。

在例 3-2 中,最后一次成功配对的买盘价格为 4 030 元/千克,最后一次成功配对的卖盘价格为 4 029 元/千克,则本次撮合的成交价在 4 029 元/千克和 4 030 元/千克之间;如果前次撮合成交价为 4 028 元/千克,由于 4 028 元/千克小于最后一次成功配对的卖盘价格 4 029 元/千克,则最后一次成功配对的卖盘价格 4 029 元/千克即为本次撮合成交的价格;如果前次撮合成交价为 4 031 元/千克,由于 4 031 元/千克大于最后一次成功配对的卖盘价格 4 030 元/千克,则最后一次成功配对的买盘价格 4 030 元/千克即为本次撮合成交的价格;如果前次撮合成交价为 4 029 元/千克或 4 030 元/千克,则 4 029 元/千克或 4 030 元/千克即为本次撮合成交的价格。

可用严格的数学方法证明:①用上述方法产生的成交价格是使得所有成交盘均可以接受的价格;②上述撮合方法产生的成交量是在满足价格最优先、时间次优先及使得所有成交方限价要求得到满足的前提下的最大成交量。

二、挂盘交易实际应用

（一）在集合竞价中产生每日开盘价中和收市前确定收市价时的应用

期货交易所通常在每日开市前给出一段时间，比如，上午9:00开市前的8:55—8:59，在这段时间内，期货交易所的交易主机接收从各个期货经纪公司传来的买卖指令，此时交易所电脑主机可能试撮合并发布试撮合行情。其后在正式开市前（比如8:59—9:00），期货交易所的交易电脑才对这段时间内（上午8:55—8:59）接收到的所有买卖指令按标准复式竞价单一成交原理撮合成交，这个成交价格称为开盘价。部分交易所在收市前，将一段时间内接收到的所有委托按标准复式竞价原理撮合成交，为收盘价。这种撮合也称为集合竞价。

【例3-3】 设集合竞价买卖盘排队结果如表3-7所示。

表3-7 两个买卖盘的集合竞价

买 盘				卖 盘			
序号	交易方向	委托数量	委托限价（元/千克）	序号	交易方向	委托数量	委托限价（元/千克）
①		1 000	4 080	②		2 000	4 070

前一营业日结算价为4 081元/千克，按照多个可能的成交价时用距离最近原则，成交价应为4 080元/千克，①、②号盘均成交1 000手。

现假设期货交易所在集合竞价时接收到的不是两个买卖盘而是三个，也就是除了上面的两个买卖盘之外还有③号委托买卖盘：买入限价为4 070元/千克，数量为1手。这时候的集合竞价买卖盘排队如表3-8所示。

表3-8 三个买卖盘的集合竞价

买 盘				卖 盘			
序号	交易方向	委托数量	委托限价（元/千克）	序号	交易方向	委托数量	委托限价（元/千克）
①		1 000	4 080	②		2 000	4 070
③		1	4 070				

显然，现在的成交价应为4 070元/千克，①号盘还是成交1 000手，②号盘成交1 001手，仅仅增加一手，③号盘成交1手。

对于①、②号盘而言，较之前面的情形成交量可以看成没有什么变化，但价格变化却很大。而这样大的成交价格的变化仅仅是因为增加了一个微不足道的买卖盘——③号买卖盘。

（二）在连续竞价中的应用

开盘集合竞价后，从正式开市时间起，期货交易所的交易电脑即连续不停地接收从各个期货经纪公司传来的买卖指令，撮合成交，发布成交数据和交易行情，直到收市或停市（比如中午可能休市一到两个小时）。这段时间内的撮合通常称为连续竞价。连续竞价有多盘撮合和单盘撮合两种基本方式。

1. 多盘单一成交价连续竞价

多盘连续竞价标准的做法是：对同一期货合约，每接收到规定数量的新买卖盘（比如30个新的买卖盘），即将这些买卖盘连同此前未成交且未撤单的买卖盘一起按复式竞价单一成交价原理配对成交；如此不断进行，直到收市。

由于凑足规定数量的买卖盘有时候要等很长时间，所以期货交易所又可以规定：在规定的时间内（例如2分钟内），期货交易所在同一合约上接收到的新买卖盘如果不足规定的数量，则无须继续等待，而是将此期间接收到的所有新买卖盘连同此前未成交且未撤单的买卖盘一起按复式竞价单一成交价原理撮合成交。

2. 单盘单一成交价连续竞价

如果期货交易所规定：每当期货交易所接收到一个新买卖盘（而不是20个或30个），期货交易所的电脑就立即将其连同此前同一合约的未成交且未撤单的买卖盘一起按复式竞价单一成交价原理撮合成交。实际上这是多盘单一成交价连续竞价的特例——期货交易所规定的接收到的新买卖盘的数量为1，每接收到一个委托买卖盘就撮合一次。

单盘单一成交价连续竞价方式的主要优点是成交快，价格波动幅度较大，有利于活跃市场，对于交易不活跃的市场较实用。显然，对于投机性较强的市场单盘连续竞价主要的优点也变成了缺点。

此外，在集合竞价之后连续竞价开始之前可能同一合约就有大量的买卖盘报到期货交易所（或在各个期货经纪公司的报盘电脑中等候申报），而在连续竞价开始的瞬间，期货交易所的交易主机很快会逐笔撮合完成这些买卖盘，占用的时间实际上就是一瞬间，但因为是逐笔撮合的，各笔成交的价格可能会有很大差异，虽然成交价格的抖动仅是一瞬间，但对于交易者而言显得很不公平。这种情况在日间停市、下午继续交易时也可能出现——从上午停市到下午开市期间，可能同一合约有大量的买卖盘报到期货交易所（或者在各个期货经纪公司的报盘电脑中等候申报），开市的一瞬间，成交价格可能出现抖动。

（三）特定市场的应用

有些特定市场，在某些交易时段，仅用标准复式竞价原理撮合一次。例如，中国退市的上市公司构成的三板市场，就是每周仅在周五下午进行一次集合竞价。

三、市价委托的处理

采用标准复式竞价原理进行电脑自动撮合时，如果遇到市价委托，则只需在排队、配对、确定成交价格时按以下方式处理即可。

（一）排队时的处理

价格优先第一：市价委托优于限价委托，市价委托排在限价委托之前。

时间优先第二：同为市价委托时，交易所按接收到的时间排序，时间在前者排在前。

【例3-4】　上海期货交易所白银合约1506，新收到的有效买卖盘如表3-9所示。

表3-9　新收到的有效买卖盘

时间序号	交易方向	委托数量	委托限价（元/千克）
③	空头平仓	17	市价
④	多头平仓	8	市价
⑤	空头增仓	9	4 027
⑥	多头增仓	10	4 027

此前未成交且还未撤单的有效买卖盘如表3-10所示。

表3-10　此前未成交且未撤单的有效买卖盘

时间序号	交易方向	委托数量	委托限价（元/千克）
①	空头开仓	5	4 028
②	多头开仓	8	4 026

排队结果如表3-11所示。

表3-11　排队结果

买　盘				卖　盘			
序号	交易方向	委托数量	委托限价（元/千克）	序号	交易方向	委托数量	委托限价（元/千克）
③	空头平仓	17	市价	④	平仓	8	市价
⑥	多头增仓	10	4 027	⑤	空头增仓	9	4 027
②	多头开仓	8	4 026	①	空头开仓	5	4 028

（二）配对时的处理

配对的时候，只要有一方为市价委托即可配对。③号盘与④号盘配对之后，它的其余部分与⑤号盘也可配对。

（三）确定成交价格时的处理

在标准复式竞价中，确定成交价格时处理市价委托的基本规则是：

（1）最后一次成功的配对，买卖双方均非市价委托（均为限价委托）时，确定成交价的规则如前；

（2）最后一次成功的配对，买卖双方有一方是市价委托时，本次撮合成交价为另一方的委托价格；

（3）最后一次成功的配对,买卖双方均为市价委托时,取前次撮合成交价为本次撮合成交价（若是首次撮合时交易所须另定规则）

例3-4中,最后一次成功的配对是③号盘对⑤号盘,所以本次撮合成交价为⑤号盘的委托价 4 027 元/千克（买卖双方有一方是市价委托时,本次撮合成交价为另一方的委托价格）。

第三节　期货交易制度

为规范期货交易行为,保护期货交易当事人的合法权益和社会公共利益,依据公开、公平、公正和诚实信用的原则,根据国家有关法律、行政法规及《中国金融期货交易所章程》,期货交易所制定了一系列交易制度（也就是"游戏规则"）,所有交易者必须在承认并保证遵守这些"游戏规则"的前提下才能参与期货交易。与现货市场、远期市场相比,期货交易制度是较为复杂和严格的,只有如此,才能保证期货市场高效运转,发挥期货市场应有的功能。

一、保证金制度

保证金制度是期货交易的特点之一,是指在期货交易中,任何交易者必须按照其所买卖期货合约价值的一定比例（通常为5％～10％）交纳资金,用于结算和保证履约。经中国证监会批准,交易所可以调整交易保证金,交易所调整保证金的目的在于控制风险。保证金包括初始保证金、维持保证金、结算保证金和交易保证金等。

（一）初始保证金和维持保证金

初始保证金,是指期货交易者在开始建立期货交易部位时要交纳的保证金,一般为合约价值的 5％～10％。

客户开仓以后,由于股票指数的不利变化而导致投资者的初始保证金结算余额低于交易所规定的某个特定水平,投资者便必须再缴纳一定数额的保证金,以使得其保证金余额达到规定的水平（通常是初始保证金的水平）,这种追加的保证金称为维持保证金。如果客户拒绝存入额外存款,交易所的会员（经纪公司）便会自动给客户斩仓,以防止客户亏损过多而无钱交付。

（二）结算准备金和交易保证金

结算准备金:是指会员为了交易结算,在交易所专用结算账户中预先准备的资金,是未被合约占用的保证金,也即会员单位存入交易所但尚未被期货合约占用的保证金。

交易保证金:是指会员在交易所专用结算账户中确保合约履行的资金,是已被合约占用的保证金。当双方买卖成交后,交易所按持仓合约价值的一定比例向双方收取交易保证金。

（三）保证金管理

保证金的收取是分级进行的，即期货交易所向会员收取的保证金和作为会员的期货公司向客户收取的保证金，分别称为会员保证金和客户保证金。保证金专户专存、专款专用、不得挪用。经交易所批准，会员可用标准仓单或交易所允许的其他质押物品充当交易保证金。

（四）保证金的调整

经中国证监会批准，交易所可以调整交易保证金。调整保证金主要基于以下几种情况：

第一，对期货合约上市运行的不同阶段规定不同的交易保证金比率。

第二，随着合约持仓量的增大，交易所将逐步提高该合约的交易保证金比例。

第三，当期货合约出现涨跌停板的情况时，交易保证金比率相应提高，具体规定见涨跌停板制度的相关规定。

第四，当某期货合约连续 3 个交易日按结算价计算的涨（跌）幅之和达到合约规定的最大涨跌幅的 2 倍，4 个交易日达到 2.5 倍，5 个交易日达到 3 倍时，交易所有权根据市场情况，采取单边或双边、同比例或不同比例、部分会员或全部会员提高交易保证金的措施。提高幅度不高于规定保证金的 1 倍（须事先上报中国证监会）。

当某期货合约交易出现异常时交易所可按上述规定的程序调整交易保证金的比例。

交易保证金实行分级管理。随着期货合约到期日的临近和持仓量的增加，交易所将逐步提高交易保证金的比例。

二、盯市结算制度

期货交易所实行每日无负债结算制度，又称"逐日盯市"，是指每日交易结束后，交易所按当日结算价结算所有合约的盈亏、交易保证金及手续费、税金等费用，对应收应付的所有款项同时划转，相应增加或减少会员的结算准备金。结算实行两级结算制，包括交易所对会员的结算和经纪公司对客户的结算。

三、涨跌停板制度

涨跌停板制度又称价格最大波动限制，指期货合约允许的每日交易价格最大波动幅度，超过该涨跌幅度的报价将视为无效，不能成交。涨跌停板以上一交易日的结算价为基准，当期货合约连续出现 3 个同方向涨跌停板时，交易所将按照一定的原则和方式对该期货合约的持仓实行强制减仓。涨跌停板制度可在一定程度上控制结算风险，保证保证金制度的顺利执行。

若第 $N+1$ 个交易日收盘前 5 分钟内出现与第 N 个交易日同方向涨停板单边无连续报价的情况，则第 $N+1$ 个交易日结算时，该合约的交易保证金按合约价值的 8% 收取。第

$N+2$ 个交易日该合约的涨跌停板由 3% 增加到 4%(原涨跌停板比例高于 4% 的,按原比例执行)。

四、持仓限额制度

持仓限额制度是指交易所规定会员或客户可以持有的,按单边计算的某一合约投机头寸的最大数额。该制度的目的在于防范操纵市场价格的行为和防止期货市场风险过度集中于少数投资者。

进行投机交易的客户号某一合约单边持仓限额为 100 手。进行套期保值交易和套利交易的客户号的持仓按照交易所有关规定执行,不受 100 手持仓限额的限制。某一合约结算后单边总持仓量超过 10 万手的,结算会员下一交易日该合约单边持仓量不得超过该合约单边总持仓量的 25%。

例如,当豆粕一般月份合约单边持仓大于 10 万手时,经纪会员该合约持仓限额不得大于单边持仓的 15%,非经纪会员该合约持仓限额不得大于单边持仓的 10%,客户该合约持仓限额不得大于单边持仓的 5%。

当豆粕一般月份合约单边持仓小于等于 10 万手时,经纪会员该合约持仓限额为 15 000 手,非经纪会员该合约持仓限额为 10 000 手,客户该合约持仓限额为 5 000 手。

豆粕合约进入交割月份前一个月和进入交割月期间,其持仓限额如表 3-12 所示。

表 3-12　豆粕合约持仓限额　　　　　　　　　　　　　　(单位:手)

时　间　段	经纪会员	非经纪会员	客　户
交割月前一个月第一个交易日起	5 000	3 000	1 500
交割月前一个月第十个交易日起	2 000	1 500	800
交割月份	1 000	800	400

五、大户报告制度

大户报告制度是指当会员或客户某种持仓合约的投机头寸达到交易所对其规定投机头寸持仓量的 80%(含本数)以上时,会员或客户应向交易所报告其资金情况、头寸情况等,客户须通过经纪会员报告。达到交易所报告界限的经纪会员、非经纪会员和客户按规定提供不同的材料。交易所可根据市场风险状况,调整改变持仓报告水平。

六、实物交割制度

实物交割制度是指交易所规定的,期货合约到期时,交易双方将期货合约所载商品的所有权按规定进行转移,了结未平仓合约的制度。实物交割是联系期货与现货的纽带。其管理制度包括:标准仓单、定点交割、仓单交付、仓库管理、仓单转让、违约处理。

七、强行平仓制度

为控制市场风险,交易所实行强行平仓制度。强行平仓制度是指当会员、客户违规时,交易所对有关持仓实行平仓的一种强制措施。这是交易所控制风险的手段之一。

我国交易所对强行平仓制度的主要规定中应予强行平仓的情况如下:

(1) 会员结算准备金余额小于零,并未能在规定时限内补足的;

(2) 持仓量超出其限额规定的;

(3) 因违规受到交易所强行平仓处罚的;

(4) 根据交易所的紧急措施应予强行平仓的;

(5) 其他应予强行平仓的。

强行平仓首先由会员单位自己执行,除非交易所特别规定,一律为开市后第一交易时间内。规定时限内会员未能执行完毕的,由交易所强制执行。因交易结算保证金小于零而被强制执行的,在补足保证金之前,禁止相关会员的开仓交易。

会员所有客户按交易保证金等比例平仓原则进行强行平仓:

平仓比例＝会员应追加交易保证金 /会员交易保证金总额×100%

客户应平仓释放交易保证金＝该客户交易保证金总额×平仓比例

客户需要强行平仓的头寸由交易所按先投机、后套期保值的原则,并按上一交易日闭市后合约总持仓量由大到小顺序,先选择持仓量大的合约作为强行平仓的合约。若多个会员需要强行平仓的,按追加保证金由多到少的顺序,先平仓需要追加保证金多的会员。

若是一个会员超仓,其需强行平仓头寸由交易所按会员超仓数量与会员投机持仓数量的比例确定有关客户的平仓数量;若是多个会员超仓,其需强行平仓头寸按会员超仓数量由大到小顺序,先选择超仓数量大的会员作为强行平仓的对象;若系客户超仓,则对该客户的超仓头寸进行强行平仓,若客户在多个会员处持仓,则按该客户持仓数量由大到小的顺序选择会员强行平仓。若系会员和客户同时超仓,则先对超仓的客户进行平仓,再按会员超仓的方法平仓。

由会员单位执行的强行平仓产生的盈利仍归直接责任人;由交易所执行的强行平仓产生的盈亏相抵后的盈利部分予以罚没;因强行平仓发生的亏损由直接责任人承担。直接责任人是客户的,强行平仓后发生的亏损,由该客户开户所在经纪会员先行承担后,自行向该客户追索。

八、风险准备金制度

风险准备金制度指由交易所从会员交易手续费中提取一定比例的资金(20%),用于维持期货市场正常运转,提供财务担保和弥补不可预见风险的备付金制度。风险准备金必须单独核算,专户存储,除用于弥补风险损失外,不得挪作他用。准备金使用必须经过交易所理事会批准,报证监会备案。准备金的规模由证监会根据有关情况确定。

九、信息披露制度

交易所按即时、每日、每周、每月向会员、投资者和社会公众提供期货交易信息。内容涉及各种价格、成交量、成交金额、持仓量、仓单数、申请交割数、交割库库容情况等。

十、会员管理制度

期货交易实行会员管理制度,入会的会员条件包括:企业法人承认交易所章程、业务规则,一定数额以上的注册资本和净资产,良好的信誉和经营历史,健全的组织机构、财务及业务管理制度,有执业经纪人、固定场所、设施,须持有期货经纪业务许可证。

同步测练

一、选择题

1. 以尽快成交为首要目的,尽可能以市场最优价格成交的交易指令为(   )。

    A. 限价指令　　　B. 市价指令　　　C. 止损指令　　　D. 双向指令

2. 交易所在开盘后进行连续竞价时,若买方出价1 004点,卖方出价1 001点,如果前一成交价为1 000点,则最新撮合成交价为(   )点。

    A. 1 004　　　B. 1 001　　　C. 1 000　　　D. 以上都不是

3. 实物交割制度不包括以下哪个方面?(   )

    A. 标准仓单　　　B. 仓库管理　　　C. 对冲交易　　　D. 仓单转让

4. 交易所可对(   )进行结算。

    A. 期货经纪公司会员　　　　　　B. 期货经纪公司非会员

    C. 个人　　　　　　　　　　　D. 银行营业部

二、名词解释

对冲平仓　　复式竞价原理　　集合竞价　　连续竞价　　保证金制度
盯市结算制度

三、简述题

1. 为什么要执行强行平仓制度?

2. 交易保证金和结算保证金有什么区别?

3. 谈谈在复式竞价原理下期货价格受哪些因素影响。

C 第四章

HAPTER FOUR

期货投资基本面分析

学 习 目 标

  通过对本章的学习,对期货投资基本面分析方法有初步的认识和了解。在掌握期货投资基本面供需理论分析的基础上,对各个不同期货品种基本面的特定影响因素有初步的了解和认识。在此基础上能够初步尝试自己分析相应的期货品种的基本面情况。

重 点 难 点 提 示

  期货基本面的供需理论章节应当结合微观经济学的基本知识进行学习,微观经济学基础相对薄弱的同学可能会有一定难度。各个期货品种的影响因素众多,不要求全部识记,但应当有基本的了解。金融期货的基本面分析章节涉及利率、汇率、通货膨胀等因素,应当结合金融学和宏观经济学的基本知识进行学习。

第一节　供需理论分析

一、需求理论

（一）需求

1. 需求的定义

需求（demand）是决定价格的关键因素之一。那么，什么是需求呢？需求是指在某一特定时期内，在每一价格水平上，消费者愿意并能够购买的商品（包括劳务）的数量。例如，在日常生活的某段时间内，如果苹果的价格为每斤 2 元时，刘女士买 5 斤；如果价格上升到每斤 3 元时，刘女士买 4 斤。这里要特别注意的是，在理解需求的定义时，需求指的是有支付能力的需要（潜在购买力），是购买欲望和购买能力的统一，缺少任何一个条件都不能成为需求。

2. 影响需求的因素

一种商品的需求是由许多因素决定的，有经济因素，也有非经济因素，其中主要的因素有以下几种。

商品自身的价格。一般而言，商品本身价格越高，需求量越小；价格越低，需求量越大。

相关商品的价格。当一种商品本身价格保持不变，其相关商品的价格发生变化时，这种商品本身的需求也会发生变化。商品之间的关系一般有两种：一种是替代关系，一种是互补关系。互补关系是指两种商品共同满足一种欲望，它们之间是相互补充的。例如，刮胡刀刀架和刀片、笔和墨水、汽车和汽油等就是这种关系。这种有互补关系的商品，当一种商品的价格上升时，另一种商品的需求量将会减少；反之亦然。替代关系是指两种商品可以相互代替来满足某种欲望，它们之间可以相互替代。例如，馒头和包子、茶叶和咖啡、苹果和梨子等之间的这种关系就是相互替代的关系。当两种商品存在替代关系时，一种商品的需求量将随着另一种商品价格的增加而增加；反之亦然。

消费者对未来的预期。当消费者预期某种商品价格会在下一期上升，或者自己的收入水平会提高时，则会增加对这种商品的现期需求；反之，则会减少对这种商品的现期需求。

消费者的收入水平。对于大多数的商品而言，随着消费者收入水平的提高会增加对商品的需求；当消费者收入降低时，会减少对商品的需求。

消费者的消费偏好。当消费者对某种商品的偏好程度增强时，该商品的需求就会增加；反之，当消费者对某种商品的偏好程度减弱时，该商品的需求就会减少。

总之，影响需求的因素是多种多样的，除了以上因素外，还有政府的消费政策、文化传统、人口数量与结构等因素。

（二）需求定理

需求定理就是说明在其他条件不变的条件下，商品本身价格与其需求量之间关系的理论。其具体的内容可以描述为：在其他条件不变的情况下，某种商品的需求量与价格之间呈反方向变动，即需求量随着商品本身价格上升而减少，随着商品本身价格的下降而增加。

我们在理解需求定理时，其前提条件是"在其他条件不变的情况下"，具体是指除价格以外，其余影响需求的因素都不变。

需求定理在这里指的是一般商品的规律，但这一规律也有例外。例如，炫耀性的商品和吉芬商品就是例外。

（三）需求量的变动与需求的变动

要了解需求曲线的移动，在经济分析中特别要注意区分需求量的变动和需求的变动这两个概念。需求量的变动和需求的变动结果都是需求数量的变动，两者主要的区别在于引起这两种变动的因素是不同的，这两种变动在几何图形中的表示也是不同的。

需求量的变动是指在其他条件不变的情况下，由某商品自身价格变动而引起的该商品需求数量的变动。在几何图形中表现为商品的价格—需求数量的组合沿着一条既定的需求曲线运动。这一点可以用图 4-1 来说明。在图 4-1 中，当价格从 P_0 上升到 P_1 时，该商品的需求从 Q_0 减少到 Q_1，在需求曲线上表现为从 a 点上移到 c 点。当价格从 P_0 下降到 P_2 时，该商品的需求量从 Q_0 增加到 Q_2，在需求曲线上则表现为从 a 点下降到 b 点。可见，在同一条曲线上，向上方移动是需求量减少，向下方移动是需求量增加。

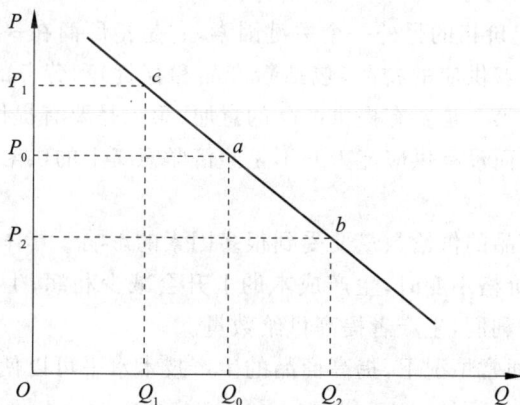

图 4-1 需求量的变动

需求的变动是指在商品自身价格不变的条件下，由于其他因素的变动而引起的需求数量的变化。需求的变动表现为需求曲线的平行移动。这一点可以用图 4-2 来表示。在图 4-2 中，价格是 P_0，由于其他的因素变动而引起的需求曲线的移动是需求的变动。例如，替代品的价格降低了,在自身价格不变的条件下,需求曲线向左移动,需求量从 Q_0 减少到 Q_1。当替代品的价格上升了,在自身价格不变的条件下,需求曲线向右移动,需求量从 Q_0 增加到 Q_2。可见,需求的变动引起的是需求曲线的平行移动,而需求量的变动引起的只是价格与需求数量的组合沿既定的需求曲线移动。

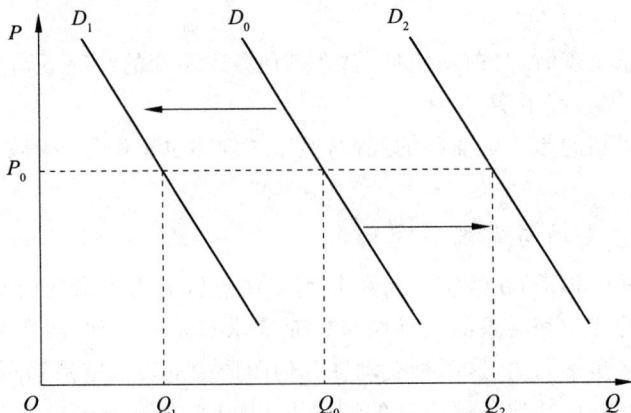

图 4-2   需求曲线的变动

二、供给理论

(一) 供给

1. 供给的定义

供给(supply)是决定价格的另外一个关键因素,它是指厂商在一定的时期内,在每一个价格水平上,愿意而且能够供应的物品(包括新产品和存货)和劳务的数量。在理解供给的定义时要注意两个条件:第一是要有提供产品的意愿;第二是要有提供相应产品的能力。显然,只有提供产品的意愿而没有供应能力并不是经济学意义上的供给。

2. 影响供给的因素

与需求一样,一种商品的供给数量要受到很多因素的影响。具体而言有以下几个因素。

生产成本。在商品价格不变时,生产成本的上升会减少利润,生产者减少供给数量;相反,生产成本下降会增加利润,生产者提高供给数量。

生产的技术水平。通常情况下,提高商品的生产技术水平可以使生产成本降低,从而提高利润,厂商将提供更多的商品。

相关商品的价格。一种商品价格不变时,相关商品价格的变化会使该商品供应量发生变化。例如,对于生产电脑的厂商来说,如果台式电脑价格不变而手提电脑价格上升,生产手提电脑更有利可图,从而会生产更多的手提电脑而减少台式电脑的供给数量。

生产者对未来的预期。如果生产者预期未来价格会上涨或需求量会上升,就会增加产品的供给;相反,如果预期较为悲观,则会减少供给数量。

(二)供给定理

供给定理就是说明在其他条件不变的条件下,商品本身价格与其供给量之间关系的理论。其具体内容可以描述为:在其他条件不变的情况下,某种商品的供给量与价格之间呈正方向变动,即供给量随着商品本身价格的上升而上升,随着商品本身价格的下降而下降。

当然,也有一部分特殊商品的供给曲线违反供给定理,如土地的价格上升到一定高度后,由于土地有限,供给不能增加,从而到一定水平后供给曲线是垂直的。再如劳动的供给曲线在劳动的价格(工资)达到一定水平后,由于劳动者在提供相同数量的劳动时,收入会增加,人们可能更加珍惜休闲活动,从而减少劳动的供给。

(三)供给量的变动和供给的变动

理解和运用供给曲线需要区分两种情况:供给量的变动和供给的变动。它们的区别在于引起这两种变化的因素不同,在几何图形中的表示也不同。

供给量的变动是指在其他条件不变时,由于商品自身价格的变动而导致的商品供给量的变动。在几何图形中,这种变动表现为商品的价格—供给量组合点沿着供给曲线运动(如图 4-3 中从 A 点到 B 点的变动)。

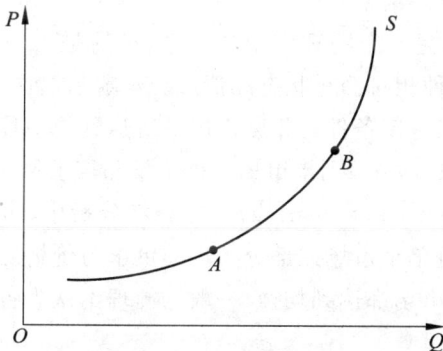

图 4-3　供给量的变动

供给的变动是指在商品价格不变的条件下,由于其他因素(生产成本、技术水平等)的变动所引起的该商品供给数量的变动。在几何图形上供给的变动表现为供给曲线的位置发生变动。如图 4-4 表示的就是供给的变动,由于气候灾变或原材料价格上升使每一价格水平上的供给数量减少。如果价格 P_0 时,供给数量从 S_0 上的 Q_0 减少到 S_1 上的 Q_1,在每一价格水平上都是如此,从图 4-4 上看就是供给曲线整体从 S_0 移动到 S_1。当然,由于风调雨顺或原材料价格下降,则供给曲线整体将向右边移动,从图 4-4 上看就是供给曲线整体从 S_0 移动到 S_2。

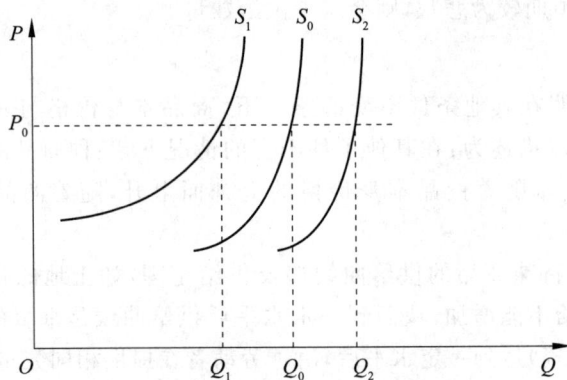

图 4-4　供给曲线的变动

三、市场均衡

（一）均衡的含义

上面分别讨论了供给和需求的一般性质，以及影响供给和需求的主要因素，但并没有说明商品本身的价格是如何决定的。实际上，商品的价格是商品市场上供给和需求两种相反的力量共同作用并达到均衡的结果。

"均衡"（equilibrium）本是一个物理学中的概念，指的是当一物体同时受到几个方向不同的外力的作用时，处于一种相对静止状态的情形。马歇尔把这一概念引入经济学中，它是指经济事物中有关的变量在一定条件的相互作用下所达到的一种相对静止的状态。

市场均衡（market equilibrium）则指市场上供给量和需求量达到相等时的状态。市场达到均衡时，也称为市场出清（market clearing）。在经济分析中，市场均衡可以分为局部均衡和一般均衡。局部均衡是就单个市场或部分市场的供求与价格之间的关系和均衡状态进行分析；而一般均衡是指所有市场都达到均衡，一般均衡理论认为各种商品的供求和价格都是相互影响的。

（二）均衡价格和均衡产量的决定

均衡价格是指商品市场上需求量和供给量相等时候的价格。

在均衡价格时所对应的供求数量称为均衡产量。在几何图形上，均衡价格就是供给曲线和需求曲线相交时的交点所对应的价格，此时对应的供求数量为均衡产量，该交点被称为均衡点，如图 4-5 中的 E 点。市场上的均衡价格和均衡产量是由商品的供给和需求共同决定的。我们可以通过供给曲线和需求曲线来分析市场均衡的形成。

在图 4-5 中，假定 D 曲线为市场需求曲线，S 曲线为市场供给曲线。需求曲线和供给曲线相交于 E 点，E 点为市场均衡点，对应的价格 P_E 为均衡价格，对应的产量 Q_E 为均衡产

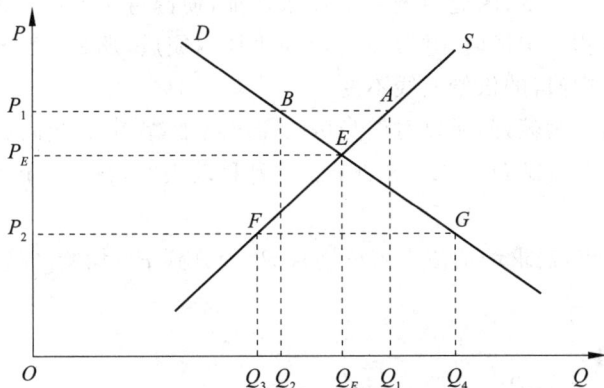

图 4-5　均衡价格的决定

量。当价格为 P_E 时,消费者的市场需求量是 Q_E,而厂商的市场供给量也为 Q_E,即两者相等。反过来也可以这么说,为了消费 Q_E 数量的商品,消费者愿意支付的价格为 P_E,而厂商为提供这么多的商品而愿意接受的价格也为 P_E,即两者对这种状态都感到很满意,并愿意继续维持下去。

下面我们通过市场价格偏离市场均衡价格时发生的变化来说明市场均衡的形成。

如图 4-5 所示,当市场价格高于市场均衡价格 P_E 而变为 P_1 时,厂商愿意供给的数量为 A 点对应的 Q_1,此时消费者愿意购买的数量为 B 点对应的 Q_2。由于 $Q_1 > Q_2$,出现供给量大于需求量的商品过剩或超额供给的情况。超额供给引起厂商的库存增加,必然会迫使厂商降低价格。而随着价格的降低,厂商愿意供给的数量就会减少。只要供给大于需求的状况存在,厂商就必须一直降低供给量直到供给量与需求量相等。而当市场价格低于市场均衡价格 P_E 而变为 P_2 时,厂商愿意供给的数量为 F 点对应的 Q_3,此时消费者愿意购买的数量为 G 点对应的 Q_4。由于 $Q_3 < Q_4$,出现供给量小于需求量的商品短缺或超额需求的情况,这时消费者会提高价格以购买自己想要的商品。而随着价格的提高,厂商愿意供给的数量同时会增加。只要供不应求的局面一直存在,厂商就会一直提高供给量直到供给量与需求量相等。由此可见,当实际价格偏离市场均衡价格时,市场上的供求力量会自发调节,最终达到市场均衡或市场出清的状态,这就是通常所说的供求规律。

（三）均衡价格和均衡产量的变动

在分析均衡价格和均衡产量的变动时,首先要确定是供给曲线的移动,还是需求曲线的移动,或者是两者都移动,然后确定曲线移动的方向,最后利用供求曲线来说明这种移动如何改变均衡。

1. 需求的变动

例如,随着生活水平的改善,人们对健康更为关注,参与健身活动的人急剧增加,由于人们对健身的偏好发生了改变,因此对健身的需求增加,使健身房的需求曲线发生了移动;由于增建健身房需要承担一定风险,并且不可能在短期内完成,那么,健身房的数量在短期内变化不会很大,因此健身房的供给曲线不变。

由于人们对健身更为偏好,所以对健身房的需求增加,需求曲线向右移动。图 4-6 表示随着需求曲线从 D_0 移动到 D_1,需求增加了。这种移动表明,在每一价格水平上,人们对健身的需求更多了。

从图 4-6 可以看出,需求增加使均衡价格从 P_0 上升到 P_1,均衡产量从 Q_0 上升到 Q_1,均衡点从 E_0 变为 E_1。

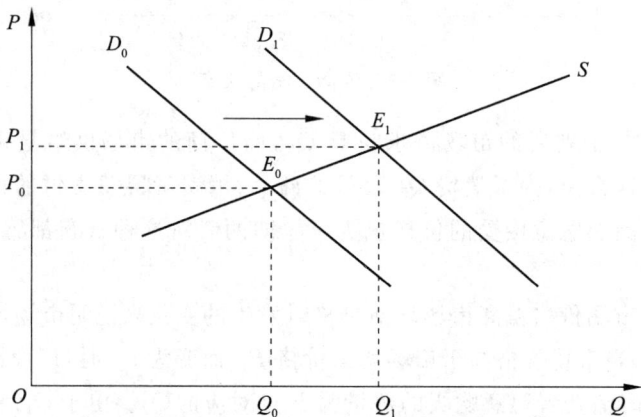

图 4-6 需求变动和均衡价格的变动

从上述分析可以看出,在其他条件不变的情况下,需求的增加使均衡产量和均衡价格增加,同理可以分析得出需求的减少使均衡产量和均衡价格减少。即在其他条件不变时,需求变动分别引起均衡价格和均衡产量同方向变动。

2. 供给的变动

例如,伊拉克战争的爆发,使世界原油市场上石油的供给大为减少,由于是供给能力发生了变化,因此,供给曲线发生了移动。由于世界市场对原油的需求短期内不可能发生大的变化,因此,需求曲线不会发生移动。

由于是供给能力减少,供给曲线向左移动。图 4-7 表示随着供给曲线从 S_0 移动到 S_1,供给减少了。这种移动表明,在每一价格水平上,世界市场对原油的供给减少了。

从图 4-7 可以看出,供给减少使均衡价格从 P_0 上升到 P_1,均衡产量从 Q_0 下降到 Q_1,均衡点从 E_0 变为 E_1。

从上述分析可以看出,在其他条件不变的情况下,供给的减少使均衡产量减少,均衡价格上升;同理可以分析得出供给的增加使均衡产量增加,均衡价格下降。即在其他条件不变时,供给的变动分别引起均衡价格的反方向变动和均衡产量的同方向变动。

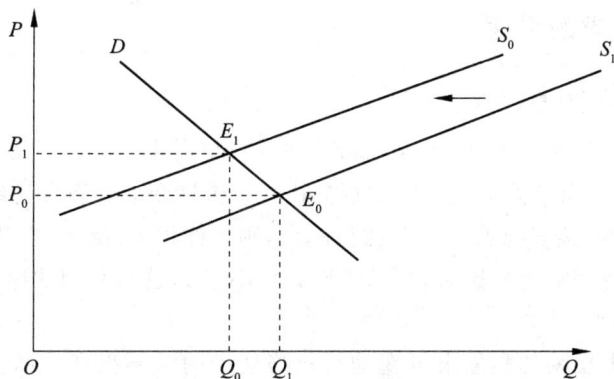

图 4-7　供给变动和均衡价格的变动

3. 供给和需求的同时变动

例如,在 20 世纪 80 年代,随着农村体制改革的进行,价格放开,人们对农产品的需求增加,在图 4-8 上表现为需求曲线从 D_0 移动到 D_1,中国农产品市场均衡点从 E_0 移动到 E_1,价格从 P_0 上升到 P_1。随着价格的上升,农民种粮积极性提高,而且,良好的气候也使粮食实现大丰收。于是,粮食的供给增加,在图上表现为供给曲线从 S_0 移动到 S_1,供给增加了。中国农产品市场均衡点从 E_1 移动到 E_2,价格从 P_1 下降到 P_2。

在图 4-8 中,总体上说农产品价格是上升的,农民也从体制改革中获益。然而,供给和需求同时变动,对均衡价格的影响通常会有两种可能的结果,这取决于需求和供给移动的相对大小。

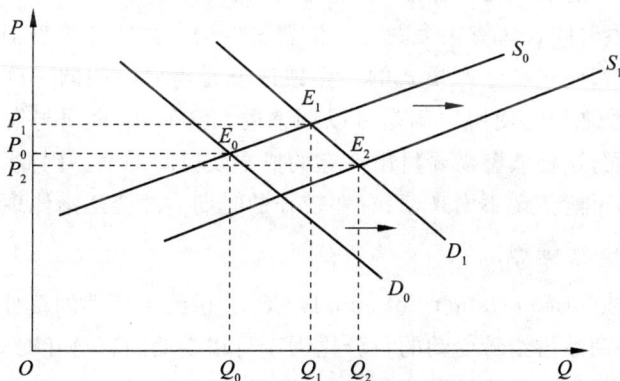

图 4-8　供给、需求变动和均衡价格的变动

综上所述,其他条件不变时,需求的变动分别引起均衡价格和均衡产量同方向变动;供给的变动分别引起均衡价格反方向变动和均衡产量同方向变动;供给和需求同时变动,对均衡价格的影响通常会引起两种可能的结果,这取决于需求和供给移动的相对大小。

四、供给和需求的弹性

(一) 需求的价格弹性

需求的价格弹性(price elasticity of demand)是指"需求量变动的百分比"除以"价格变动的百分比"。当某一商品需求量变动的百分比大于价格变动的百分比时,需求弹性就会大于1,这时我们就称为"需求富有弹性",比值越大,则弹性越大;反之,当某一商品需求量变动的百分比小于价格变动的百分比时,需求弹性就会小于1,这时我们就称为"需求缺乏弹性",比值越小,则弹性越小。

需求弹性实际上反映的是需求量变动对价格变动的敏感程度,不同的商品具有不同的弹性。弹性的大小与下列因素有关:

(1) 替代品的丰裕程度。替代品越多,越容易获得,需求弹性就越大;反之则越小。例如,食品、燃料、鞋子及药品的价格上涨后,人们很难找到适当的替代品,因而其需求的价格弹性就相对较小;而一国发生疯牛病导致该国所产的牛肉价格上涨后,人们可以用其他国家所产的牛肉代替,或用羊肉、鸡肉代替,因此该国所产牛肉需求的价格弹性就较高。

(2) 支出比例。购买某商品所需支出的比例越大,则需求弹性越大。例如,对消费者而言,汽车的需求弹性远大于食盐,虽然这两种产品都没有明显的替代品。不难想象,当食盐价格上涨30%时,需求量的变化不会很大,这与食盐价格比较低,占家庭开支很小有关。开支越小,节约的动力就越小。但如果汽车价格上涨30%,则汽车的需求量会下降较多。对生产商来说,支出比例对弹性大小的影响同样是起作用的。某种原因在其生产成本中所占比重越大,生产商节约的意识就会越强烈,需求弹性就越大。

弹性大小与考察时间长短有很大关系。消费量的增减往往意味着消费模式或生产模式的调整或改变,而消费模式和生产模式的调整或改变是需要时间的。例如,在橡胶制品中,天然橡胶和合成橡胶之间的使用比例是可以调整的。又如,铝金属与铜金属之间也有一定的可替代关系。然而,这种调整需要付出一定的成本及时间周期。因此,一些具有较大价格弹性的产品,短期内可能体现不出来,只有在较长的时期内才会逐渐体现出来。

(二) 供给的价格弹性

供给的价格弹性(price elasticity of supply)是指"供给量变动的百分比"除以"价格变动的百分比"。当某一商品供给量变动的百分比大于价格变动的百分比时,供给弹性就会大于1,这时我们就称为"供给富有弹性",比值越大,则弹性越大;反之,供给量变动的百分比小于价格变动的百分比时,供给弹性就会小于1,这时我们就称为"供给缺乏弹性",比值越小,则弹性越小。

供给弹性实际上反映的是供给量变动对价格变动的敏感程度,不同的商品具有不同的弹性,影响供给弹性大小的主要因素是增加生产的困难程度。如果所有的投入品很容易在现行市场价格下购得，则价格的微小上升就会导致产出大幅上升，这就表明供给弹性相对较大；反之，如果生产能力受到严格限制，如金矿开采，即使价格急剧上升，产量也只能增加少许，供给就缺乏弹性。

供给弹性的大小与考察时间的长短也有关系。某些商品，在价格上升的短时期内，企业也许无法增加其劳动、物质及资本投入，供给就缺乏弹性；但随着时间推移，企业可以逐步增加投入而扩大生产能力，供给弹性就会逐步增大。

1. 农产品供给曲线

农产品的供给通常以作物年度作为度量时间。例如，我国玉米的收获期是每年的10月初至11月末之间，玉米的作物年度为每年的10月1日至来年的9月30日；我国大豆的收获期是每年的9月至11月，大豆的作物年度为每年的9月1日至来年的8月31日；豆粕与豆油的作物年度为每年的10月1日至来年的9月30日。当收获期结束后，当期的产量就已确定，当期的最大供给量等于当期产量与上期期末库存量之和。

当农产品价格太低时，有些农场主（农民）会产生一定的惜售心理，但如果考虑农产品储存所需要的储存费及数量与质量的损耗，存储的成本并不小。更重要的是有些农产品没有办法储存或长期储存后不具备经济性。例如，有些农产品如蛋类和马铃薯（美国的一些期货交易所曾经交易过这类产品）是容易腐烂变质的，无法长期储存。又如，对活牛与活猪来说，一旦达到销售重量之后，除了短暂的延迟外，不论价格如何，生产者都不得不将其送到市场上去销售。对于这类难以储存的商品而言，其供给量在收获期内几乎是固定的，换言之，供给量不会因价格低而减少，也不会因价格高而增多。其供给弹性几乎为零，其供给曲线将退化为一条与纵轴平行的直线。

2. 工业品供给曲线

期货交易中的工业品主要有金属和能源两大类。工业品的特点是采用连续化生产方式，没有明显的年度界限，但同样有正常的库存。库存变化既是供给量大小的重要标志，也是需求量大小的重要指标。同一种工业产品，在不同阶段其供给弹性大小也不同。一般而言，当生产能力利用不充分，即闲置能力较大时，供给弹性比较大；反之，当生产能力充分利用，闲置能力较小时，供给弹性就较小。这时，由于短期内扩大供给的能力有限，价格上涨幅度会非常惊人。例如，2003年国际铜价和原油价格走出了一波牛市行情，2004年在2003年的基础上又表现出惊人涨幅，之所以如此，是因为当时生产能力负荷较高，供给量很难大幅增加。

第二节　影响因素分析

供求关系是决定商品价格的根本原因，而无论是供给还是需求，都会受到其他许多因素的影响。因而，从这个逻辑关系出发，基本分析势必牵涉许多因素的分析。分析影响供求关系的因素可以从结构和内容两个层面进行。

一、影响因素的结构分析

任何一种商品都不是孤立的。从商品的纵向来看,任何商品都是该商品产业链中的一个环节。该商品生产中所需要使用的主要原材料是该商品的上游产业,需要使用该商品的便是下游产业。从横向方面而论,绝大多数商品都存在一定的可替代性产品,这些替代性产品实际上是竞争性产品。一般而言,商品涉及的产业链越多,每一个环节存在的可替代性产品就越多,影响因素的结构也就越复杂。

因此,影响商品价格的因素是众多的、繁杂的:有直接因素,有间接因素;有主要因素,有次要因素;有正在发生的,有将要发生的;等等。但总体而言,按照其对市场价格的影响幅度、时间长短,可以分为由弱到强持续性显著因素、由强到弱持续性显著因素、非持续性因素及非显著性因素。显著性因素是指对商品供求关系有直接影响作用的,如播种面积的增加、国家经济政策、生产企业罢工等;非显著性因素是指对商品供求关系不构成直接影响的因素,如市场资金因素、利率、外汇政策等;持续性因素是指对商品供求关系有着持续影响的因素,例如,黄大豆市场的转基因政策,在 2002 年对国内大豆市场的供求关系产生持续影响。持续性影响因素一般是影响市场的长期因素,分为由强到弱和由弱到强两种。非持续性因素则往往是由一些突发事件造成的,随着事件的消失,该因素对市场的作用也会消失。

这么多性质各异的影响因素,要考虑周全是不经济的,也是不可能的。所以,有必要对影响因素间的关系进行简化,这种简化的过程就是影响因素的结构分析。即搞清楚该商品所处的产业链,明白该商品在产业链中的地位,以及搞清楚哪些可替代性产品与其形成竞争关系。

影响因素结构分析的目的是"抓大放小",减少零散信息的干扰,抽取影响价格的主导因素。运用产业链关系对商品影响因素进行梳理,明晰各因素之间千丝万缕的联系:供求关系是核心、是主干;宏观经济环境、资金流向、心理因素、相关产品等是枝干,直接或间接地作用于供需关系。

二、影响因素的内容分析

影响因素的内容分析是指分析影响供求关系的具体因素。由于每个产品都有各自的具体情况,因而对具体商品而言必须结合具体情况进行分析。下面罗列出来的仅仅是各种不同产品的共同性影响因素。

(一)库存的影响

供求关系是影响商品价格的根本原因,而库存是供求关系的重要显性指标。

对一些重要商品,无论是国家,还是生产、流通、消费企业,都会有一定的库存量。其中,国家库存表现为政府储备,政府储备不会因一般的价格变动而轻易投放市场,只有当市场供给出现严重短缺时,才有可能动用。当动用之后,还会在适当的时候进行回补。

从一国的供求数量来看,期末库存与供求之间的关系式为:

期末库存＝期初库存＋当期产量＋当期进口量－当期出口量－当期消费

其中,期初库存、当期产量、当期进口量这三项为当期可供应量;而当期出口量和当期消费为当期需求量。如果当期可供应量大于当期需求量,则期末库存势必增加;反之,则期末库存势必减少。

如果进出口渠道通畅,当国内供不应求时可以通过进口来弥补,这时实际进口价会成为影响国内价格的重要因素;当国内供大于求时可以通过出口来疏导,这时实际出口价也会成为影响国内价格的重要因素。

期末库存减少,意味着当期需求大于供应,但不能下结论说价格一定会涨,因为还得看这个期末库存是否正常。例如,农产品以一年为周期,如果以月度作为观察期,则在收获季节之后肯定逐月减少。又如,某品种在以前积压太多,即使目前库存有所降低,但仍旧大大高于正常库存,价格就难以上涨。

如果从全球范围内观察,则期末库存与供求之间的关系式为

期末库存＝期初库存＋当期产量－当期消费

其中,期初库存、当期产量为当期可供应量;而当期消费为当期需求量。如果当期可供应量大于当期需求量,则期末库存势必增加;反之,则期末库存势必减少。

由于库存既是供求关系的重要表现,也是影响供求关系的重要因素,因此各种商品的基本分析,都会非常重视库存变化并将其纳入预测模型中。

值得注意的是,在预测模型中的库存指标因素,往往设计为库存与消费量的比率,而非库存的绝对数值大小。之所以如此,是因为长远来看基本商品的规模都在增长。如果将现在的正常库存规模与十年前的正常库存规模相比,显然扩大了许多。所以,考虑库存消费量比率是比较科学的。

（二）替代品的影响

一般而言,替代品与被替代品之间具有竞争关系。如果替代品的供求关系发生重大变化,就会打破被替代品原有的平衡,导致价格出现较大的波动。从图4-19中可以看到,与豆粕并列作为饲料的品种有许多,除了图4-19中列出的大麦、玉米之外,肉骨粉、鱼粉也是常用饲料。这些商品的供给数量如果出现较大的变动,会引起豆粕、大豆价格的明显变化。例如,疯牛病出现后,由于一些国家的政府出台禁止给牛喂食肉骨粉饲料的政策,以至于只要一出现疯牛病报告的新闻,就会导致豆粕、大豆价格出现上涨的反应。2003年12月23日,美国农业部宣布华盛顿州梅普尔顿一家农场发现美国有史以来首例疯牛病。12月24日开始,芝加哥期货交易所的大豆、豆粕价格接连两天暴涨。国内大连商品交易所的大豆、豆粕价格也随之上涨。有报道说:"目前该国已经开始禁止对包括牛在内的反刍类牲畜使用肉骨粉作为饲料。目前美国每年使用的肉骨粉高达300多万吨,因此肉骨粉被禁止使用后,作为

其替代品的豆粕年需求量预计将增加200多万吨,即增加7％的用量。"

(三)季节性因素和自然因素的影响

1. 季节性因素的影响

有些商品的供应或需求具有季节性特点,例如,农产品的供应都是每年同一时期集中上市,而需求却是分散的;活猪的屠宰、销售以及小猪生产期也有季节性特点;燃油在冬季的需求量明显超过其他季节。供需的季节性特点会引发价格的季节性波动,这一点在农产品上表现的特别明显。例如,有人经过统计比较,发现国内大豆市场的特点如下:每年从3、4月开始,南美新豆上市,进口量增加,致使现货价格跌到谷底,随着5、6月消费旺季的来临,价格从谷底缓慢回升,至7、8月大豆青黄不接时,价格达到年内顶峰,10月后由于北半球的新豆上市,价格再次回落至谷底,1、2月随年关消费高潮的来临,价格略有反弹,并于年关后重回3、4月的谷底,如此循环往复。

由于职业投资者和现货商都熟悉季节性的影响,这种特点一般在不同合约月份上会得到提前反映,如5月合约对3月合约升水,而11月合约对9月合约贴水。但从全年走势来讲,期货价格的低点通常会在收获季节出现。有些交易者在判断后市时,会将这一特点作为参考依据。当然,在应用之前,首先需要对历史数据作定量的统计分析,从中发掘更多有意义的信息。

需要注意的是,在参考商品走势的季节性规律时,其他因素也是不容忽视的,因为某些偶然性因素的出现或许会打破或淡化一贯的季节性特征。当供应的变化与消费的季节性变化产生相反作用,如在需求旺季时期进口量大幅增加,导致供应充裕,那么商品的季节性上涨就会减弱。相反,如果供应的变化与消费的季节性变化产生共振,则会强化相关商品的季节性特征,如在消费旺季因为生产装置的故障导致供应大幅减少,则会强化季节性上涨。

2. 自然因素的影响

自然条件因素主要是气候条件、地理变化和自然灾害等。具体来讲,包括地震、洪水、干旱、严寒、虫灾、台风等方面的因素。

农产品价格最容易受自然因素的影响,当自然条件不利时,农作物的产量就会受到影响,从而使供给趋紧,刺激期货价格上涨;反之,如气候适宜,会使农作物增产,市场供给增加,促使期货价格下跌。例如,巴西是全球第二大咖啡种植国,1994年7月巴西遭受严重霜冻,消息一传出,国际咖啡期货价格连续几个交易日出现涨停板。又如,受天气预报影响,市场预期美国大豆及玉米主产区将出现的霜冻天气可能对产量造成影响,2009年9月15日芝加哥期货交易所的农产品期货价格全线大涨,其中玉米期货价格涨幅高达8.81％,大豆期货价格上涨5.6％。

气候因素已经成为农产品期货炒作的一个重要因素。由于各种农产品在播种期、成长期或收割期对气候的要求不一样,因而在这些时期,主产区的气候情况及其变化就会引起交易者的密切关注,一有风吹草动,就会引起价格波动。

自然因素的重大变化对工业品和能源化工产品也会产生相当大的影响。例如,当生产、运输和仓储因地震、雨雪等恶劣条件而造成较大损失或阻碍时,期货价格就可能会上涨。

(四) 宏观经济形势及经济政策的影响

宏观经济形势的影响主要体现在经济的周期性方面,由于政府对整体经济制定的宏观政策具有"反周期性"特点。调控政策的出台会对经济走势产生一定程度的影响,从而影响一些商品原有的供需关系,使价格发生变化。

对具体商品而言,政府所制定的特殊政策所带来的影响更为直接。例如,政府对某一品种的税收政策或进出口关税进行调整,将直接打破原有的价格平衡。具体的案例有:1996年,美国国会批准新的《1996年联邦农业完善与改革法》,使1997年美国农场主播种大豆的面积猛增10%,从而导致大豆的国际市场价格大幅走低。2002年,中国大豆期货市场呈现戏剧性走势,期价在中美关于"转基因问题"处理态度的变化中不断变化。

在一些大宗商品上,一些主要生产国和消费国会互相协调行业政策,例如,通过订立贸易协定甚至成立国际性行业组织来维护自身利益。这些组织出台的政策措施,通常也会对期货市场商品价格产生一定的影响。例如,石油输出国组织(OPEC)经常协商各成员国原油最高日产量,以防止因供应量过大而造成油价下跌。

反映宏观经济形势的指标有很多,政府调控经济的政策手段也有多种,其影响效果有较大差别。

(五) 政治因素及突发事件的影响

政治因素主要是指国际国内政治局势、国际性政治事件的爆发或国际关系格局的变化。例如,一国国内的政变、内战、罢工、大选、劳资纠纷等,国际方面的战争、冲突、经济制裁、政坛重要人物逝世或遇刺等,都可能导致期货价格的剧烈波动。

1999年11月上旬,中美贸易代表团在北京举行关于中国加入世界贸易组织的谈判,消息一出,大连大豆期价连续一周大幅下跌,大豆2000年5月合约价格从2 240元/吨下跌至2 060元/吨。因为交易者都认为,一旦谈判成功,美国向中国出口大豆的障碍就消除了。

2001年9月11日,美国发生震惊全球的恐怖袭击事件,商品期货价格普遍下跌,能源价格在一个月内下跌幅度高达40%左右。

2008年12月27日,以色列对加沙地带发起空袭,国际油价12月29日(周一)从低位大幅反弹,连涨6个交易日涨幅达31%。

政治因素对期货市场具有很强的制约性,其影响往往是巨大的,所产生的后果通常也是十分严重的,有时可能直接决定某种商品期货在一定时期内的价格走势。在分析政治因素对期货价格影响时,应注意不同的商品所受影响程度是不同的。例如,在国际局势紧张时,战略性物资价格受影响的程度就比其他商品受影响程度大一些。

(六) 投机对价格的影响

买涨不买跌是人们的一种普遍心理。当市场价格上涨时,赚钱效应会使更多人愿意买进,并且有些人还愿意进行实物投机,即买进货物后囤积起来。尽管这些购买者并非是货物的真正需求者,但至少暂时加大了需求,加剧了供不应求的局面。当市场价格下跌时,又会发生相反情况,甚至连实际使用者也会降低储备量,这又加剧了供大于求的局面。

在期货交易中,这一现象不仅存在,有时甚至会表现得更突出。当市场处于牛市时,人气向好,一些微不足道的利好消息都会刺激投资者的看好心理,引起价格上涨;当市场处于熊市时,人心思空,即使有利好消息也会被忽视,而一些微不足道的利空消息则会被放大,以致价格继续下跌。

与中小投机者相比,大投机商引发期价涨跌的能量更大,这也是交易者为什么特别关注大户持仓数量及方向的原因。例如,美国商品期货交易委员会每周五定期公布商业性和非商业性的持仓报告,这份报告被分析人士和交易者广泛重视,希望能够从中了解主力资金的动向。

大投机商如果过度投机,很可能导致期货价格非理性涨跌,这种涨跌用其他合理的因素是无法解释的。例如,美国的白银期货受亨特兄弟操纵,从 1979 年的每盎司(1 盎司 = 28.349 5 克)6 美元一度上涨到 1980 年年初的每盎司 50 美元。后来由于操纵失败,银价又回落到之前水平。

三、期货基本面影响因素的量化分析

影响期货价格的因素很多,各种影响因素对价格的影响程度究竟有多大,如果不作定量分析,仅凭个人经验及主观判断是很难回答的,甚至会发生错误判断。

(一)量化分析的必要性

量化分析是将定性思维与定量规律进行量化应用的过程,量化分析较主观分析有诸多优点,最突出的有:①可以比较全面地用具体数值表达各种因素的影响力度。量化分析以客观市场状态作为分析研究的依据,避免了人主观判断上的失误和缺陷。②量化分析不仅可以确定单一因素的影响力度,还可以揭示多因素之间的关系,这对于包含大量信息冲击而又瞬息万变的金融市场是非常重要的。③量化分析在表现形式上更直观,在深度挖掘上更全面、更精确、更可靠,且更有说服力。④量化分析为建立预测模型打好了基础,明确应纳入分析框架体系的各因素;明确应选取的数据来源和范围,是建立模型的基础工作。

在经济生活中,除了政治及突发事件等难以量化外,大量的经济因素如利率、汇率、库存等都是可计量的,这就为我们对影响因素进行量化分析提供了现实条件。

(二)量化分析的方法及应注意的问题

在特定时点会有许多因素影响特定商品的价格,且各种因素对价格的影响程度有所不同。在研究中只有明确了各因素对价格影响的分量,才能把握主导因素,识别大势。量化分析有很多方法,如变量间相关性分析方法、因果关系检验方法、协整检验方法等。

在量化分析中,存在一些容易引起模型偏离准确性的地方,必须予以注意,而样本数据的质量是量化结果准确与否的一个重要因素。

首先,确保数据准确性。由于数据来源、统计口径等的差异,采集的数据可能存在偏差,对于分析者来说,要确保数据的真实性和准确性。

其次,指标形式选择。由于基本分析涉及的时间周期较长,从长期来看,价格有自然向上的趋势。如果没有剔除数据中很明显的长期趋势,所产生的向上或向下趋势信号是不明确的。因此,为了消除某些数据随时间发展产生的自然增长趋势,如国内生产总值(GDP)、居民消费价格指数(CPI)等,选取变量时通常采用相对指标而不是绝对量指标。

最后,样本数据的一致性。量化分析中,样本数据的时间频率、时间跨度以及样本容量必须保持一致。

第三节　商品期货基本面分析

一、影响铜期货价格变动的因素

(一)供求关系

体现供求关系的一个重要指标是库存。铜的库存分报告库存和非报告库存。报告库存又称显性库存(visible stocks 或 apparent stocks),是指交易所库存。目前世界上比较有影响的进行铜期货交易的有伦敦金属交易所(LME)、纽约商品交易所(NYMEX)的 COMEX 分支和上海期货交易所(SHFE)。三个交易所均定期公布指定仓库库存。

非报告库存,又称隐性库存(invisible stocks),指全球范围内的生产商、贸易商和消费商手中持有的库存。由于这些库存不会定期对外公布,因此难以统计,故一般都以交易所库存来衡量。

(二)经济形势

铜是重要的工业原材料,其需求量与经济形势密切相关。经济增长时,铜需求增加从而带动铜价上升;经济萧条时,铜需求萎缩从而促使铜价下跌。例如,20 世纪 90 年代初期,西方国家进入新一轮经济疲软期,铜价由 1989 年的 2 969 美元/吨回落至 1993 年的 1 995 美元/吨;1994 年开始,美国等西方国家经济开始复苏,对铜的需求有所增加,铜价又开始攀升;1997 年亚洲经济危机爆发,整个亚洲地区(中国除外)用铜量急剧下跌,导致铜价连续下跌;1999 年下半年亚洲地区经济出现好转,铜价又逐步回升。2001 年至 2002 年左右铜市的主要是世界经济走势,美国经济出现滑坡,主要西方国家的经济亦受到很大影响,对铜的需求大幅下降,从而使铜价创出 20 年的新低。

(三)进出口政策

进出口政策,尤其是关税政策是通过调整商品的进出口成本从而控制某一商品的进出口量来平衡国内供求状况的重要手段。2000年之前我国在铜进出口方面一直采取"宽进严出"的政策,2000年之后随着中国冶炼能力的增强,国家逐步取消铜的出口关税,铜基本可以自由进出口。但由于我国铜资源仍然缺乏,因此依然是铜的净进口国。2003年5月海关总署发布公告,宣布从今年6月1日起将停止执行铜矿砂、铜精矿和铜材(包括电解铜)的边境贸易进口税收优惠政策。这一政策的取消,边贸铜以量大价低冲击国内铜市场的局面将得到改变,国内铜价获得支撑。

(四)用铜行业发展趋势的变化

消费量是影响铜价的直接因素,而用铜行业的发展则是影响消费量的重要因素。例如,20世纪80年代中期,美国、日本和西欧国家的精铜消费中,电气工业所占比重最大,中国也不例外。而进入90年代后,国外在建筑行业中管道用铜增幅巨大,成为国外铜消费最大的行业,美国的住房开工率也就成了影响铜价的因素之一。1994年、1995年铜价的上涨,原因之一来自建筑业的发展。而在汽车行业,制造商正在倡导用铝代替铜以降低车重从而减少该行业的用铜量。此外,随着科技的日新月异,铜的应用范围在不断拓宽,铜在医学、生物、超导及环保等领域已开始发挥作用。IBM公司已采用铜代替硅芯片中的铝,这标志着铜在半导体技术应用方面的最新突破。

(五)铜的生产成本

目前国际上火法炼铜平均成本为1 400~1 600美元/吨,湿法炼铜成本为800~900美元/吨。湿法炼铜的产量目前约占总产量的20%。

(六)基金的交易方向

基金业的历史虽然很长,但直到20世纪90年代才得到蓬勃的发展,与此同时,基金参与商品期货交易的程度也大幅度提高。从最近十年的铜市场演变来看,基金在1994—1995年、1996年上半年至1997年上半年铜价的飙升中和1998—1999年铜价的暴跌中均起到了推波助澜的作用。

尽管由于基金的参与,铜价的涨跌可能出现过度,但价格的总体趋势不会违背基本面,从COMEX的铜价与非商业性头寸(普遍被认为是基金的投机头寸)变化来看,铜价的涨跌与基金的头寸之间有非常好的相关性。而且由于基金对宏观基本面的理解更为深刻,所以了解基金的动向也是把握行情的关键。

(七)相关商品价格波动对铜价的影响

原油和铜都是国际性的重要工业原材料,它们需求的旺盛与否最能反映经济的好坏,所以从长期看,油价和铜价的高低与经济发展的快慢有较好的相关性。正因为原油和铜都与宏观经济密切相关,因此就出现了铜价与油价一定程度上的正相关性。但这只是趋势上的一致,短期看,原油价格与铜价的正相关性并不十分突出。

如果说油价从不到10美元上涨到20美元左右是价格的合理回归,更是经济复苏的表现的话,那么油价的回升应该是与铜价的上扬相一致,因为都是经济见底回升所带动的。但如果油价上涨到一定的水平后,大家关心的不是经济复苏,而是担心油价的飙升对未来经济发展的负面影响,甚至导致经济衰退,从而导致需求的总体下降(不可避免地影响到对铜的需求),这时油价的上扬反而成了铜市场的利空因素。

(八)汇率

国际上铜的交易一般以美元标价,而目前国际上几种主要货币均实行浮动汇率制。随着 1999 年 1 月 1 日欧元的正式启动,国际外汇市场形成美元、欧元和日元三足鼎立之势。由于这三种主要货币之间的比价经常发生较大变动,以美元标价的国际铜价也会受到汇率的影响,这一点可以从 1994—1995 年美元兑日元的暴跌和 1999—2000 年欧元的持续疲软及 2002—2003 年美元的贬值中反映出来。

根据以往的经验,日元和欧元汇率的变化会影响铜价短期内的一些波动,但不会改变铜市场的大趋势。汇率对铜价有一些影响,但决定铜价走势的根本因素是铜的供求关系,汇率因素不能改变铜市场的基本格局,而只是在涨跌幅度上可能产生影响。

二、影响铝期货价格变动的因素

(一)供求关系的影响

供求关系可以影响任何一种商品的市场定价,铝也不例外。铝的社会需求增加会导致铝的报告库存下降,反之亦然。

(二)氧化铝的影响

氧化铝成本约占铝锭生产成本的 28%~34%。对于氧化铝短缺而电解铝生产规模较大的国家而言,国际氧化铝价格的波动会影响其国内铝锭的生产成本。因此,国际氧化铝的供需状况和价格都将直接影响依赖进口氧化铝的电解铝生产企业铝锭的生产成本。相对于近几年电解铝生产规模不断扩大而言,中国氧化铝供应缺口呈不断扩大趋势,2000 年缺口 182 万吨,2001 年扩大至 267 万吨,2002 年为 386 万吨。

(三)电价

电解铝产业属于高耗电行业。据统计,电费占铝锭成本比例的世界平均水平为 22.5%,其中亚洲 19.9%、欧洲 21.18%、美洲 23%、大洋洲 23.8%、非洲 24.5%。西方国家铝锭生产的经验显示,当电费超过铝生产成本的 30% 时被认为是危险的生产。中国属能源短缺的国家,电力资源地区间很不平衡。电价对于电解铝产业的影响相对更加重要。

(四)国际、国内经济形势的影响

铝已成为各国经济发展中的重要有色金属品种,特别是铝在建筑业、交通运输业、包装业的使用范围越来越广后,铝的消费与经济的发展已高度相关,经济发展会带动铝的消费出现同步增长。同样,经济的衰退会影响铝在各行业的消费,进而导致铝的价格下跌。此外,国际石油价格的波动、各国产业政策的变化也会对铝价产生影响。

(五)进出口关税、国际汇率的影响

国际上铝的贸易一般以美元进行标价和结算。随着近年美元的走弱和欧元、日元的走强,汇率对铝价的影响已日益突出。

进出口关税对铝价的影响在我国显得尤其突出。我国是氧化铝的进口大国,加入 WTO 前为了保护国内氧化铝工业,进口关税为 18%。根据世贸协议,中国从 2002 年开始氧化铝关税调整为 12%,2003 年为 10%,2004 年为 8%;电解铝关税从 2002 年起由 9% 调整为 5%。可见,随着关税的逐年下降,中国铝市场的价格竞争将更加剧烈。

(六)用铝行业发展趋势的变化对铝价的影响

汽车制造、建筑工程、电线电缆等主要行业在铝锭使用范围和使用量的变化及产业调整,都将对铝的生产和价格产生影响。例如近年来汽车行业的生产量和销售量都较以前年度大幅提升,对铝的需求也必然会相应增加。

(七)铝生产工艺的改进与革新对铝价的影响

随着计算机技术在铝电解行业的迅速应用,带动了电解过程中物理场的深入研究和有关数学模型的建立,使电解槽的设计更趋合理,电槽容量大幅度增加。可以预见,随着今后大容量高效能的智能化铝电解技术的普及和广泛应用,铝生产成本还会有明显下降。

三、影响天然橡胶价格变动的因素

(一)国际天然橡胶市场供求情况及主要产胶国的出口行情

国际市场上天然橡胶的供应完全控制在泰国、马来西亚、印尼等少数几个国家手中。而天然橡胶的使用大国美国、日本等则不生产天然橡胶,需求完全依赖进口,其对天然橡胶的价格支持也显而易见。我国是世界上第二大天然橡胶进口国,对国际胶价的影响也较直接。

(二)国际市场交易行情

天然橡胶已经成为国际上一种典型的热带商品期货品种,在远东和东南亚的期货交易中占有一定的份额。目前,从事天然橡胶期货交易的主要有:东京工业品交易所(TO-COM)、日本神户橡胶交易所(KOBE)、新加坡 RAS 商品交易所、吉隆坡商品交易所(KLCE)。其中东京和新加坡交易所的影响最大,由于所占市场份额较大,因此能反映出世界胶市行情基本动态。

(三)国际天然橡胶组织(INRO)成员国签订的国际天然橡胶协议,对胶市价格走势也会产生重要影响

(四)我国天然橡胶的生产和消耗情况

我国天然橡胶生产的数量、成本直接关系到国内胶市的价格。同时,国内天然橡胶使用量的变化和加工企业对天然橡胶价格的接受能力也作用于天然橡胶的价格水平。

（五）我国对天然橡胶的进口政策及税率水平

按照加入 WTO 时的承诺，我国已经于 2004 年取消了天然橡胶进口配额，从 2005 年 1 月 1 日起放开天然橡胶的进口经营权。我国橡胶进口的政策环境变得越来越宽松。

（六）合成胶的生产及应用情况，包括合成胶的上游产品原油的市场情况

天然橡胶与合成胶在某些产品上可以互为替代使用，因此当天然橡胶供给紧张或价格趋涨时，合成胶则会用量上升，两者的市场地位存在互补性。另外由于合成胶是石化类产品，石油价格会影响合成胶的价格水平，合成胶价格水平的变化则转化影响到对天然橡胶的需求上，这一点也不能忽视。

（七）主要用胶行业的发展情况，如轮胎及相关的汽车工业

天然橡胶的主要用户是轮胎，轮胎行业的景气度直接影响天然橡胶市场。汽车工业又是使用轮胎的大户，因此汽车工业的发展和国家对汽车工业的政策会影响到对轮胎的需求，并影响对天然橡胶的需求。

（八）自然因素：季节变动和气候变化

胶液一般在树龄 5～7 年的橡胶树皮上倾斜切口后采得，橡胶树一般可采集 25～30 年。橡胶树整年都可采割，但其产量随季节而变动。橡胶树生长需高温多雨的环境，在年平均气温为 26～32 摄氏度、年平均降雨量在 2 000 毫米以上的热带地区栽培，因此其产地分布于南北纬 10 度以内，多集中在东南亚地区。由于天然橡胶是多年生长的树木，因此不能在短期内调整供应，市场变化周期较长。

（九）政治因素：政策和政局的变动

政策：各国政府对天然橡胶生产和进出口的政策会影响天然橡胶价格走势；

政局的变动：天然橡胶是重要的军用物资，对重大政治事件的发生有较敏锐甚至强烈的反应，在发生战争时，各国必须最大限度确保橡胶的应有数量。

四、影响大豆价格变动的因素

（一）国际大豆供需状况

目前，世界大豆四大主产国分别为美国、巴西、阿根廷和中国。从近年来这些国家的生产情况看，美国是世界上头号大豆生产国，其产量占世界大豆总产量的一半以上，巴西是第二大大豆生产国，我国的大豆生产居于世界第四位。其中，美国出口量居世界第一位，出口量占其总产量的 1/3 左右，且近几年呈不断上升之势，对国际市场依赖很大。巴西、阿根廷大豆出口量世界排名第二和第三位，由于大豆的季节性关系，南美和美国大豆交替供应着世界市场。

世界大豆的总需求量近十年来逐年增长,世界大豆的总进口量也呈逐年增长的趋势。欧洲是最主要的大豆进口地区,亚太地区是仅次于欧洲的世界第二大大豆市场。中国的进口量近年来迅猛增长,是世界大豆进口增长的源动力之一。

（二）我国大豆的供给与需求

2012 年我国大豆产量达到 20 年来的最低水平,在国内大豆产量减少的整体背景下,大豆供给持续处于比较紧张的状态。

从大豆进出口情况看,1995 年之前我国一直是大豆净出口国。但在 1993 年、1994 年我国大豆连续两年大丰收后,由于玉米、小麦、稻谷国家定购价提价幅度远远高于大豆,而大豆生产成本又大大高于其他粮食作物,致使大豆种植面积大幅减少。1995 年、1996 年,我国大豆连续两年减产,国内供给不足,需求却持续旺盛,大豆价格居高不下。为此,国家及时调整进出口政策,增加进口,减少出口,1995 年我国首次成为大豆净进口国,并一直持续至今。

（三）大豆的季节性供应

大豆受生产周期的影响,一年内价格也呈周期性变化。

大豆季节性供应:北方春大豆 10 月收获,但由于刚收割的大豆含水分较高,运往南方销区易变质,不易储存,需要晒晾后才可外运,故大宗外运要比农民上市迟一个月左右。同时,粮食部门或其他粮食经营单位根据当年产量丰歉及价格变动趋势会有囤积或急售现象,给贸易市场价格带来难以预测的变化。但基本规律是,供应充足或产量较多的年份,11—1月市场大豆较多,以后月份相对较少;供应短缺或生产量相对减少时,11—1 月市场大豆相对较少,以后月份供应相对均匀。这是囤积的作用引起的。

大豆季节性需求:大豆一年四季都有消费,而且消费量较大,近几年消费需求随人民生活水平的提高有较大幅度的增长。需求的季节性已越来越不明显。一般在 7—9 月大豆的需求量相对较大。

大豆价格季节性变化:11 月由于新豆开始上市,价格不断下降,到 1 月由于新豆继续上市,价格下降到最低,此后价格开始逐渐回升,正常年份每月以 3% 左右的速度上升;若减产年份,9—11 月大豆价格上升较多。所以大豆贸易最关键的月份是当年 9 月至次年 1 月,交易量大,价格变化也大,若不了解大豆的产需情况,风险也最大,同时,这几个月对全年大豆价格起着主导作用,标志着价格变动趋势。

（四）大豆相关产品

大豆的价格与它的后续产品豆油、豆粕及豆粉有直接的关系,这三种产品有其完全不同的使用及需求结构。因此预估大豆产品的需求是大豆需求最主要的因素。

大豆的其他替代品的产量、价格及消费的变化对大豆价格也有影响作用。大豆作为食品其替代品有豌豆、绿豆、芸豆等;作为油籽其替代品有菜籽、棉籽、葵花籽、花生等;作为饲料蛋白有鱼粉等。

（五）主产区天气以及病虫害情况

毋庸置疑,大豆作为农作物不可避免地会受到天气的影响,尤其是北美以及我国黑龙江等地时常会出现干旱等灾害性天气,从而影响到大豆的收成。这也常常是被用于炒作的题材。此外南美易发的大豆锈菌病以及北美易发的大豆疫霉病也是威胁大豆收成的一个主要因素。

（六）国家政策和地方性法规

1. 主产国政策

美国是世界大豆的主产国,其产量占全球总产量的50%以上,美国农业政策是影响大豆供应的一项重要的政策。1996 年,美国开始实施《1996 年联邦农业完善与改革法》,该法案对美国大豆生产具有长期的影响。1996 年农业法案有两大突出的特点:一是改变原来的农产品价格支持政策,实施对农民的直接收入补贴政策,即价格补贴改为收入补贴;二是增加了农民的种植自由度和弹性种植面积。这一系列使农产品生产和贸易更为自由化和市场化的政策,也使世界农产品市场价格更富于弹性。美国农民开始改变生产模式,根据市场的需求,改种更加有利可图的作物。

2. 主要进口国政策

欧洲是世界大豆的主要进口地区,其进口量约占全球贸易的50%。这些国家的农业政策、进口政策和食品健康安全方面的政策对全球大豆贸易产生举足轻重的影响。20 世纪90年代以来,欧洲国家的绿色和平组织和其他各类组织非常活跃,这些组织要求美国出口欧共体的大豆分离出"基因改良型"大豆,并对"基因改良型"大豆贴上标签。这些组织的建议尤其得到德国媒体和消费者的赞同。一旦这些建议得到德国政府和欧洲其他国家的同意,将对美国大豆出口带来不利的影响。

3. 国内政策

目前,国家即将推出粮食流通体制改革这一重要政策,这一政策将对大连大豆的期货价格产生影响。改革的主要内容有:一是国家继续对粮食收购实行保护制度;二是定购粮收购价格将由各省、市区政府根据各地实际情况制定,但不得低于收购保护价;三是国家将利用囤积和抛售储备粮以及调节进出口来对粮价进行宏观调控,这样,大豆期价的波动幅度被限制在一个相对确定的范围内。粮食流通体制改革将有助于完善粮食价格的市场形成机制,也有利于粮食期货市场的进一步发展。

五、影响豆粕价格变动的因素

（一）豆粕供给因素

豆粕供给方面主要由三部分组成:

（1）前期库存量,它是构成总产量的重要部分,前期库存量的多少体现着供应量的紧张程度,供应短缺价格上涨,供应充裕价格下降。

(2)当期生产量。豆粕当期产量是一个变量,它受制于大豆供应量、大豆压榨收益、生产成本等因素。

(3)豆粕的进口量。我国豆粕市场的国际化程度越来越高,近几年我国已经成为豆粕进口国,国际市场对国内豆粕市场的影响也越来越大。美国是主要的豆粕出口国,每周四美国农业部发布出口销售报告(U. S. Export Sales Reports),其中有美国豆粕出口数据,包括美国对中国的出口数据,有比较重要的参考价值。

这里特别要注意的是,豆粕储存时间较短。在南方,豆粕的储存时间一般为3～4个月,而在北方可储存8个月左右,从而使豆粕在现货市场上周转很快,贸易商都希望在短期内完成交易。一旦储存时间过长,豆粕质量发生变化,厂家只能降价销售。豆粕储存的这一特点决定了,一旦出现集中供货的情况,豆粕的区域性价格就会立即下跌。例如,进口豆粕集中到货,会影响进口口岸周边地区的供求关系,导致豆粕价格下跌。豆粕储存时间短,一方面促进了豆粕的市场流动,另一方面也造成豆粕价格波动频繁。

(二)豆粕需求因素分析

豆粕需求通常由国内消费量、出口量及期末商品结存量三部分组成。

(1)国内消费量。它并不是一个固定不变的常数,而是受多种因素的影响而变化。影响豆粕国内消费量的主要因素有:国内饲料工业发展情况,消费者购买力的变化,人口增长及结构的变化,政府鼓励饲料工业发展的政策等。

(2)出口量。在产量一定的情况下,出口量的增加会减少国内市场的供应;反之,出口减少会增加国内供应量。目前,我国豆粕产量不能满足国内需求,因此没有豆粕出口的情况。

(3)期末商品结存量。如果当年年底存货增加,则表示当年商品供应量大于需求量,期货价格就可能会下跌;反之,则上升。由于豆粕的存储时间较短,期末结存量数据对豆粕价格影响较小。

(三)豆粕与大豆、豆油的比价关系

豆粕是大豆的副产品,每1吨大豆可以制出0.2吨豆油和0.8吨豆粕。豆粕的价格与大豆的价格有密切的关系,每年大豆的产量都会影响到豆粕的价格,大豆丰收则豆粕价跌,大豆歉收则豆粕就会涨价。同时,豆油与豆粕之间也存在相互关联:豆油价好,豆粕产量就将增加,豆粕就会价跌;豆油滞销,豆粕产量就将减少,豆粕价格将上涨。

大豆压榨效益是决定豆粕供应量的重要因素之一,如果油脂厂的压榨效益一直低迷,那么,一些厂家会停产,减少豆粕的市场供应量。

(四)豆粕价格变化的季节性因素

通常11月大豆收获后的几个月是豆粕的生产旺季,4—8月是豆粕的生产淡季,而豆粕的需求一般从 3 月开始到 10 月逐步转旺,在此期间,豆粕的价格波动会很大。豆粕价格还随豆粕主产区的收购、库存变化而波动。

(五) 国际市场价格的影响

近几年,豆粕进出口贸易非常活跃,进口豆粕占国内消费量越来越大,国际市场豆粕价格(特别是 CBOT 豆粕期货合约交易价格)已直接影响到国内市场。

目前饲料用豆粕的质量标准执行国标 GB10380—89。进口豆粕的品质均一性好,进口豆粕按国标定级后,一般除粗纤维指标只能符合国标三级标准外,其他指标都能达到国标二级以上要求。由于运输时间长,进口豆粕的新鲜度一般差于国产豆粕,赖氨酸等指标比国产豆粕稍低一些,因此,在现货贸易中,进口豆粕的价格比国产豆粕要低大约 100 元/吨。由于进口豆粕到货量大且比较集中(一般每船 3 万~5 万吨),所以,每次货船进港都会造成短暂的供大于求的局面,当地豆粕价格也会随之下跌。

(六) 我国加入 WTO 对国内豆粕市场的影响

我国已经加入世贸组织,按照 WTO 的规则要求,我国要向外国开放农产品市场,因此国际市场豆粕贸易的变动都将对国内豆粕市场的供求关系和价格产生较大影响。

六、影响小麦价格的因素

(一) 供给方面

主要由三部分组成:

(1) 前期库存量,它是构成总产量的重要部分,前期库存的多少体现着供应量的紧张程度,供应短缺价格上涨,供应充裕价格下降。

(2) 生产量。对用于期货交割的小麦来说当期产量是一个变量,与小麦的播种面积、气候情况和作物生长条件、生产成本以及政府的农业政策等因素的变动情况有关。

(3) 商品的进口量。商品的实际进口量往往会因政治或经济的原因而发生变化。因此,应尽可能及时了解和掌握国际形势、价格水平、进口政策和进口量的变化。

(二) 需求方面

通常由国内消费量、出口量及期末商品结存量三部分组成。

(1) 国内消费量。它并不是一个固定不变的常数,而是受多种因素的影响而变化。主要有:消费者购买力的变化,人口增长及结构的变化,政府收入与就业政策。

(2) 出口量。在产量一定的情况下,出口量的增加会减少国内市场的供应;反之,出口减少会增加国内供应量。

(3) 期末商品结存量。这是分析期货商品价格变化趋势最重要的数据之一。如果当年年底存货增加,则表示当年商品供应量大于需求量,期货价格就可能会下跌;反之,则上升。

（三）季节性因素

一般来讲,小麦季节性价格波动有一定规律。每年的 2、3、11、12 月价格较高,特别是双节期间,青黄不接时间更为突出。

（四）国际小麦期货价格的走势

国际期货市场,尤其是美国期货市场,由于整个经济市场化程度较高,市场价格的走势最终取决于供求关系。谷物市场相对于其他商品来说,需求刚性较强,所以供应量的变化对市场价格走势的影响更为明显,尤其是在供求失衡较大的情况下更是如此。影响美国小麦市场价格的主要因素大致有以下几点:

(1) 美国农业部的月度报告,每月 12 日前后公布。报告不但详尽地公布近几年美国及全球小麦产量、消费、库存、进出口的统计资料,还预测下一年度的有关数据。

(2) 气候变化。气候对小麦产量影响较大。既要关注美国本地的气候状况,还要关注主要出口国、进口国的气候状况,因为其他国家的产量变化直接影响美国的小麦出口量。

(3) 其他商品价格的波动。与小麦联动性较强的品种是玉米、大豆、豆粕等。

(4) 交割量,在临近交割月时,申报交割量的多少直接影响行情。

(5) 美国政府对外援助项目的实施状况。美国农业部有不少对外食品援助项目,但这些项目与被援助国的政治、人权状况关系密切,经常有很多不确定因素在起作用。

(6) 与主要贸易伙伴的贸易关系及其他国家的贸易政策的变化。美国是主要的小麦出口国,但不是唯一的小麦出口国,因此有些进口国出于某种需要会选择进口地。其他国家的贸易政策如出口补贴、进口限制等因素也直接影响美国的小麦出口量,进而影响到小麦期货市场的价格走势。

七、影响棉花价格的因素

（一）供给方面

(1) 年初存量:可细分为生产供应者存货、经营商存货和政府储备。

(2) 本年度产量:它是棉花供给量的主体,包括国内与国外的总产量,播种面积、天气、病虫害等因素会直接影响到各国最终的产量。

(3) 进口量:现阶段国内棉价和国际棉价有着一定差额,这将刺激进口,而我国进口数量的增加又会反过来影响国际市场价格。

（二）需求方面

(1) 国内消费量:国内消费量主要受市场对棉纱需求量及其价格的影响,这主要是指纱厂对棉花的需求量。因此纺织业的景气状况与棉价密切相关,同时化纤原料石油的价格也间接产生影响。

(2) 国际市场需求分析:我国进出口量并不稳定,当我国出口大于进口时,国际市场价格下跌,反之价格上涨。美国农业部在每月上中旬发布《世界农产品供求预测》,对主要进口国的需求情况作出分析并进行预测,这也是分析市场需求的重要依据。

(3)国家储备:国家储备具有双重作用。一方面,它是商品需求的组成部分,也是国家应急措施;另一方面,它又在起着宏观调控的作用。当市场供大于求时,适量增加储备量;当市场供不应求时,适量减小储备量供应市场。

(三)经济波动周期

商品市场价格波动常常与经济波动周期密切相关,当整个社会经济处于繁荣期时,投机需求和消费需求不断扩张,刺激价格处于较高水平。而在萧条阶段时,需求萎缩,价格处于较低水平。因此,在社会经济周期转换期间,价格趋势也将面临转变。我们可以通过GDP、失业率、价格指数、汇率等经济指标来判断经济走向。

(四)利率

利率调整是政府紧缩或扩张经济的宏观调控手段。对于像棉花这样需要长时间存积的商品来说,利率在很大程度上影响其价格水平,尤其是远期价格,因为利息成本将是主要成本因素。利率下调,储存棉花的利息成本下降,近远期价格差价拉小;反之则差价拉大,远期价格上涨。

(五)汇率

我国改革开放以来,市场越来越开放,已成为国际市场的一部分,同国际市场棉花价格联系越来越紧密,汇率因素对国内价格的形成更有影响力。如果人民币对美元升值,那么从美国进口棉花的成本下降,同时纺织品出口减少,则对棉花的需求下降,这将导致棉价下调。

(六)政策因素

包括:农发行信贷政策,国储棉拍卖、采购、加工政策,棉花进出口政策,国家质检制度改革,配额及关税等。

(七)投资者需要关注的价格及价格指数

包括:中国棉花收购价格,中国棉花现货价格,中国棉纱现货价格,国储棉拍卖价格,COTLOOK指数A、B及纽约期货价格。

八、影响燃料油价格的主要因素

(一)供求关系

供求关系是影响任何一种商品市场定价的根本因素,燃料油也不例外。随着我国经济持续高速的发展,我国对能源的需求也快速增长,到2003年国内燃料油的产量仅能满足国内需求的一半,而进口资源占到供应总量的半壁江山,进口数量的增减极大地影响着国内燃料油的供应状况,因此权威部门公布的燃料油进出口数据是判断供求状况的一个重要指标。

新加坡普式现货价格(MOPS)是新加坡燃料油的基准价格,也是我国进口燃料油的基准价格,所以 MOPS 及其贴水状况反映了进口燃料油的成本,对我国的燃料油价格影响更为直接。

(二)原油价格走势

燃料油是原油的下游产品,原油价格的走势是影响燃料油供需状况的一个重要因素,因此燃料油的价格走势与原油存在着很强的相关性。据对近几年价格走势的研究,纽约商品交易所 WTI 原油期货和新加坡燃料油现货市场 180CST 高硫燃料油之间的相关度高达90%以上。WTI 指美国西得克萨斯中质原油,其期货合约在纽约商品交易所上市。国际上主要的原油期货品种还有 IPE,IPE 是指北海布伦特原油,在英国国际石油交易所上市。WTI 和 IPE 的价格趋势是判断燃料油价格走势的两个重要依据。

(三)产油国特别是 OPEC 各成员国的生产政策

自 20 世纪 80 年代以来,非 OPEC 国家石油产量约占世界石油产量的 2/3,最近几年有所下降,但其石油剩余可采储量是有限的,并且各国的生产政策也不统一,因此其对原油价格的影响无法与 OPEC 组织相提并论。OPEC 组织国家控制着世界上绝大部分石油资源,为了共同的利益,各成员国之间达到的关于产量和油价的协议,能够得到多数国家的支持,所以该组织在国际石油市场中扮演着不可替代的角色,其生产政策对原油价格具有重大的影响力。

(四)国际与国内经济状况

燃料油是各国经济发展中的重要能源,特别是在电力行业、石化行业、交通运输行业、建材和轻工行业使用范围越来越广泛,燃料油的需求与经济发展密切相关。在分析宏观经济时,有两个指标是很重要的:一是经济增长率,或者说是 GDP 增长率;另一个是工业生产增长率。在经济增长时,燃料油的需求也会增长,从而带动燃料油价格的上升;在经济滑坡时,燃料油需求的萎缩会促使价格的下跌。因此,要把握和预测好燃料油价格的未来走势,把握宏观经济的演变是相当重要的。

(五)地缘政治的影响

在影响油价的因素中,地缘政治是不可忽视的重要因素之一。在地缘政治中,世界主要产油国的国内发生革命或暴乱,中东地区爆发战争等,尤其是近期恐怖主义在世界范围的扩散和加剧,都会对油价产生重要的影响。回顾近三十多年来的油价走势不难发现,世界主要产油国或中东地区地缘政治发生的重大变化,都会反映在油价的走势中。

(六)投机因素

国际对冲基金以及其他投机资金是各石油市场最活跃的投机力量。由于基金对宏观基本面的理解更为深刻并具有"先知先觉",所以基金的头寸与油价的涨跌之间有着非常好的相关性,虽然在基金参与的影响下,价格可能出现过度涨跌,但了解基金的动向也是把握行情的关键。

（七）相关市场的影响

汇率市场和利率市场都对油价有相当的影响。

（1）汇率的影响。国际上燃料油的交易一般以美元标价,而目前国际上几种主要货币均实行浮动汇率制,以美元标价的国际燃料油价格势必会受到汇率的影响。

（2）利率的影响。利率是政府调控经济的一个重要手段,根据利率的变化,可了解政府的经济政策,从而预测经济发展情况的演变,以及其对原油和燃料油的需求影响。

第四节　金融期货基本面分析

一、金融期货基本概念

金融期货(financial futures)是指交易双方在金融市场上,以约定的时间和价格,买卖某种金融工具的具有约束力的标准化合约。金融期货一般分为三类:货币期货、利率期货和指数期货。金融期货作为期货中的一种,具有期货的一般特点,但与商品期货相比较,其合约标的物不是实物商品,而是传统的金融商品,如证券、货币、利率等。金融期货产生于20世纪70年代的美国市场。目前,金融期货在许多方面已经走在商品期货的前面,占整个期货市场交易量的80%,成为西方金融创新成功的例证。

2010年4月16日,首批4个沪深300股指期货合约挂牌交易,这意味着我国金融期货在沉寂了近15年后再次登上资本市场舞台。

长期以来,我国股票市场盈利模式单一,投资者买入股票,只有股票价格上涨,投资者才能赚钱。缺乏做空机制也使得国内股票市场操纵之风盛行,庄家和一些大的机构利用自己的资金和信息优势,拉抬股价使股票价格长期偏离其正常的价值范围,这会导致股市系统性风险积聚,加大股票投资者面临的风险。股指期货在丰富投资者资产组合的同时,也防止了系统性风险的积聚。股指期货提供了一个内在的平衡机制,促使股票指数在更合理的范围内波动。

股指期货上市以来,期现指数波动的一致性以及成熟的成交持仓比充分反映了成熟市场的特性。投资者开户参与率自初期的50%上升至当前的89%,标的指数波动率的环比降幅创历史新高,期间各合约运行平稳,到期交割日效应从未发生,种种现象表明国内金融期货市场正在稳步向前发展。

（一）股指期货

随着股指期货市场交易规则、信息技术系统、从业人员培训等更多细节的逐步成熟与完善,监管部门对于参与股指期货的约束将来有望放宽,类似公募基金、信托理财产品、阳光私募等机构投资者未来都会加入到股指期货的套期保值与套利交易中。与国际成熟市场相比,国内股指期货的机构投资者参与比例仍很低。根据中金所的数据,机构投资者在股指期货的投资者结构中只占 3%。而美国 CME 机构法人的避险交易占整个股指期货交易量的 61.3%,非避险大额交易占比为 7.5%,小额交易者占比为 20.6%,价差交易占比为 8.8%。随着投资者对股指期货认识的深入,期指持仓与成交规模将在稳定的基础上继续扩大,股指期货对冲风险、稳定市场、促进价格发现等功能也将得以更好体现。

(二)中小指数合约

由于沪深 300 指数成分股中金融地产等超大市值股票占据半壁江山,因此,股指期货上市以来对于整体指数起到了有效的稳定作用,大盘指数的年化波动率大幅降低。但是,中小盘股与创业板的波动率仍很激烈,泡沫快速滋生,未来泡沫破灭必然会引起市场大起大落,对于经济的稳定发展有着不可忽视的负面效应。与此同时,创业板和中小板的发行规模与速度不断壮大与加快,相信在中国经济转型的机遇下,传统行业与上市公司表现会趋于稳定,而以中小板与创业板为代表的新生力量对于中国未来金融市场的影响力不容小视。根据国际市场经验,一般在推出大盘股标的指数期货合约后推出中小盘标的以及行业指数期货合约,能够达到很好的互补效应,可以提高各股指期货合约的活跃度。当然,当前中小板和创业板市场容量还不大,现货市场容易被操纵,如果单就中小板指数或创业板指数推出股指期货,容易引发操纵风险。因此,在标的物、合约规模、交易规则灵活性等合约设计相关问题上需要进一步完善和改进。

(三)利率期货

我们从"十二五"规划中可以看出政府正加大对债券市场发展的重视,努力建设一个产品序列齐全、功能完备、具有相当规模的债券市场体系。为了达成这一目标,政府部门将积极配合减少行政管制、鼓励金融制度与工具的创新,并且会在信息披露、信用评级、会计、税收等方面进行制度和体制改革。当前中国期货与债券市场正处于从量的扩张向质的提升转变的关键时期,在良好的政策环境下,开展利率期货交易的条件正在逐步形成。

首先,利率期货可以对冲系统性风险,维护社会经济稳定。前期因欧美国家流动性泛滥引发全球通胀水平迅速上升,对新兴经济体造成较大伤害,各国政府多次通过调高基准利率等货币手段应对通胀,全球整体利率波动明显加大,造成借贷双方都面临很大的利率风险,对企业的资金链形成很大压力。在国内市场,利率期货的适时推出可以为广大机构和社会公众提供一个规避利率风险的工具,对于企业稳定经营、提高抗风险能力有着巨大的推动作用。

其次,利率期货的套期保值功能可以提高债券市场的活跃度。目前国内债券市场投资者结构不够合理,国有商业银行和保险公司持有大部分国债与银行间债券,这就形成了一定的行业垄断。在缺乏有效避险工具的情况下,这些机构投资者宁愿采取长线持有的策略,因此难以在市场变动时产生分歧而达成交易,导致整个债券市场流动性较差。推出利率期货可以在很大程度上改善这种局面,由于期货市场采用保证金交易并引进做空机制,一方面使得现有投资者在利率变动时可以主动规避风险,而不是采取被动持有的策略;另一方面还可以吸引更多的投资者和投机者进入债券市场,改变债券现货市场投资者分布不均的局面,扩大债券需求,改善债券流动性,促进利率期限结构趋向合理,进而推动债券市场不断发展成熟。

再次,利率期货将推动利率市场化目标尽快达成。现货交易方式决定了我国的国债交易具有以下局限性:一是交易成本相对于期货过高,市场对利率的反应不如期货灵敏;二是由于现货市场分割,形成的国债收益缺乏权威性和指导性;三是现货交易形成的收益率只能反映时点上不同期限的利率,无法对未来时点的利率水平进行合理预测,难以形成一个完整的市场利率体系。如果有了一个集中交易的国债期货市场,其在交易过程中形成的收益率就是市场利率,并通过期货和现货之间的套利活动,促进现货市场形成一个统一的基准市场利率,逐步形成一个从短期到长期的完整的国债收益率体系,为金融市场提供重要的收益率曲线信号,在利率市场化过程中发挥相应的作用,同时给国家判断金融形势和进行金融宏观调控提供依据。

最后,利率期货还可以有效降低政府宏观调控的成本。利率期货价格走势的前瞻性能为央行货币政策操作和决策提供依据和参考,而且利率期货的敏感性与延伸性能够缩短中央银行通过金融市场影响宏观经济运行的距离,有助于提高公开市场的操作效果。

(四)外汇期货

随着中国经济的不断发展与人民币国际化进程的加快,一方面外汇储备不断增加,另一方面汇率改革后的人民币汇率波动加大,我国迫切需要有效管理汇率风险的金融衍生品工具。国际上流行的汇率对冲工具有外汇远期合同、掉期和外汇期货等。货币的汇率发生变化会带来外汇期货走势的变化。

二、影响因素及分析

(一)中国宏观经济

长期向好格局不变,短期或正面对难题。股市是国民经济的"晴雨表"。宏观经济对于股市的影响是方向性的,是巨大的。事实上,沪深 300 指数是股票综合价格的较好反映,其与上证指数的相关程度很高,因此在长期将受到中国宏观经济的影响。从长期来看,中国在世界的范围内,将保持着经济增长的领先。很多国家和机构都给予中国经济增长较高预期,这种长期的增长令中国的资本市场不仅将保持高速增长,而且还将具有比发达国家资本市场更高的溢价和市盈率。因此,中国的经济引擎将作为资本市场长期上涨的最稳定基础和最大推动力。但是从短期看,世界经济刚刚走出阴霾,经济形势还十分复杂。特别是热钱涌向大宗商品和房地产,导致恶性通货膨胀发生的可能,形势极为复杂。各种积极变化和不利影响此长彼消,短期问题和长期矛盾相互交织,国内因素和国际因素相互影响。这种短时间内的难题对于中国宏观经济是个不小的考验。

(二) 利率与汇率

利率对于金融期货市场有着直接而强烈的影响,利率高企,则资本市场的投资意愿下降,因为进行投资活动的机会成本大大增加;而如果利率低迷,由于机会成本的降低,资本市场就是资金所愿意选择的港湾。我国目前面临复杂的经济局势,这种复杂局势的一个重要方面就是可能会到来的通货膨胀。个别部门和个别商品的价格上涨所引起的所谓结构性通货膨胀的苗头仍然处于经济恢复期的大环境下,因此利率作为一个有力的宏观杠杆,尚不会被直接使用。但是在长期,利率市场化是一个发展趋势,利率的调整也会更加适应市场结构,更加趋近于市场均衡利率。在这种情况下,利率的变动对于资本市场的冲击程度就会减小。而汇率则在多方面影响了资本市场,一方面,汇率的变化可能造成中国上市公司的基本面发生较大变化,特别是改革开放的不断深化,使得中国日益成为开放的市场,人民币升值,对于出口型企业来说较为不利,如果人民币大幅度升值,会导致外向型企业大面积崩溃,可能会从根本上改变基本面,造成巨大不利影响。

但另一方面,汇率和利率联动,造成国际资本流动现象,国际热钱涌入中国市场,将会推高市场价格,引发新的通货膨胀,因此现阶段将保持资本管制的程度。而在长期,汇率的稳定化、市场化、开放化已经是不争的发展方向。

总体来说,影响汇率变动的主要有以下一些方面。

1. 一国的财政经济状况是影响该国货币对外比价的基本因素

如果一国的财政经济状况较以前改善,该货币一个单位代表的价值量就提高,该货币对外币就升值;如果一国财政经济状况较以前恶化,或财政赤字增大,该货币一个单位代表的价值量就减少,该货币对外币就贬值。一般讲,财政状况对本国货币价值的影响相对较慢。

2. 一国国际收支状况是影响该国货币对外比价的直接因素

一国的国际收支状况会使一国的汇率发生变化。一国国际收支持续顺差,外汇收入相应增多,国际储备随之增长,就会引起外国对该国货币需求增长和外国货币供给的增加;在其他条件不变时,该国货币币值就会上升,汇率就会下降。反之,一国国际收支持续逆差,以致对外债务增加,或国际储备随之减少,就会导致该国对外汇需求的增加,使本国货币币值下跌,汇率上升。

但需要指出的是,国际收支状况是否必然会直接影响到汇率发生变动,还要看国际收支差额的性质。长期的国际收支逆差,一般来说肯定会导致本国货币汇率下降,而暂时的、小规模的国际收支差额可以比较容易地为国际资本流动等有关因素所抵消或调整,不一定会最终影响到汇率发生变动。

3. 一国的利率水平影响本币的对外汇价

国际金融市场存在大量游资,如一国利率较以前提高,游资持有者就会把资金投向该国,追求较高的利息收入,该国外汇收入就会增加,外币供大于求,从而促使该国货币较前升值,提高本币的对外价值;如该国降低利率,其结果则相反。

4. 一国汇率和货币政策使得汇价有涨有落

政府金融主管人员的政策性讲话,在目前传播媒介特别发达的情况下,对国际国内外汇市场的影响极大。

5. 重大的国际政治因素促使汇价变动频繁

重大政治事件和重大政治改变,会影响国际经济交易和资本的流动,从而引起汇率变化。

此外,心理预期以及投机因素对汇率变化也有影响。

上述各种影响汇率变动的因素之间具有错综复杂的关系。有时是多种因素同时起作用,有时是某种因素起主导作用,有时某些因素的作用会相互抵消,有时一种因素的主要作用会被另一种因素迅速取代,等等。人们在对汇率和外汇期货变动进行分析的时候,必须注意对有关因素进行综合分析考察。

(三)国家政策

维持经济社会稳定和改革的稳步推进是不变的主题。中国政府目前的任何经济政策都以维持稳定为前提,只有保持一个稳定的环境,才能保证有发展的空间。因此,正如上面所提到的两难局面,一方面,国家要收紧信贷,在货币政策上适度收束,避免更多资金进入房地产、大宗商品等渠道;另一方面,为了渡过全球性经济危机,还要继续实施较为积极的财政政策,以保证基础行业发展和基础设施建设等。因此,在可预见的未来,中国经济基本面不会发生根本性扭转,政府在其中也将扮演重要角色。

同步测练

一、单项选择题

1. 需求曲线是一条倾斜的曲线,其倾斜的方向为(　　)。

　A. 右下方　　　　B. 右上方　　　　C. 左下方　　　　D. 垂直

2. 下列体现了需求规律的是(　　)。

　A. 收入增加,导致肉类消费量增加

　B. 失业率增加,导致汽车消费量下滑

　C. 某品牌照相机走高端化路线,导致销售量上升

D. 照相机价格下降,导致销售量增加

3. 某类电影现行平均票价为 4 元,对该类电影需求的价格弹性为 1.5,经常出现许多观众买不到票的现象,这些观众大约占可买到票的观众的 15%。要想使所有想看电影而又能买得起票的观众都买得到票,可以采取的办法是( )。

  A. 电影票提价 15%   B. 电影票提价 12%

  C. 电影票提价 10%   D. 电影票提价 8%

4. 如果价格下降 20% 能使需求量增加 10%,则该商品的需求量对价格( )。

  A. 富有弹性 B. 没有弹性 C. 缺乏弹性 D. 刚性

5. 需求完全无弹性可以用( )。

  A. 一条与横轴平行的线表示   B. 一条向右下方倾斜的线表示

  C. 一条与纵轴平行的线表示   D. 一条向右上方倾斜的线表示

6. 供给的变动引起( )。

  A. 均衡价格同方向变动,均衡数量同方向变动

  B. 均衡价格反方向变动,均衡数量同方向变动

  C. 均衡价格反方向变动,均衡数量反方向变动

  D. 均衡价格同方向变动,均衡数量反方向变动

7. 需求的变动引起( )。

  A. 均衡价格同方向变动,均衡数量同方向变动

  B. 均衡价格反方向变动,均衡数量同方向变动

  C. 均衡价格反方向变动,均衡数量反方向变动

  D. 均衡价格同方向变动,均衡数量反方向变动

8. 当某种商品的需求和供给出现同时减少的情况时,那么( )。

  A. 均衡价格下跌,均衡产量减少

  B. 均衡价格下跌,均衡产量无法确定

  C. 均衡价格无法确定,均衡产量减少

  D. 均衡价格无法确定,均衡产量增加

9. 假如生产某种商品所需原材料的价格上升,则这种商品( )。

  A. 供给曲线向右方移动   B. 供给曲线向左方移动

  C. 需求曲线向左方移动   D. 需求曲线向右方移动

二、多项选择题

1. 价格上升导致需求量趋于下降的原因主要是( )。

  A. 不同商品之间存在替代效应 B. 存在收入效应

  C. 存在互补效应   D. 不同商品用途差异

2. 需求弹性的大小与下列( )因素有关。

A. 替代品的丰裕程度　　　　B. 收入的多寡

C. 商品的供应量　　　　　　D. 支出比例

3. 影响需求量的因素包括（　　　）。

A. 价格　　　　B. 质量　　　　C. 收入　　　　D. 个人偏好

E. 未来的预期

4. 某种商品的供给曲线的移动是由于（　　　）。

A. 商品价格的变化　　　　　B. 互补品价格的变化

C. 生产技术条件的变化　　　D. 产量的变化

E. 生产这种商品的成本的变化

5. 均衡价格就是（　　　）。

A. 供给量等于需求量时的价格

B. 供给价格等于需求价格，同时供给量也等于需求量时的价格

C. 供给曲线与需求曲线交点时的价格

D. 供给等于需求时的价格

E. 需求等于供给时的价格

6. 需求的价格弹性的种类有（　　　）。

A. $E_d > 1$　　　B. $E_d = 1$　　　C. $E_d = 0$　　　D. $E_d < 1$

E. $E_d < 0$

7. 基本面分析相对技术分析的劣势是：（　　　）。

A. 数据的可获得性缺乏

B. 数据的准确性不足

C. 获得的数据往往有时滞

D. 无法把握由商品供求格局变化引发的趋势性行情

8. 在商品基本面供需平衡表分析法中，以下属于总供给的是：（　　　）。

A. 产量　　　　B. 期初库存　　　　C. 进口量　　　　D. 期末库存

C 第五章

HAPTER FIVE

期货投资技术分析

学 习 目 标

本章学习目标是了解目前国内外技术分析常用的几种图形方法,学习期货市场价格波动趋势技术分析理论,主要包括 K 线理论、切线分析、形态分析、波浪理论和技术指标分析等多种分析方法,掌握相关图形工具的画法和应用。

重 点 难 点 提 示

本章重点在于掌握期货市场价格波动趋势技术分析理论,并在实践中熟练运用包括 K 线理论、切线分析、形态分析、波浪理论和技术指标分析等在内的各种分析方法;本章难点在于理解广泛使用的 K 线图的形态及其市场含义。

第一节 技术分析的理论基础

一、技术分析的定义

技术分析是以期货市场的过去价格走势轨迹为基础,预测期价未来变动趋势的一种分析方法。它以期价走势的形态和变动规律为分析对象,借助图表和各类指标,通过直接对期货市场过去和未来行为的分析,用数学和逻辑的方法,探索出一些典型的规律并据此预测期货市场价格波动的未来变化趋势。事实上,技术分析不仅用于期货市场,还广泛地应用于期货、国债、外汇和其他金融市场。

经过上百年的发展,技术分析目前已形成 K 线分析、切线分析、形态分析、波浪理论和技术指标分析等多种分析方法。技术分析理论也日渐成熟,越来越多的投资者开始了解或熟悉技术分析方法和技术分析理论,自觉或不自觉地运用技术分析方法。

二、技术分析的三大假设

1. 市场行为涵盖一切信息

这一假设是技术分析的基础。影响期价的每一因素(包括内在和外在的)都反映在市场行为中,不必过多关心影响期价的具体因素。技术分析人员只关心这些因素对市场行为的影响效果,不必关心具体导致这些变化的原因。

正如技术分析大师约翰·J. 墨菲所言:"除非完全理解和接受这个第一假设前提的重要性,否则其他假设前提的意义不大。"该假设认为,期货市场是有效率的,它能够对影响市场的各种因素及时做出反应,各种期价波动正是这一反应的结果。因此,作为技术分析者,只要对期货市场中的各种期货合约的交易量和交易价格的变化进行分析,就可以了解期货市场正在受利多(利空)因素的影响,从而把握期货价格走势规律。例如,期货价格的上升并且伴随着成交量的放大,则市场上肯定有某种利好消息;而期货价格下跌并且伴随着成交量的放大,则必然在市场上出现了某种利空消息。这一假设是有一定合理性的,因为任何一个因素对期货市场的影响最终都必然体现在期货价格的变动上,所以这一假设是技术分析的基础,离开这一假设条件,技术分析将无法进行。

2. 期货价格沿趋势运动

这一假设是技术分析最根本最核心的因素。它认为期货价格的变动是有规律的,即有保持原来方向的惯性,而期货价格的运动方向是由供求关系决定的。技术分析法认为供求关系是一种理性和非理性力量的综合,期货价格运动反映了一定时期内供求关系的变化。供求关系一旦确立,期货价格的变动趋势就会持续下去,只要供求关系不发生彻底改变,期货价格走势就不会发生反转。

这一假设条件也有一定的合理性,因为供求关系决定价格在市场经济中是普遍存在的。只有承认期货价格遵循一定规律变动,运用各种方法发现、揭示这些规律并对期货投资活动进行有效的指导,这样技术分析法才有存在的价值。否认了第二条假设,即认为即使没有外部因素影响,期货价格也可以改变原来的方向,技术分析就没有立足之本。

3. 历史会重演

这一假设认为,历史信息仍在发挥作用,期货市场中历史的交易价格和交易量已经涵盖了以往的信息,而未来将会出现的各种因素也将像过去一样对期货市场产生类似的影响。因此通过总结价格在过去的变动规律,就可以预测出价格未来的变动趋势。这一假设是从人们的心理因素方面考虑,因为技术分析的大部分内容都需要研究人类的心理。在市场上进行交易的投资者都是活生生的个人,是人决定最终的操作行为。应该说,作为个人来讲,如果他在某种情况下按一种方法进行操作取得成功,那么以后遇到相同或相似情况,他就会按同一方法进行操作;反之则不会按前一次的方法操作。历史会重演的另外一种说法是:了解未来的关键在于对过去的研究,或者说未来仅仅是对过去的重复而已。

在三大假设之下,技术分析有了自己的理论基础。第一条肯定了研究市场价格行为就意味着全面考虑了影响期价的所有因素,第二条和第三条让找到的规律能够应用于期货市场的实际操作之中。

三、技术分析的功能

技术分析在实际市场投资分析中体现出以下功能:

(1) 通过技术分析,价量资料可反映出相关的市场力量。不论是基本的供求因素,还是政治因素、心理因素等,各种因素最终都会反映在市场价格与成交量的变动上。凡是不能反映在价格与成交量的变动的因素就是无关的因素。而要了解各因素与价量变动的具体联系,就必须通过技术分析。

(2) 反映价格波动的状况。期货投资者只需查阅有关的技术分析图表,便能一目了然地看出当前价格的波动状况。

(3) 预测价格的未来走向。通过技术分析,图表不但能客观反映过去与现在,还能用来预测市场未来的发展。

(4) 掌握买卖时机。由于图表能反映和预测市场走向,若能分析好图表,便能有效地掌握买卖的时机。

(5) 协助拟定交易计划、评估风险。技术分析可以有效地协助交易者拟定交易计划,评估投资风险与利润。

四、技术分析步骤

投资者进行实际投资技术分析时可参照以下步骤:

（1）按 K 线及 K 线组合进行简单的技术分析,这是最基础的工作。

（2）画出趋势线及通道。方法是连接几个重要的高点或低点,画出趋势线的平行线,这些是判断趋势的重要方法。观察冲击的次数及情况,通常的情况下第一次冲击都会无功而返。

（3）计算回调位,通常以中位数或黄金分割率得出,其中 0.382、0.618 是非常重要的黄金分割位。这些是顺势而为及止盈出局的重要参考,其得出的回调支撑、黄金分割位在很多时候都较为可信。

（4）按形态理论分析行情属中继形态还是属于转势形态,以此确定相应的投资买卖策略。

（5）寻找并划分波浪,确定趋势。标出浪的进程及发动点的位置,发动点的位置是判断有可能的转势的根据。标出浪头的高度,前一浪头的高度也是判断有可能转势的根据之一。标出没完成浪的可能高度,是止盈出局的重要参考。

（6）通过上述的步骤综合出几个关键有效的阻力位,再结合 10 日、20 日、55 日的均线来分析验证。

（7）实际操作中:统计前日的收盘价及波动的幅度,重要阻力位置的冲击情况;今日已有的波动情况(重要阻力的冲击次数及情况)、波动的幅度及 K 线的形态;通过上述的分析决定今日波动的方向及空间。

（8）掌握重要数据的公布时间,根据时间与价位的对称原则,判断阻力位置的有效性,并迅速做出交易策略的调整。

（9）结合技术指标的情况,判断行情发展的强弱。

第二节　K 线图及组合分析

K 线图,俗称蜡烛图,在几个世纪之前起源于日本。其图表制作虽然简单,但却包含了极其丰富的内容。随着时代的发展变化,K 分析技术开始渗入期货市场和外汇市场。尽管在不同的市场中,买卖策略和买卖方式可能存在较大的差别,但 K 线图在不同的市场中都能表现出极强的测市功能。因此,它多年来已经在许多国家得到应用。K 线图可以用于识别价格形态,而且有助于趋势线的绘制。

一、K 线的画法和主要形状

K 线是一条柱状的线条,由实体和影线组成,可以表示特定时期(如小时、日、周)的开盘价、最高价、最低价和收盘价。图形中间的方块是实体。影线在实体上方的部分叫上影线,下方的部分叫下影线。实体分阴线和阳线,又称为红(阳)线和黑(阴)线。实体的颜色要视开盘价与收盘价的具体情况而定。若收盘价高于开盘价,实体用白色或红色绘制;若收盘价低于开盘价,实体用黑色或绿色绘制(本书中用斜线表示)。收盘价高于开盘价的 K 线称为阳线,表示市场处于涨势;收盘价低于开盘价的 K 线称为阴线,表示市场处于跌势(见图 5-1)。

一般情况下,K 线又可分为日 K 线、周 K 线、月 K 线和年 K 线四种,分别根据日资料、周资料、月资料和年资料进行绘制。特殊情况下还可绘制分时 K 线图。

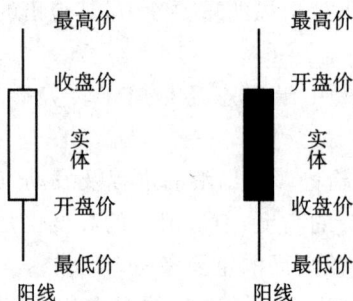

图 5-1　阳线和阴线

画 K 线需要明确 3 个要点:(1)上影线和下影线的位置;(2)实体的位置;(3)实体的阴阳。实体是矩形,实体矩形的宽度是没有限制的。实体矩形上下边的位置是由开盘价和收盘价确定,实体的阴阳由开盘价和收盘价的关系确定。

二、单根 K 线的技术含义

不同形态的 K 线图形反映了不同的市场态势,只有熟悉了各种形态的 K 线图形,才能对市场走势进行正确的分析。下面先介绍几种基本的单根 K 线形态。

(一) 大阳线

大阳线一般出现在上升的趋势中,K 线的实体较长,收盘价明显高于开盘价(见图 5-2a)。单独的大阳线表明大市在短期内趋于上升。在实践中大阳线常常与其他的 K 线形态一同出现,对它必须仔细分析,不能仅依此作为买入或卖出的讯号。

(二) 大阴线

大阴线的市场含义比较明显,即大市转弱,在上升势头中出现大阴线表明升势可能转向(见图 5-2b)。但在持续下跌的市势中再出现大阴线则应加以留意,它有可能与其他 K 线形态构成止跌回升的形态。

(三) 光头光脚阳线

开盘价为最低价,收盘价为最高价,无上下影线的 K 线图形为光头阳线(见图 5-2c)。它表示市场买盘踊跃,期货价格稳步上升。光头阳线通常出现在升势中,如果在下跌市场出现光头阳线,表明跌势可能结束。

（四）光头光脚阴线

开盘价为最高价，收盘价为最低价，上下均无影线的 K 线图形为光头阴线（见图 5-2d）。光头阴线表明市场卖方力量强大，价格节节下挫。光头阴线通常出现在跌市中，若在升市中出现，就有可能是一个升市结束的讯号。

上下均无影线是一个严格的说法。这里所说的没有影线是指影线的长度相对于实体的长度来说很短。有时，如果影线很短也可以认为没有影线。这个时候也会遇到量化的问题，同样是带有很强的主观性的判断。

图 5-2　单根 K 线形态（一）

（五）长上影阳线与长上影阴线

开盘后，价格有一个上扬的过程，但最终由于抛压太大而往下回落，在 K 线图形上留下了长长的上影线。不论是长上影阳线（见图 5-3a）还是长上影阴线（见图 5-3b）都表示了大市上档压力沉重。上影线越长表明这种压力越沉重。单独的长上影阳线和长上影阴线是一种典型的升势受阻形态。

（六）长下影阳线和长下影阴线

开盘后价格有一个急速下挫的过程，但由于低位的承接较强，随后即稳步上扬，在 K 线图上留下了长长的下影线。不论是长下影阳线（见图 5-3c）还是长下影阴线（见图 5-3d），都表明大市下档支撑有力，在持续下跌的市势中出现长下影阳线和长下影阴线是一种止跌回升的讯号，但若在升势的末期中出现，则必须加以留意。

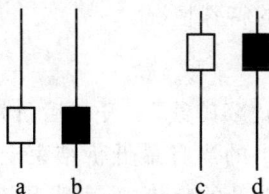

图 5-3　单根 K 线形态（二）

（七）收盘无影线

收盘无影线的 K 线缺少从收盘方向向外伸出的影线，无论是阳线还是阴线。如果实体

111

是阳线,则没有上影线。此时,该 K 线也称为光头阳线(见图 5-4a),表示的是强市。如果实体是阴线,则没有下影线。此时,此种 K 线也称为光脚阴线(见图 5-4b),被认为是表示弱市的 K 线。

(八)开盘无影线

开盘无影线的 K 线缺少从开盘方向向外伸出的影线。如果实体是阳线,则没有下影线,也称为光脚阳线(见图 5-4c),表示强市。如果实体是阴线,则没有上影线,又称为秃头阴线(见图 5-4d),被认为是表示弱市的 K 线。

以上两种由于涉及"没有影线"的问题,必然有主观的判断存在。可以将相对于实体而言比较短的影线当成是"没有影线"

(九)小阳线与小阴线

小阳线(见图 5-4e)与小阴线(见图 5-4f)表明大市呈现出牛皮市况,大市暂无明显的方向。在长度方面若影线比实体长,则表明多空双方力量的不可靠性。

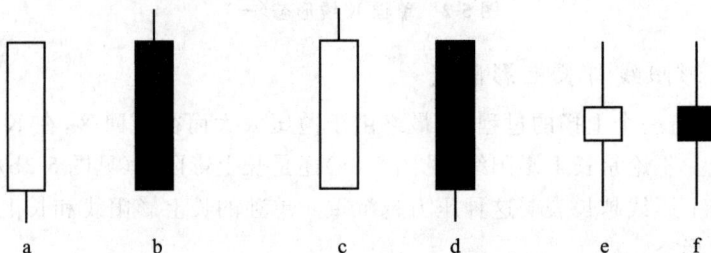

图 5-4 单根 K 线形态(三)

(十)上升转折线

上升转折线(见图 5-5a)也称为"蜻蜓线",也叫丁字形。当开盘后价格急剧下挫,但跌至某一点位后止跌回升,并以与开市价格水平相同的当日最高价格结束全日的交易,是一种较强烈的向上转向图形,若出现在长期的弱市中,是一种表明大市可能止跌回升的讯号。其中,上升转折线是上吊线和锤形线的特殊情况。

(十一)下跌转折线

下跌转折线(见图 5-5b)也称为"墓碑线"。开盘后价格大幅上升,但上升至某一点位后遇阻回落,并以与开盘价格水平相当的当日最低价结束全日的交易。下跌转折线是一种典型的向下转向图形,若出现在持续上升的市势中,表明升势就此终结。

(十二)十字星

十字星(见图 5-5c)是一种表明市况较复杂的图形型态,由于开盘价与收盘价基本相同,上影线与下影线长短相当,在 K 线图上是一个标准的"十"字模样。十字形的出现表明多空双方力量暂时平衡,使市势暂时失去方向,但却是一个值得警惕、随时可能改变的K线图形。

(十三)一字线

当开盘价、最高价、最低价和收盘价这四个价格都相同的时候,会出现这样的K线。当数据来源只有收盘价的时候,也会出现这种K线。此外,开盘后直接达到涨停板也会出现这种K线。一字线(见图5-5d)在市场中出现的机会是比较小的。

图5-5　单根K线形态(四)

三、K线的组合形态

K线组合可以是单根的也可以是多根的,很少有超过5根或6根的组合。从大的分类来看,K线的组合形态分为反转组合形态和持续组合形态两种。在K线的历史上,投资者从实际中总结了非常多的组合形态,在以下列举其中的主要形式。

(一)锤形线和上吊线

1. 基本图形

锤形线(见图5-6a)和上吊线(见图5-6b)的基本形状如图5-6所示。

图5-6　锤形线和上市线

2. 锤形线和上吊线的形态特征

第一,小实体在交易区域的上面;第二,下影线的长度应该比实体的长度长得多,一般要求是实体长度的2~3倍;第三,上影线非常短甚至没有;第四,实体的阴阳不重要。

3. 锤形线和上吊线的市场含义

锤形线处在下降趋势中。在当天,疯狂卖出的行动被遏制,市场价格又回到了或者接近了当天的最高点。如果收盘价高于开盘价,产生一根阳线,情况甚至更有利于上升。第二天较高的开盘价和更高的收盘价将使得锤形线的牛市含义得到确认。

上吊线处在上升趋势中。当天的价格交易行为一定在低于开盘价的位置,之后反弹使收盘价几乎是在最高价的位置。上吊线中产生出来的长下影线显示出现了一个疯狂卖出。如果市场第二天开盘较低,就有很多持有多头头寸而等待卖出时机的参与者在一旁观望。如果小实体是阴线并且第二天开盘较低,将使得上吊线的熊市含义得到确认。

4. 实例

沪铜 1507 的实际 K 线图中:从高点下跌后在 2014 年 7 月出现了一个锤子线 K 线组合形态,之后是一个上升(见图 5-7)。

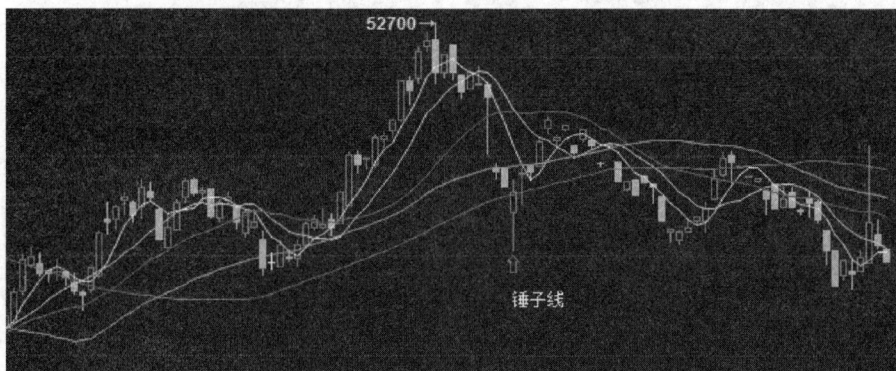

图 5-7　沪铜 1507 的实际 K 线图

图 5-8 是沪铝 1502 的实际 K 线图。从低点上升后在 2014 年 9 月出现了一个上吊线 K 线组合形态,之后是大幅度的下降。

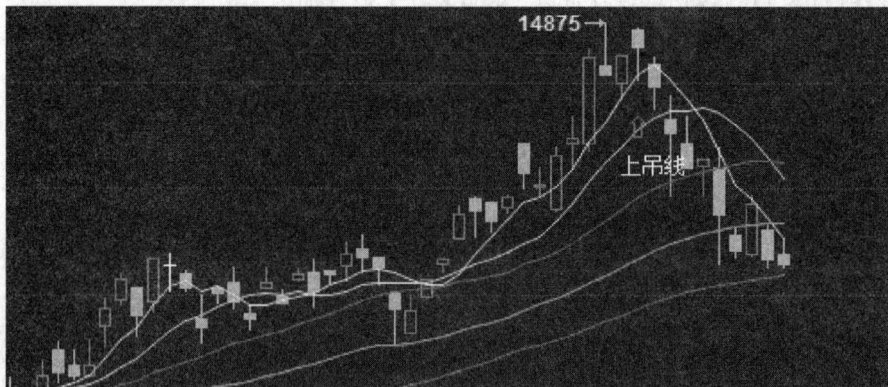

图 5-8　沪铝 1502 的实际 K 线图

(二) 星的组合形态

在 K 线图中,所谓的星,是指的小阳线、小阴线、十字等图形,单独这些图形形态并不称之为星,但如果与其他的 K 线图形进行组合,这些图形常常成为组合形态的细小实体部分,这些细小的实体图形习惯上称为星。

1. 早晨之星

（1）基本图形见图5-9。早晨之星是一种下跌市势中的K线组合形态。早晨之星预示着下跌行情可能结束，后市理应看好。

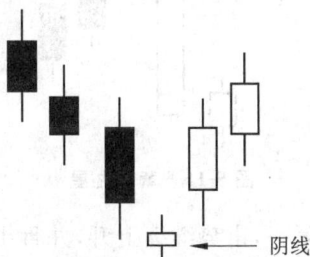

图 5-9 早晨之星

（2）早晨之星的形态特征。在持续下跌的市势中又出现一根长阴线；在第二日跳空下跌，但收市价与开市价差距不大，从而形成星的主体部分；构成星的主体部分的小K线，阳线、阴线均可；第三日出现一根阳线，回升至第一根阴线范围之内。

（3）早晨之星的市场含义。早晨之星开始是一根长阴线，它加强了原有的下降趋势，很难怀疑价格将继续进行它原来的下降。第二天价格向下跳空出现新低，交易区域发生在小的范围内，收盘同开盘接近持平。这个小实体显示了不确定性的开始。第三天的价格跳空高开，收盘更高，显著的趋势反转向上已经发生。

（4）实例。沪锌1509的实际K线图中，从高点下降后在2014年8月出现了一个早晨之星K线组合形态，之后是大幅的上升（见图5-10）。

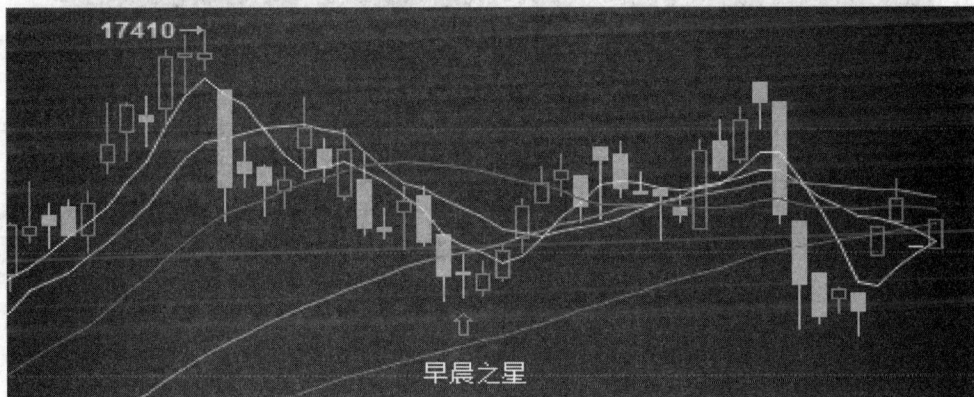

图 5-10 沪锌 1509 的实际 K 线图

2. 黄昏之星

黄昏之星的K线组合形态是一种下跌形态，预示行情已经见顶回落。

(1) 基本图形见图 5-11。

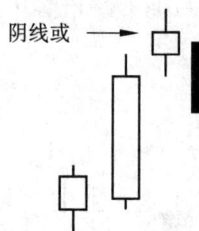

阴线或 →

图 5-11　黄昏之星

(2) 黄昏之星的形态特征。第一,市势继续上升,并且出现一根大阳线;第二,第二日跳空上升,但波幅明显缩小构成星的主体;第三,星的主体可以是小阳线或者是小阴线;第四,第三日出现阴线,下跌至第一根阳线之内。

(3) 黄昏之星的市场含义。黄昏之星的情况与早晨之星正好相反,是上升趋势中出现反转的组合形态。黄昏之星的开始是一根长阳线,它加强了原有的上升趋势。第二天价格向上跳空出现新高,交易发生在小的范围内,收盘同开盘接近持平。这个小实体显示了不确定性的开始。第三天价格跳空低开,收盘更低。显著的趋势反转向下已经发生。

(4) 实例。橡胶连续(010720)的实际 K 线图中,从低点上升后在 2014 年 6 月出现了一个黄昏之星 K 线组合形态,之后是大幅的下降(见图 5-12)。

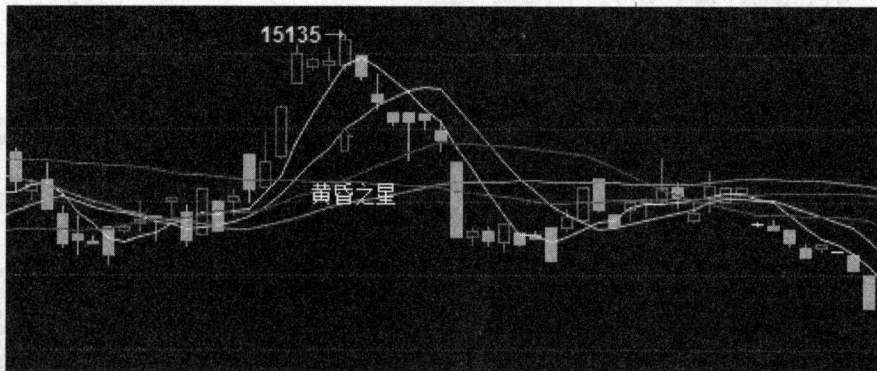

图 5-12　橡胶连续(010720)的实际 K 线图

3. 长阳十字星

长阳十字星构成见顶形态(见图 5-13)。

4. 长阴十字星

长阴十字星构成止跌形态(见图 5-14)。

5. 墓碑十字星形态

阴十字星,上影线长,下影线短,构成见顶形态(见图 5-15)。

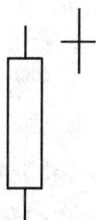

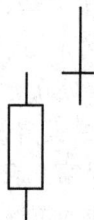

图 5-13　长阳十字星　　　　图 5-14　长阳十字星　　　　图 5-15　墓碑十字星

6."三星"形态

高位三颗十字星构成见顶形态(见图5-16a),低位三颗十字星构成底部形态(见图5-16b)。

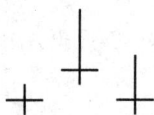
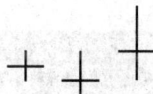

a　　　　　　　　　　　　　　　b

图 5-16　"三星"形态

（三）吞没线

1.基本图形

吞没线(见图5-17)分为顶部和底部两种,基本形状中 5-17a 为吞没线顶部形态,5-17b 为吞没线底部形态。

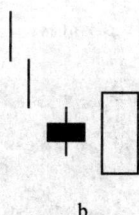

a　　　　　　　　　　　　b

图 5-17　吞没线

2.吞没线的形态特征

该形态出现之前一定有相当明确的趋势;第二天的实体必须完全包含前一天的实体,且第二天的实体伴有大的成交量,底部形态的第二根阳线还可能覆盖多根阴线实体,顶部形态的第二根阴线还可能覆盖多根阳线实体;前一天的 K 线的阴阳反映趋势;阴线反映下降趋势,阳线反映上升趋势;吞没线的第二根实体的阴阳与第一根的阴阳相反。

3. 吞没线的市场含义

顶部吞没线处在上升趋势中,只有小成交量配合和小阳线实体发生。第二天,以新高开盘,然后是迅速的卖出狂潮并伴随着大的成交量。收盘比前一天的开盘更低,上升的趋势已经被破坏。如果第三天的价格仍然保持在较低的位置上,那么上升趋势将要反转。

底部吞没线的情况正好相反,是看涨的组合形态。底部吞没线处在下降趋势中,只有小成交量配合和小阴线实体发生。第二天以新低开盘,然后是迅速的买入狂潮并伴随着大的成交量。收盘比前一天的开盘更高,下降的趋势已经被破坏。如果第三天的价格仍然保持在较高的位置上,下降趋势将要反转。

4. 实例

豆一 1505 的实际 K 线图中,一系列的上升后在 2014 年 8 月出现了一个吞没线顶部形态,之后出现大幅下跌(见图 5-18)。

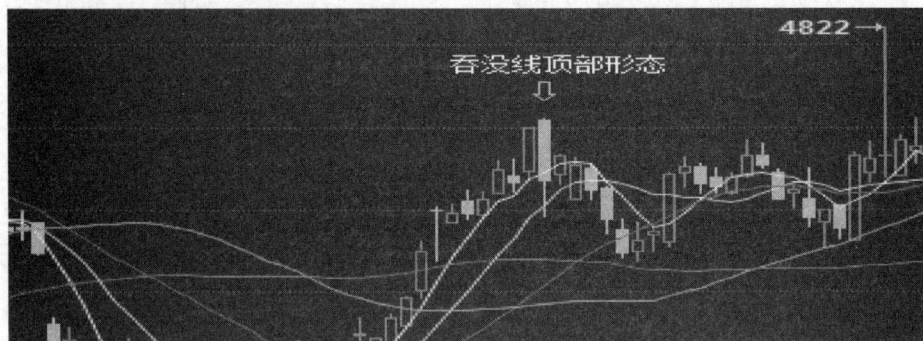

图 5-18 豆一 1505 的实际 K 线图

橡胶 1505 的实际 K 线图中,一段时间的下降之后在 2014 年 7 月出现了一个吞没线底部形态,之后出现了大幅上升(见图 5-19)。

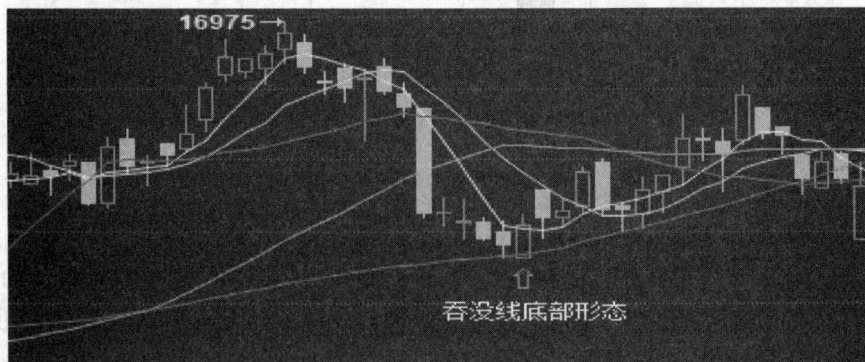

图 5-19 橡胶 1505 的实际 K 线图

（四）倒锤线与射击之星

1. 基本图形

两者形态有可比之处，倒锤线见图 5-20a，射击之星见图 5-20b。

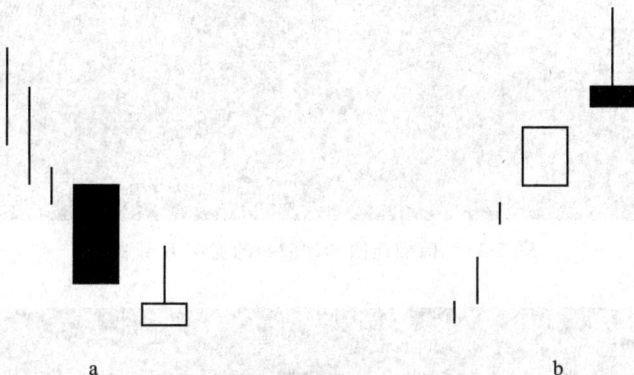

图 5-20　倒锤线与射击之星

2. 二者的形态特征

倒锤线的组合形态有以下特征：

第一，小实体在价格区域的较低部分形成；第二，不要求有缺口，只要在一个趋势之后下降；第三，上影线的长度一般是实体的长度的两倍；第四，下影线短到可以认为没有。

射击之星组合形态有以下特征：

第一，在上升趋势之后，以向上的价格缺口开盘；第二，小实体在价格区域的较低部分；第三，上影线的长度至少是实体的长度的 3 倍；第四，下影线短到可以认为不存在。

3. 二者的市场含义

对于倒锤线，当市场以跳空向下开盘时，已经有了下降趋势。当天的上冲失败了，市场的收盘较低。与锤形线和上吊线相似，在决定形态引起趋势反转的成功还是失败方面，第二天的开盘是判断的准则。如果第二天的开盘高于倒锤线实体，潜在的趋势反转将引起对空头的恐慌，这将支持上升。

射击之星处在上升趋势中，市场跳空向上开盘，出现新高，最后收盘在当天的较低位置，后面的跳空行为只能当成看跌的熊市信号。

4. 实例

棕榈连四(020524)的实际 K 线图中，短时下跌趋势后在 2014 年 1 月出现一个倒锤线 K 线组合，之后是一个上升（见图 5-21）。

豆粕 1501 的实际 K 线图中，小幅上升后在 2014 年 6 月出现了一个射击之星的 K 线组合形态，之后出现长时下降（见图 5-22）。

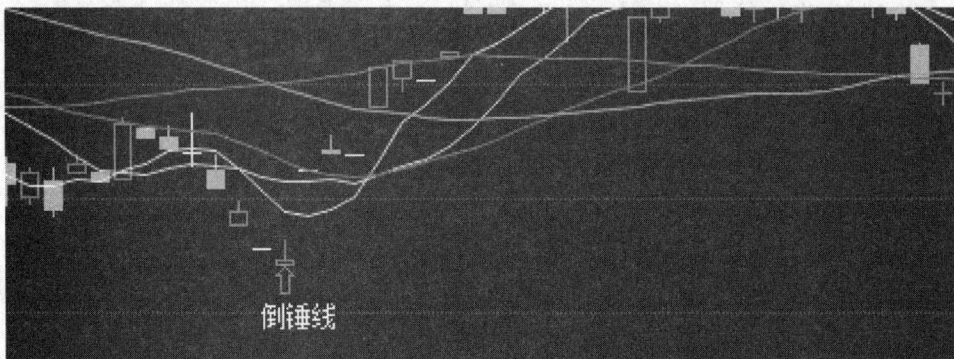

图 5-21　棕榈连四(020524)的实际 K 线图

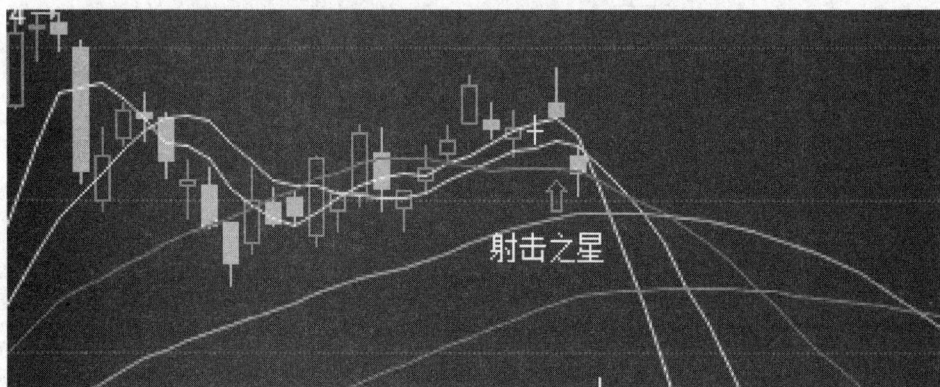

图 5-22　豆粕的实际 K 线图

（五）刺绣形态和乌云压顶

1. 基本图形

两者为互相对称图形,是分别发生在下降和上升市场的两根 K 线组合形态。下面给出了刺绣线(见图 5-23a)与乌云压顶(见图 5-23b)的基本形状。

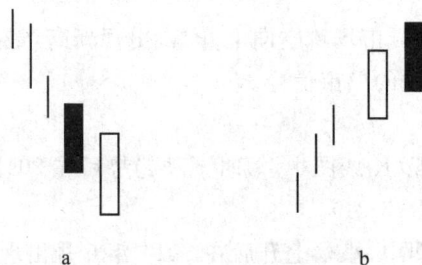

图 5-23

2. 二者的形态特征

刺绣线组合形态有以下四个特征：

第一，第一天是反映继续下降的长阴线实体；第二，第二天是阳线实体，开盘价低于前一天的最低点；第三，阳线的收盘价在第一天的实体之内，但是高于第一天阴线实体的中点；第四，刺绣线的两根线都应该是长实体。

乌云压顶组合形态有以下三个特征：

第一，第一天是继续指出上升趋势的长阳线；第二，第二天是开盘高于第一天最高点的阴线；第三，第二天的阴线收盘低于第一天阳线实体的中部。

3. 二者的市场含义

刺绣线形成于下降趋势中，第一天的长阴线实体保持了下降的含义。第二天的跳空低开进一步加强了下降的含义。然而，市场后来反弹了，并且收盘高于长阴线实体的中点。此行为引起一个潜在的底部。阳线穿入阴线的幅度越大，越像是反转形态。

乌云压顶处在市场是上升趋势的时候。在典型的上升趋势中出现了一条长阳线。第二天市场跳高开盘，这是保持上升趋势的。收盘的时候价格下降到阳线实体的中间之下。面对这样的情况，多头不得不重新考虑自己的投资策略。同刺穿线一样，明显的趋势反转已经发生。阴线刺进前一根阳线的程度越深，顶部反转的机会越大。

4. 实例

焦炭 1509 的实际 K 线图中，从高点下跌后在 2014 年 8 月出现了一个刺绣线 K 线组合形态，之后出现大幅上升（见图 5-24）。

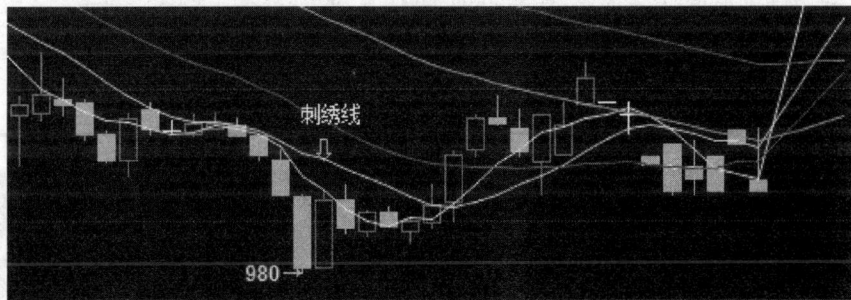

图 5-24 焦炭 1509 的实际 K 线图

焦煤 1505 的实际 K 线图中，一段上升之后在 2014 年 9 月出现乌云压顶 K 线组合形态，之后出现大幅下降（见图 5-25）。

（六）双飞乌鸦

1. 基本图形（见图 5-26）

2. 双飞乌鸦的形态特征

市势持续上升的过程中，某日跳空上升之后走势乏力，以阴线收盘；第二日继续跳空开

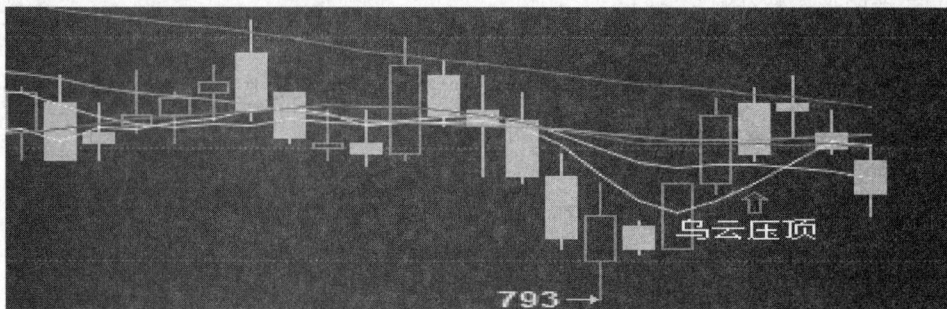

图 5-25　焦煤 1505 的实际 K 线图

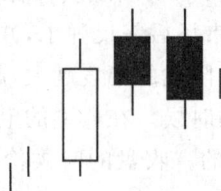

图 5-26　双飞乌鸦

盘,但上升受阻,仍以阴线收盘。

3. 双飞乌鸦的市场含义

从 K 线组合形态来看,大阳线之上两根阴线构成了双飞乌鸦形态,显示市势将见顶回落,后市反转下跌的可能性非常大,甚至可能暴跌。

4. 实例

鸡蛋 1503 的实际 K 线图中,该期上市初期有小幅上升,2014 年 7 月出现了一个双飞乌鸦 K 线组合形态,之后出现长期下跌走势(见图 5-27)。

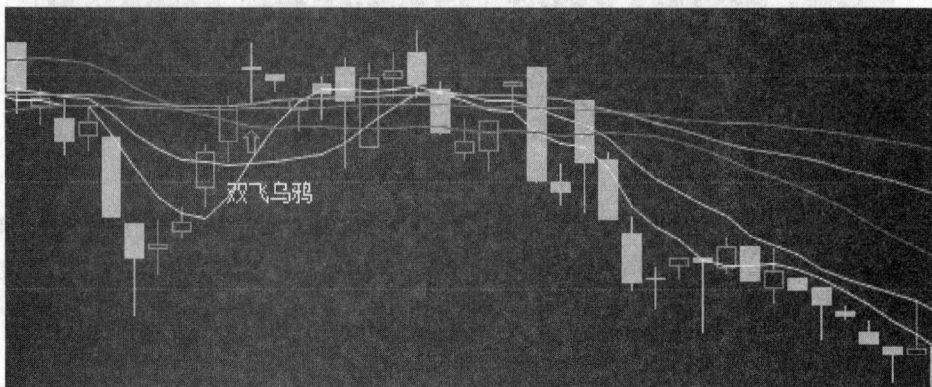

图 5-27　鸡蛋 1503 的实际 K 线图

（七）三只乌鸦

1. 基本图形（见图 5-28）

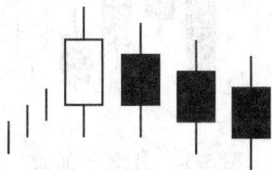

图 5-28　三只乌鸦

2. 三只乌鸦的形态特征

三只乌鸦是一种预示市势将要下跌的形态。在一段上升市势之后连续出现三根小阴线，收盘价每日都接近于最低价位，每日开盘价在上一日的 K 线实体中。

3. 三只乌鸦的市场含义

判断三只乌鸦形态的关键是要判明三只乌鸦出现的位置。一般而言，三只乌鸦若出现在长期升势以后或出于较高的价位水平时，向下转向讯号明确，否则还须继续观察。

4. 实例

鸡蛋 1411 的实际 K 线图中，一段上升之后在 2014 年 8 月出现了三只乌鸦的 K 线组合形态，之后出现一段下降趋势（见图 5-29）。

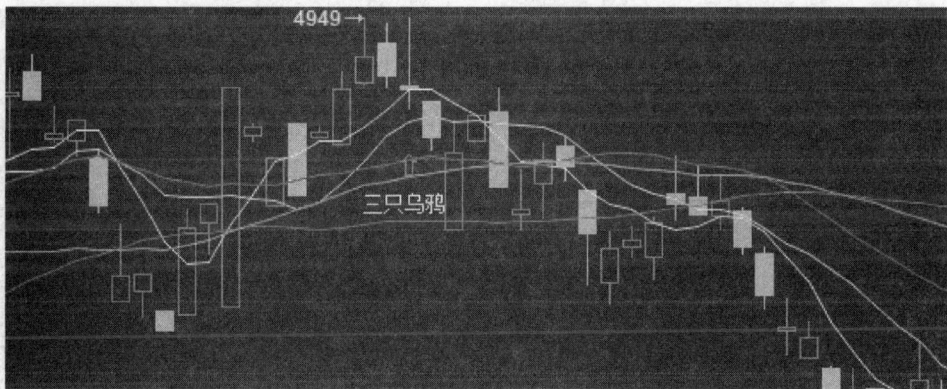

图 5-29　鸡蛋 1411 的实际 K 线图

（八）上升三部曲

1. 基本图形（见图 5-30）

2. 上升三部曲的形态特征

首先出现一根长阳线，随后连续出现三根小阴线，形态类似三只乌鸦，最后出现一根大阳线，收盘价超过第一日的收盘价。

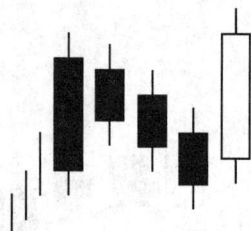

图 5-30　上升三部曲

3. 上升三部曲的市场含义

上升三部曲是一种较重要的上升形态。

上升三部曲与三只乌鸦形态的主要区别是：

（1）上升三部曲出现在平静或升势的初段，而三只乌鸦形态出现在上升市势的末段或者处于较高的价位区间。

（2）上升三部曲前后有两根大阳线，且最后一根阳线超过第一根阳线的收盘价。三只乌鸦无此形态特征。

4. 实例

胶板 1411 的实际 K 线图中，一波上涨后在 2014 年 8 月出现上升三部曲 K 线组合形态，之后持续保持上升（见图 5-31）。

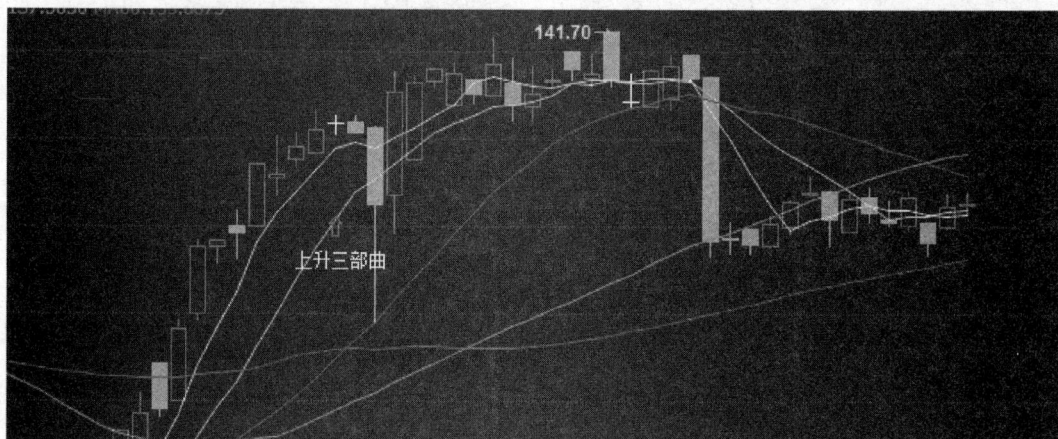

图 5-31　胶板 1411 的实际 K 线图

（九）下跌三部曲

1. 基本图形（见图 5-32）

2. 下跌三部曲的形态特征

首先出现一根大阴线，然后连续出现三根（或超过三根）小阳线，市势出现轻微反弹，在

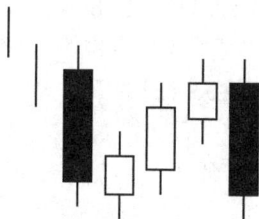

图 5-32　下跌三部曲

形态结束时出现一根大阴线，跌破第一根阴线的收盘价。

3. 下跌三部曲的市场含义

下跌三部曲是一种典型的下跌形态。

4. 实例

PP 1501 的实际 K 线图中，小幅上升之后在 2014 年 9 月出现下跌三部曲的 K 线组合形态，之后出现下降趋势（见图 5-33）。

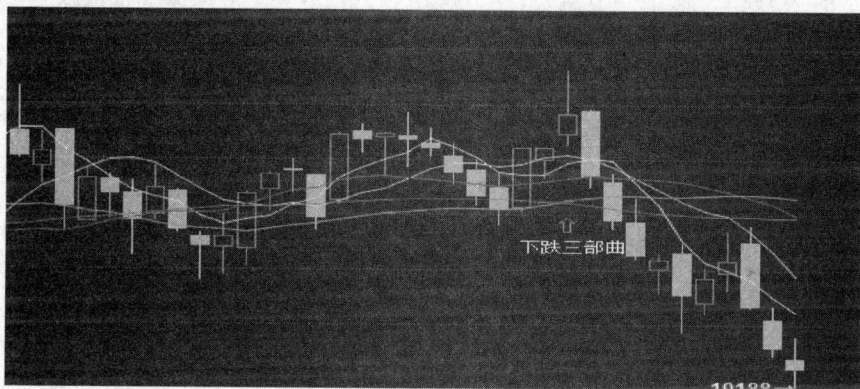

图 5-33　PP 1501 的实际 K 线图

四、应用 K 线理论应注意的问题

K 线表现市场有很强的视觉效果，是最能表现市场行为的图表之一。尽管如此，K 线图及其组合形态只是市场趋势和用组合形态表现的人类心理的混合物，没有严格的科学逻辑，因此在应用 K 线的时候要注意以下五点。

（1）K 线理论的错误率是比较高的。市场的变化是复杂的，实际的市场情况可能与我们的判断有距离。从统计结果中可以知道 K 线的成功率是不能令人满意的。从 K 线的使用原理看，K 线理论只涉及短时间内的价格波动，容易为某些人的非市场行为提供条件。

（2）K 线分析的结论在空间和时间方面的影响力是不大的。由 K 线分析方法所作出的预测结果影响的时间短，在我国期货市场中一般不超过 3 天；预测的价格波动的幅度相对浅,一般不超过 5%。在具体使用时要加以注意,以免超出 K 线理论的范围。

(3) K 线分析方法只能作为战术手段,不能作为战略手段。战略手段是指决定投资方向的手段。比如,价格已经经历了比较长时间的下降,并且价格下降到可以认为是"足够低"的区域,我们战略决策的投资方向应该是买入。决定在这个价格区域买入,需要使用的就是战术手段。如果战略决策是正确的,即使买入的点不是很好,也不至于有太大的差错。而做出这样的决策,依靠 K 线理论是办不到的。

(4) 战术手段是指从其他的途径已经做出了战略上的决定之后,选择具体的行动时间和地点(价格位置)的手段。战术手段所决定的内容是相对小的范围。使用战术手段可以使正确的战略决策得到更好的效果。K 线理论所扮演的应该是战术手段的角色。在从其他的途径已经做出了该买还是该卖的决定之后,采用 K 线组合选择具体的采取行动的时间和价格。

(5) 反转点会出现 K 线的反转形态,但出现了反转形态不一定是反转点。回顾实际的价格波动图形可以发现,在每个事后可以被称为"低点"或"高点"的地方,都或多或少出现了本章所列举的 K 线组合形态。但是,出现了这些形态并不意味着就是局部的低点或高点。

综上所述,要根据实际情况,不断修改创造和调整已有的 K 线组合形态。组合形态只是总结经验的产物,实际市场中,完全满足我们所介绍的 K 线组合形态的情况是不多见的。如果机械地照搬组合形态,有可能长时间碰不到合适的机会,因此使用者要根据实际情况适当地改变组合形态。

第三节　趋势线和黄金分割线

一、趋势线理论

(一) 趋势的定义

在投资技术分析中,趋势是指期货市场价格运动的方向。通常情况下,市场不会直线发展,市场运动的特征就是波浪式的曲折前进,它具有相当明显的峰和谷。所谓市场趋势,就是由市场运动的波峰和波谷依次上升或下降的方向所构成的。

趋势线是衡量价格波动方向的,由趋势线的方向可以明确地看出期价的趋势。趋势线可以分为短期趋势线、中期趋势线和长期趋势线。

(二) 趋势的方向

趋势具有三种方向,即上升、下降和横向延伸。其中,上升趋势就是市场运动的一系列依次上升的峰和谷,即图形中每个后面的峰和谷都高于前面的峰和谷,将两个低点连成一条直线,就得到上升趋势线;下降趋势为一系列依次下降的峰和谷,也即图形中每个后面的峰和谷都低于前面的峰和谷,将两个高点连成一条直线,就得到下降趋势线;横向延伸为一系列依次横向伸展的峰和谷,即图形中后面的峰和谷与前面的峰和谷相比,没有明显的高低之分。水平方向趋势是价格的横向走势,水平趋势线有两条,价格上方和下方各一条。价格水平运动是容易被大多数人忽视的一种方向,这种方向在市场上出现的震荡机会是相当多的。

上升趋势线起支撑作用,下降趋势线起压力作用,上升趋势线是支撑线的一种,下降趋势线是压力线的一种。

1. 上升趋势线

两个或两个以上的低点的连线构成上升趋势线。

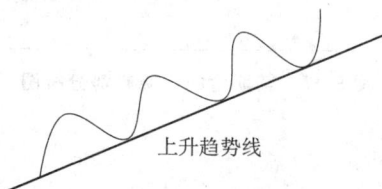

图 5-34　上升趋势线

图 5-35 是某期价的上升趋势分析图。

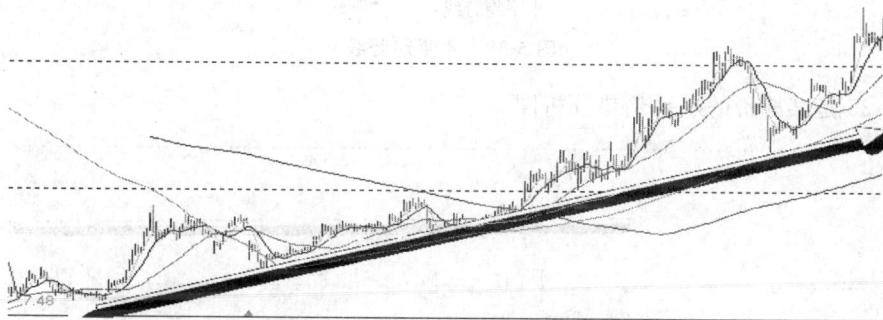

图 5-35　某期价的上升趋势分析图

2. 下降趋势线

两个或两个以上的高点的连线构成下降趋势线。

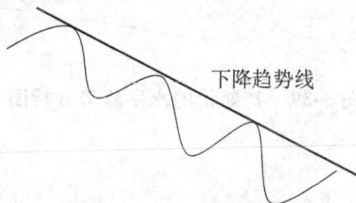

图 5-36　下降趋势线

图 5-37 是某期价的下降趋势分析图。

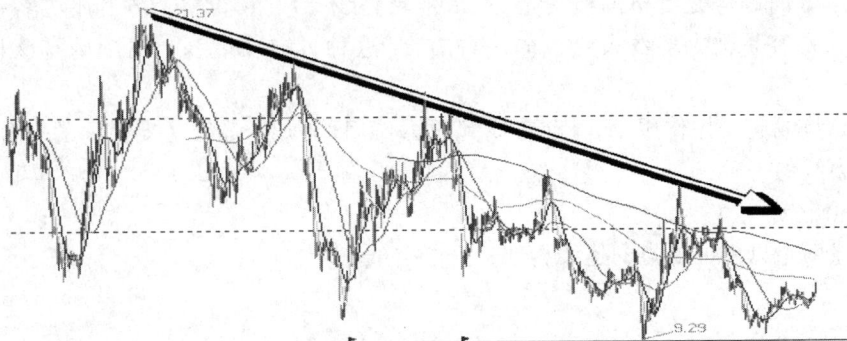

图 5-37　某期价的下降趋势分析图

3. 水平趋势线

水平趋势线有上下两条。

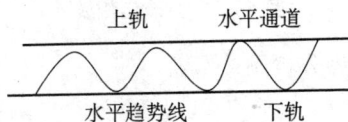

图 5-38　水平趋势线

图 9-35 是某期价的水平趋势分析图。

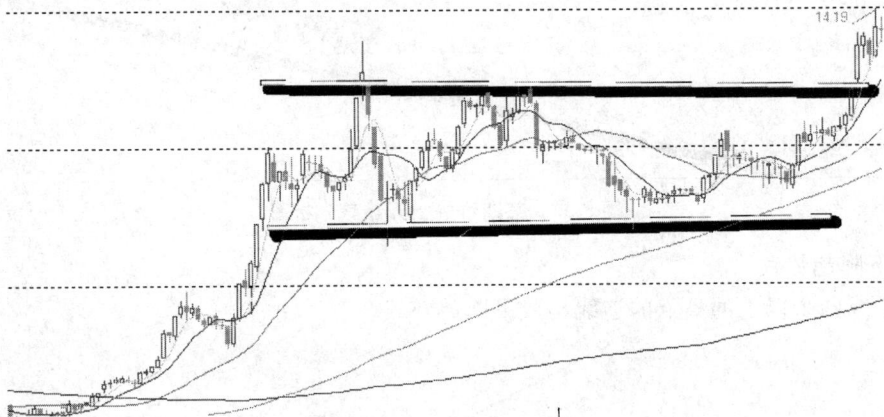

图 5-39　某期价的水平趋势分析图

（三）趋势的类型

趋势不但具有三个方向,而且通常可以划分为主要趋势、次要趋势和短期趋势三种类型。主要趋势是指长期上涨趋势或长期下跌趋势,持续时间可以超过一年到若干年不等;次级趋势或波段趋势是指主要上涨趋势中的下跌走势或主要下跌趋势中的上涨走势,通常持续 3 周到几个月不等。折返幅度常为主趋势的 33％～66％。短期趋势是指期货价格的日常波动,为波段趋势的组成部分。其延续快则数小时,慢则数日,有 1～2 周时间。该波动易被人为操纵,在整个趋势上较无重要性。

以下是某期价的部分走势图,可以很清晰地看出这三种趋势。

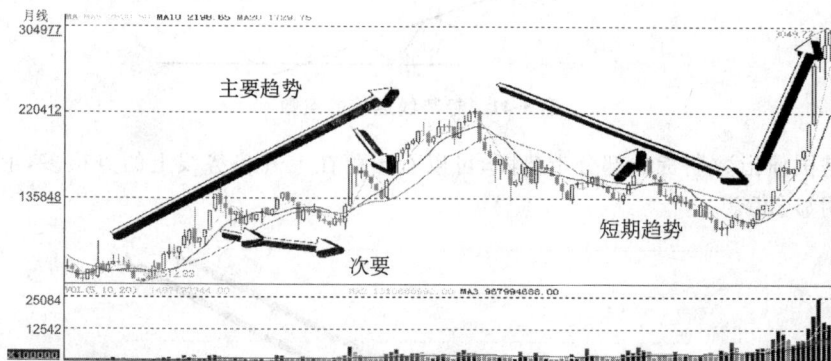

图 5-40　某期价的部分走势图

（四）趋势线的确认和作用

要得到一条真正起作用的趋势线,首先必须确实有趋势存在。在上升趋势中确认出两个依次上升的低点,在下降趋势中确认两个依次下降的高点,连接两个点的直线才有可能成为趋势线。其次,画出直线后,还应得到第三个点的验证。所画出的直线被触及的次数越多,直线延续的时间越长,越具有有效性。

趋势线的作用主要体现在两个方面：

（1）对期价今后的变动起支撑或阻力作用。一般期价形成上升（或下降）趋势后会沿着该趋势继续运动下去,直到该趋势线被突破为止。即对于上升趋势线来说,总是使期价在其上方运动,起到支撑作用;对于下降趋势线来说,总是使期价在其下方运动,起到阻力作用,直到期价突破趋势线为止。因此,在上升趋势中,每次期价从高点回落并获得支撑时便可买进,而一旦跌破趋势线则可卖出。在下降趋势中,每次期价从低点反弹上升并遭到趋势线反压时便可卖出,而一旦突破趋势线则可买进。

（2）可作为趋势是否改变的指标。越重要、越有效的趋势线一旦被突破,其所反映的反转信号就越强。趋势线被突破后,原来的支撑线就变成压力线,而原来的压力线就成支撑线,相互交换角色。

（五）趋势线可信度的影响因素

从技术准则的角度来看,趋势线的重要程度取决于所连接的点数、趋势线的长度及上升或下降的角度。

1. 所连接的点数

所连接的点数关系到趋势线的可靠性,所连接的点数越多,则趋势线越可靠。支撑区或压力区经受的"考验"越多则越可靠,趋势线就越能反映以后的趋势(见图 5-41)。

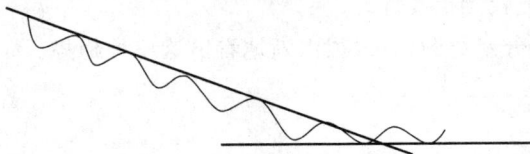

图 5-41　趋势线连接的点数

以下是国债指数期货的部分走势图,可以看出落在上升趋势线上的点很多,上升趋势表现得非常明显、可靠。

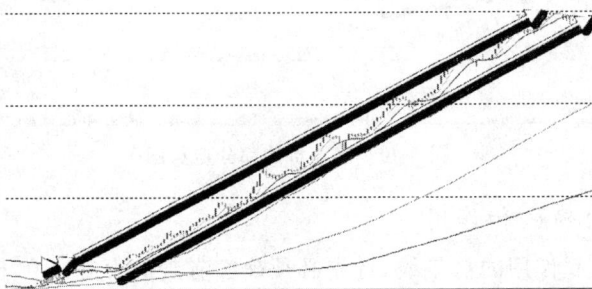

图 5-42　国债指数期货的部分走势图

2. 趋势线的长度

从趋势线的长度来看,短的时间跨度为 3~4 周,长的时间超过 1~3 年,长的趋势线如被突破,则意义重大。通常,大的趋势线代表大的信号,小的趋势线代表小的信号。

3. 上升或下降的角度

通常,上升或下降角度陡峭的趋势线是很难维持的,时间短暂。角度平缓的趋势线维持时间较长。

以下是某期货的部分走势图,可看出不同上升角度的趋势线。

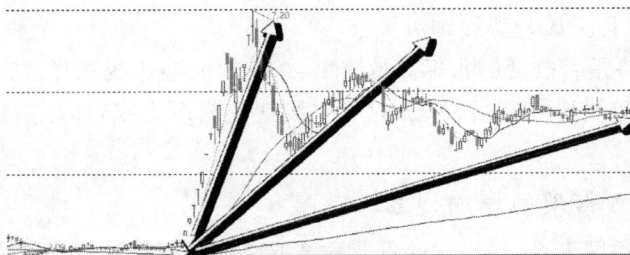

图 5-43　某期货的部分走势图

（六）趋势线的突破

1. 基本准则

关于趋势线的突破,趋势线理论有一些基本准则如下:

(1) 无论趋势时间的长短,所有的趋势线最终都会被突破;

(2) 突破趋势线可能代表反转或整理,都是趋势发生变化的信号;

(3) 原来的趋势被突破后会形成新的趋势。

应用趋势线时要考虑如何判断趋势线是否被突破的问题,可以从下面四点来分析:

(1) 趋势线延续的时间越长,突破时的可靠性就越强;

(2) 如果期价多次触及趋势线而没有突破它,表明该趋势线的支撑或阻力作用较强,突破时其可靠性也就较强;

(3) 期价向上突破下降趋势线时,需要有大成交量的配合,但向下突破上升趋势线时则没有这个要求;

(4) 趋势线比较陡峭,表明期价波动的幅度较大,趋势线的支撑或阻力就比较弱,比较容易被突破,因此被突破时可靠性就较差。相反,趋势线越平缓,越不容易被突破,但一旦被突破,其可靠性就比较强。

2. 上升趋势线的突破

(1) 向下突破。上升趋势线的向下突破有两种情况:一种是连续走势,另一种是反转走势。

上升陡峭的趋势线,容易被突破。陡峭的趋势线被突破后,通常会发生短期修正走势,价格走势随后仍会恢复原来的趋势,但走势会减缓。陡峭趋势线的突破通常代表连续走势,而非反转走势。图 5-44 展示了上升陡峭的趋势线的突破。

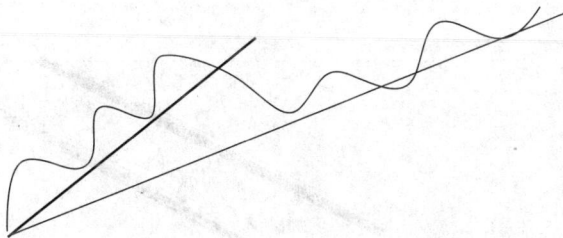

图 5-44　上升陡峭的趋势线的突破

实际例子可参看图 5-45。

代表反转走势的属头部突破,价格向下突破上升趋势线,不能保持原来的走势,形成下降趋势,如图 5-46。

(2) 向上突破。上升趋势线的向上突破属连续形态,表示价格经过缓慢上升而演变为加速上升,如图 5-47。

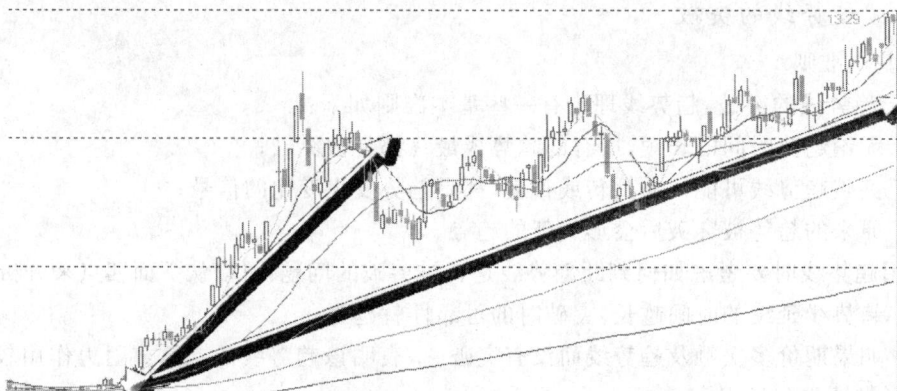

图 5-45　向下突破的实例

头部突破

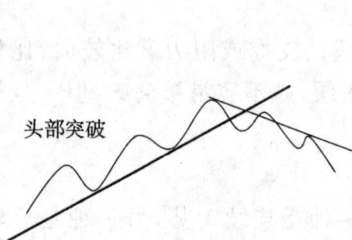

图 5-46　头部突破

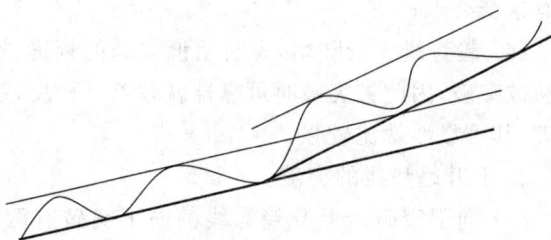

图 5-47　向上突破

实际例子可参看图 5-48。

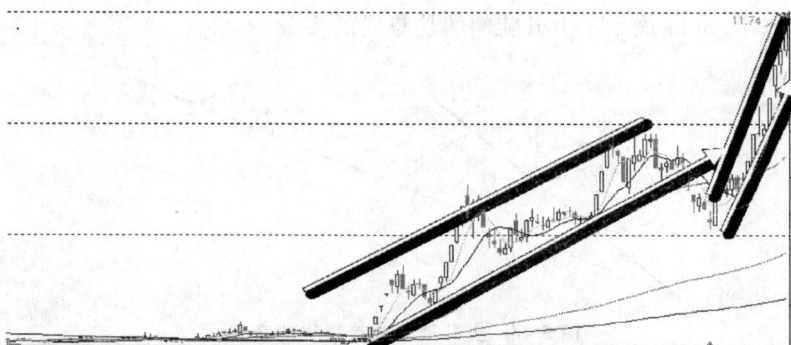

图 5-48　向上突破的实例

3. 水平趋势线的突破

短期的横向走势,价格运动也十分容易突破趋势线,如图 5-49 所示。

以下是某期货的实际走势图,可以看出价格横向运动后选择了向上突破水平轨道的压力线,见图 5-50。

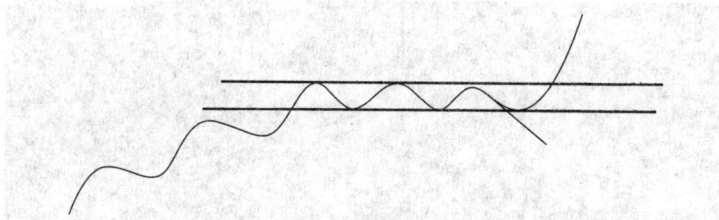

图 5-49　水平趋势线的突破

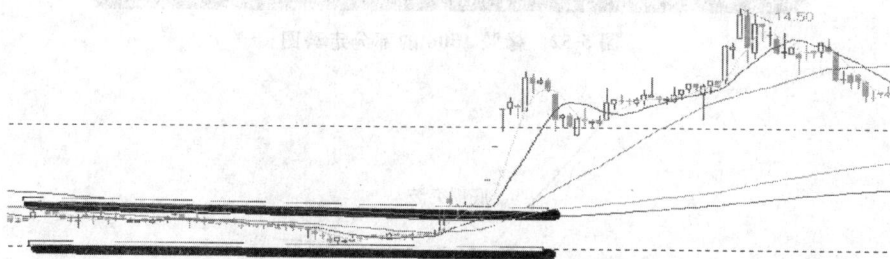

图 5-50　某期货的实际走势图

4. 下降趋势线的突破

（1）向上突破。下降趋势线的向上突破也有两种情况：一种是连续走势，一种是反转走势。

下降猛烈的趋势线，也容易被向上突破。趋势线被突破后会发生短期修正走势，如果价格走势随后仍维持原来的下跌趋势，便属连续走势，但下跌走势会减缓。图 5-51 展示了下降陡峭的趋势线的突破。

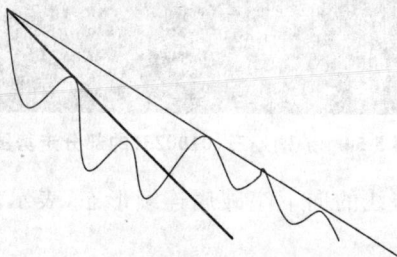

图 5-51　下降陡峭的趋势线的突破

从图 5-52 中橡胶 1506 的部分走势图，可以很清晰地看出下降趋势的连续走势。

反转走势属底部向上突破走势。价格走势由下降趋势演变为水平趋势或上升趋势，如图 5-53 所示。

下面是沪铜连三(010023)的部分走势图，可以很清晰地看出下降趋势被向上突破后演变为上升趋势的走势图，见图 5-54。

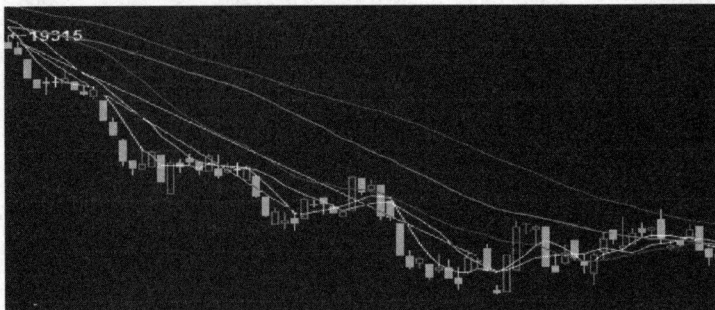

图 5-52　橡胶 1506 的部分走势图

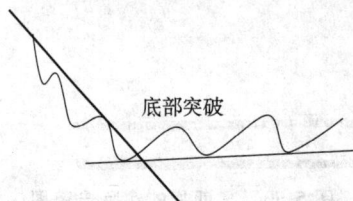

图 5-53　底部突破

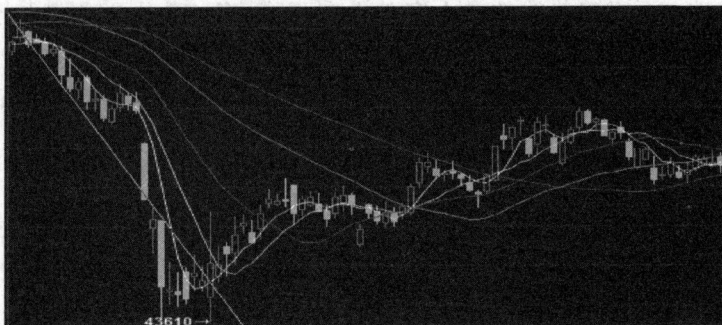

图 5-54　沪铜连三(010023)的部分走势图

（2）向下突破。下降趋势线的向下突破属连续形态，表示价格经过缓慢下跌而演变为加速下跌，如图 5-55 所示。

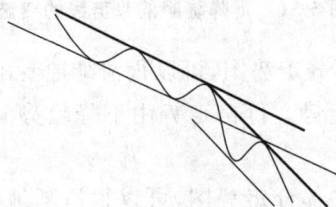

图 5-55　下降趋势线的向下突破

以下是某期价的部分走势图,很清晰地看出下降趋势被向下突破后演变为加速下跌的跳水走势,见图 5-56。

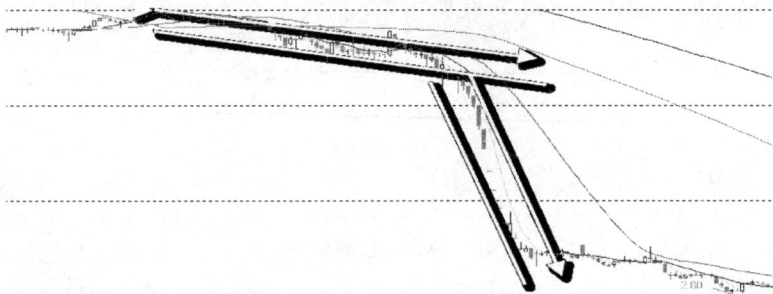

图 5-56　跳水走势

5. 歇尽突破

歇尽突破即是趋势运行到尾段,价格运动的最后一次发力,看似迅猛,其实乃强弩之末,属于典型的假突破,有三种情况。

(1)上升假突破(见图 5-57)。在上升趋势尾段,价格突然发力向上突破,看似迅猛,极像是要加速上扬发动一波新行情。但很快上涨乏力,价格掉头向下迅速跌破上升趋势线加速下跌,形成新的下降趋势,形成典型的头部反转。先前的向上突破变成虚假突破,成为名副其实的多头陷阱,如图 5-58 所示。

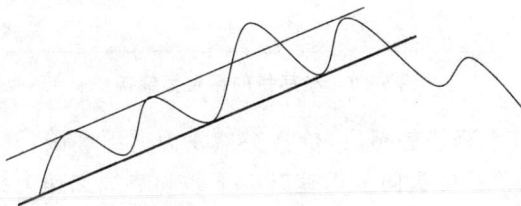

图 5-57　上升假突破

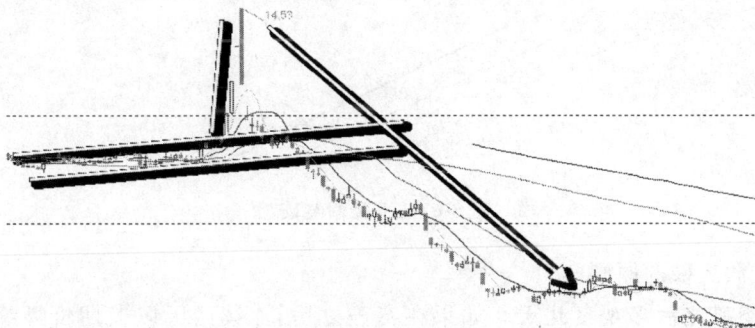

图 5-58　上升假突破实例

135

（2）平台假突破。在水平趋势尾段,价格突然发力向上突破。但很快上涨乏力,价格掉头向下迅速跌破水平趋势线加速下跌,形成典型的破位下跌走势。先前的向上突破变成虚假突破,成为明显的多头陷阱,如图5-59所示。

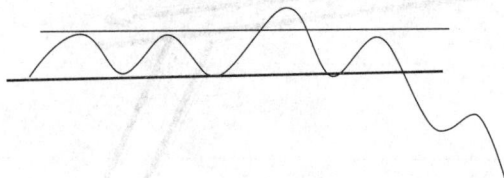

图5-59　平台假突破

以下是某期货的平台假突破,属图表多头陷阱,极易麻痹投资者盲目跟进被套,见图5-60。

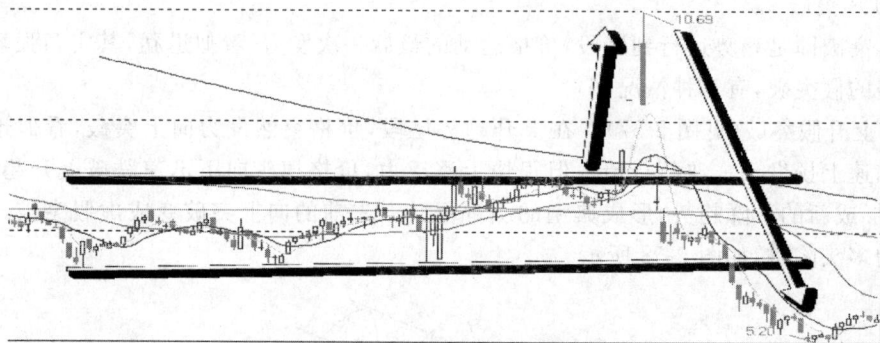

图5-60　某期货的平台假突破

（3）下降假突破。在下降趋势尾段,价格突然发力向下突破,看似迅猛,极像是要加速下跌。但很快下跌乏力,价格掉头向上迅速升破下跌趋势线加速上扬,形成新的上升趋势,形成典型的底部反转(见图5-61)。先前的向下突破变成虚假突破,成为诱骗低位杀跌的空头陷阱。实例如图5-62所示。

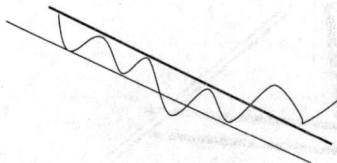

图5-61　下降假突破

6. 判断真假突破的原则

（1）发现突破之后多观察几天。如果在突破之后,连续两天以上期价继续向所突破的方向发展,这样的突破就是有效的突破,是稳妥的入市时机。

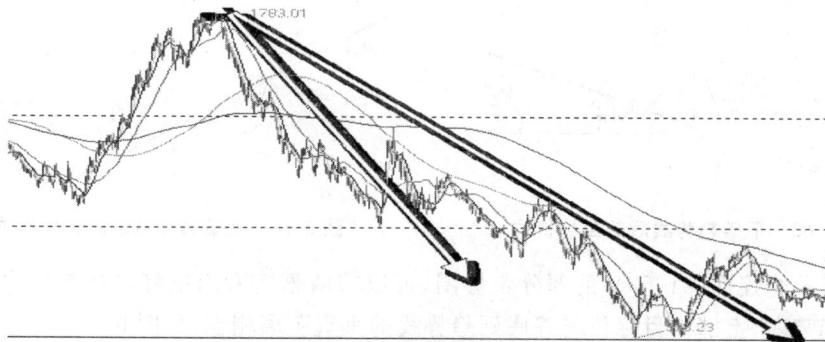

图 5-62　下降假突破实例

（2）注意突破后两天的高低价。若某天的收市价突破下降趋势线（阻力线）向上发展，第二天若交易价能跨越其最高价，说明突破阻力线之后有大量的买盘跟进。相反，期价在突破上升趋势线向下运动时，如果第二天的交易是在它的最低价下面进行，说明突破之后沽盘的压力很大，可以考虑跟风沽售。

（3）参考成交量。成交量通常可以衡量市场人气，当期价突破趋势线或阻力线后，如果成交量随之上升或保持平时的水平，说明突破之后跟进的人多，市场对期价运动方向有信心。如果破线之后，成交量不升反降，那就应当小心，防止突破后又回复原位。假的突破不能改变整个走势。

（4）侧向运动。一种趋势的打破未必是一个相反方向的新趋势的立即开始，有时候由于上升或下降得太急，意味着上升会有较大的阻力，市场需要稍作调整，进行或上或下的侧向运动。如果涨跌的幅度很窄，就会形成所谓的牛皮状态。侧向运动会持续一段时间，有时几天甚至几周才会结束，技术分析家称之为消化阶段或巩固阶段。在突破阻力线上升的过程中，侧向运动是在筑底，其侧向度越大，甩掉牛皮状态上升的力量也越大。上升中的牛皮状态是在一个成交密集区内进行。而上升过程结束之后期价向下滑落时也会出现侧向运动，侧向运动所形成的成交密集区，往往是此后期价反弹上升的阻力区。

7. 趋势线突破后的目标价位

趋势线被突破后，可以估算其目标价位。目标价位是指次级折返走势的支撑位，而当价格显著地穿越目标价位时，该目标价位反而成为随后涨势的阻力位。通常，这些目标价位都是重要的阻力位或支撑位。当趋势线反转突破时，目标价位通常都会达到，但实际的价格经常超出目标价位，所以目标价位在多数情况下仅表示最低的预期。

（1）下破趋势线后的目标价位：在上升趋势中，先测算价格峰位到趋势线的垂直距离（A_1），然后再从趋势线的突破点向下衡量（A_2），即为其目标价位（见图 5-63）。

（2）上破趋势线后的目标价位：在下跌趋势中，先测算价格谷底到趋势线的垂直距离（A_1），然后再从趋势线的突破点向上衡量（A_2），即为其目标价位（见图 5-64）。

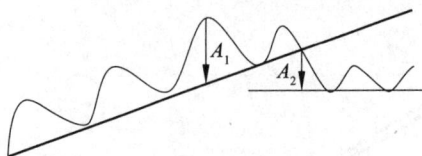

图 5-63　下破趋势线后的目标价位

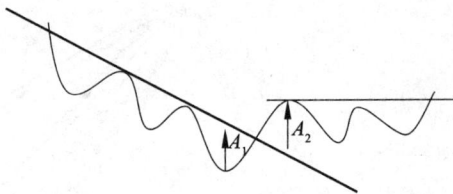

图 5-64　上破趋势线后的目标价位

以下是黄金连四(010524)的部分走势图,可以很清晰地看出下降趋势被向上突破后演变为上升趋势时,上涨的目标位与谷底到趋势线的垂直距离相当,见图 5-65。

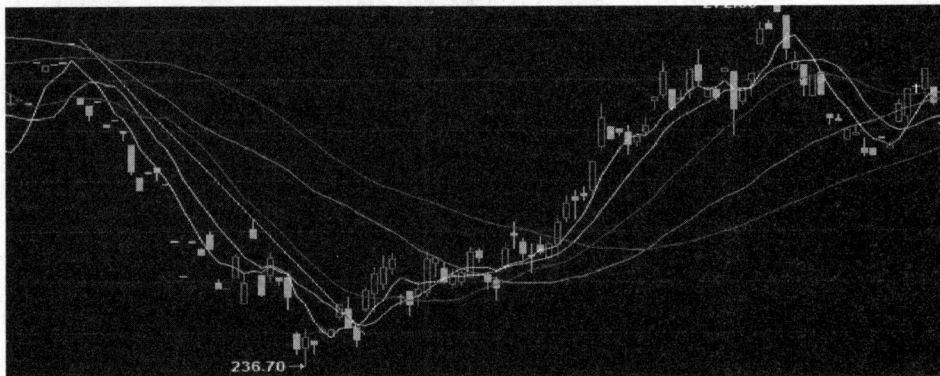

图 5-65　黄金连四(010524)的部分走势图

(3) 目标位的反压。目标价位是次级折返走势的支撑位,而当价格显著地穿越目标价位时,该目标价位反而成为随后涨势的阻力位(见图 5-66)。

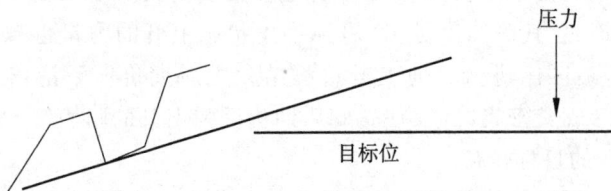

图 5-66　目标位的反压

通常,这些目标价位都是重要的阻力位或支撑位。当趋势线反转突破时,目标价位通常都会达到,但实际的价格经常超出目标价位,所以目标价位在多数情况下仅表示最低的预期。

(4) 整数关口。对一些期货指数来说,一些整数关口都会对投资者形成心理上的阻力位或支撑位,大盘在这些整数关口,一般也会震荡整理较长时间。

(5) 前期密集成交区。如果市场密集成交区在当前价位之上,那么该区域就会在期价上涨时形成阻力,这就是所谓的"套牢盘"。反之,如果市场当前的价位在历史成交密集区之上,那么该密集区就会在期价(或指数)下跌时形成支撑。

(七)趋势线的不足

趋势线工具是行情分析最为有效、实用的技术分析方法之一。尽管如此,也有它的不足,例如:当趋势线被突破后,无从判断在这些区域发生的实际转折点是涨势还是跌势,还得借助其他分析工具。应该知道,没有一种可靠的方法可以判断价格走势的持续期间,只能推测价格在某一特定区域发生重要反转的可能性。

二、黄金分割线

(一)什么是黄金分割线

黄金分割线是利用黄金分割率来预测未来期价变动的一种切线。黄金分割的基本数据是0.618和0.382。在此基础上,进一步组成拥有若干个特殊数字的组合。

黄金分割线的制作是通过选定每轮行情的起点(起涨点或开跌点),然后算出起点的价位和上述各个数据的乘积,在图表上作出水平切线。黄金分割线勾画出了期价的压力区和支撑区,在期市实践中,期价常常在这些区域里遇到阻力或支撑,表现出独特的魅力。

上升行情开始调头向下,黄金分割提供如下几个价位,由这次上涨的顶点价位分别乘以上面所列特殊数字中的几个,为获得支撑的参考价位。反之则相反。

画黄金分割线的第一步是记住若干个特殊的数字:

0.191　0.382　0.618　0.809
1.191　1.382　1.618　1.809　2.618　4.236⋯

这些数字中最为重要的是0.382、0.618、1.618和4.236,因为期价的支撑和压力极容易在由这几个数产生的黄金分割线处产生。

(二)黄金分割线的画法

画黄金分割线的第二步是找到一个点:上升行情结束、调头向下的最高点,或者下降行情结束、调头向上的最低点。确认一个趋势(无论是上升还是下降)已经结束或暂时结束,趋势的转折点作为进行黄金分割的点,画出黄金分割线。

(1)在价格波动图中找到一个点,这个点就是一定范围内趋势的转折点。

(2)计算出黄金分割线的位置。对于下降趋势,找到下降趋势开始的顶点,向下按黄金分割率($L<1$)计算相应的支撑点位(见图5-67)。

在下跌趋势的反弹中,其折返幅度比例也符合黄金分割率,为主趋势的23.6%~80.9%,如图5-68所示。

对于上升趋势,找到上升趋势开始的低点,向上按黄金分割率($L>1$)计算相应的压力点位(见图5-69)。

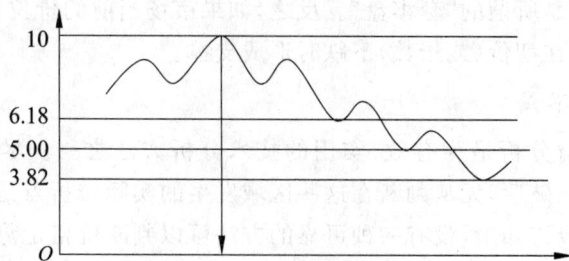

图 5-67   按黄金分割率计算支撑点位

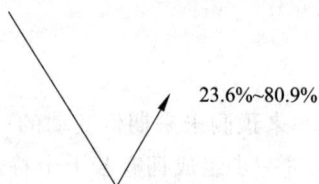

图 5-68   下跌趋势的折返幅度比例符合黄金分割率

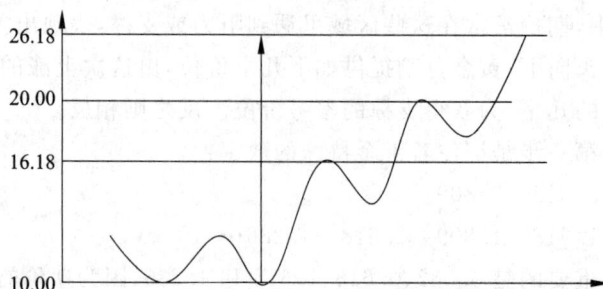

图 5-69   按黄金分割率计算压力点位

在上涨趋势的回档整理,其折返幅度比例符合黄金分割率,为主趋势的 23.6％～80.9％,如图 5-70 所示。

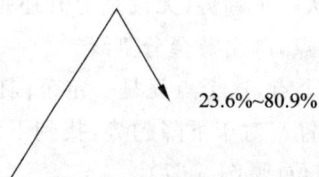

图 5-70   上涨趋势的折返幅度比例符合黄金分割率

(三) 使用黄金分割线中的主观因素

具体使用这种支撑压力线的时候,不可避免地要遇到使用者的主观因素的作用。具体体现在下面三个"选择"。

1. 高点和低点的选择

低点应该是价格的密集成交区,价格在波动过程中,肯定会出现很多的高点和低点。对单点黄金分割,低点是行情发动之初的低点,应该选择成交密集区的低点,而且价格的上升趋势时间最好在三周以上,越长越有效。价格在高位停留的时间不长,对于高点的选择,应该等到价格已经下降了相当程度之后才能确定。这样一来,可以忽略价格在波动过程中出现的众多的有"干扰"性质的"小高点"。一般不要求价格在高点有密集的成交,即不要求在高点停留的时间有多长。

2. 黄金分割数字的选择

这其实是在多条支撑压力线中进行选择的问题,这是"世界性难题"。因为不同期货市场价格表现是千姿百态的,所以不可能得到很确切的答案。但是我们应该结合其他的方法处理来进行分析。其指导原则是根据期货价格过去波动的历史"表现",粗略判断本期货下降的程度大约属于是哪条线。

3. 买卖行动中资金投入量比例的选择

由于投资者不能准确地判断出应该选择哪一条线作为价格最后的反转真正位置,因此也不知道具体的买卖行动应该从哪里开始。在实际买卖过程中,投资者可以采取每条线都有所行动的方法。具体的做法是在每条线都使用一定比例的资金进行买卖。在"比较信任"的线可以使用比较大的资金比例,在"把握不大"的线用比较小的资金比例。当然,投入的资金比例的大小还与投资者个人对风险的态度有关。这在组合管理(portfolio)中是经常运用的。

根据黄金分割线法和百分比法的基本思路,人们在实践中还总结出了其他常见的确定支撑和压力点位的方法,它们都属于水平切线类的直线,包括:①历史最高点与最低点;②整数点位和整体点位;③成交密集区;④颈线;⑤缺口;等等。

同步测练

一、选择题

1. K线图由(　　)组成。

    A. 开盘价　　　　　B. 收盘价　　　　　C. 实体部分　　　　　D. 影子部分

    E. A 和 C　　　　　F. C 和 D

2. 如果仅有最高价、最低价和收盘价的数据,下面哪一种形态不会正确地出现在 K 线图中?(　　)

    A. 吞没线　　　　　B. 十字星　　　　　C. 汇合线　　　　　D. 以上都不会

3.（   ）出现在市场底部,（   ）出现在市场头部。

    A. 上吊线   B. 十字星   C. 大阳线   D. 锤子线

4. 光头光脚的长阳线表示当日（   ）。

    A. 空方占优   B. 多方占优   C. 多、空平衡   D. 无法判断

二、名词解释

上下影线   实体   十字星   射击之星   倒锤子线

三、简答题

1. K 线的阴阳如何区分？上下影线的长度如何影响多空双方力量的对比？

2. K 线组合形态出现的位置的高低是否影响该组合形态的判断效果？

3. 运用 K 线理论应该注意一些什么问题？

4. 根据实际情况,谈谈如何提高使用 K 线组合形态的成功率。

C 第六章

期货套期保值策略

学 习 目 标

通过本章的学习,使读者了解套期保值的定义、原理、原则及作用;熟悉商品期货套期保值基本策略、金融期货套利保值基本策略;了解基差、正向市场、反向市场的概念;学会最佳套保比率的计算。

重 点 难 点 提 示

本章难点在于期货套期保值的避险作用及实际操作中可能遇到的问题;基差变动方向不同对套期保值效果存在不同的影响。

第一节　套期保值概述

在市场经济中商品总是存在价格波动,价格波动对相关交易者会带来价格风险,相关交易者常利用用衍生品市场上的金融工具,达到规避自身经营风险的目的。规避风险是期货市场的基本功能之一,期货市场中最常用、最基本的规避风险的办法就是套期保值。

一、套期保值的含义

套期保值(hedging),又称避险、对冲等。广义上的套期保值是指企业运用一个或一个以上的金融工具进行交易,预期全部或部分对冲其生产经营中所面临的价格风险。广义的套期保值选取的工具比较广泛,主要有期货、期权、远期、互换等衍生工具。在本书中,我们将主要讨论期货的套期保值。它是指企业通过持有与现货市场头寸相反的期货合约,或将期货合约作为其现货市场未来要进行的交易的替代物,以期对冲现货价格波动的风险。期货市场中大多数参与者都是套期保值者。套期保值者包括生产者、加工者、贸易商和消费者,也包括银行、券商、保险公司等金融机构。

二、套期保值的原理和原则

套期保值之所以能够达到规避价格风险的目的,其基本原理有两个:

(1)期货和现货价格的同向性。同一品种的商品,其期货价格与现货价格受到相同因素的影响和制约,虽然波动幅度会有所不同,但其价格的变动趋势和方向有一致性。当期货与现货买卖标的相同,方向相反,一方亏损,另一方盈利,盈亏互补,进而达到稳定成本或利润的目的。

(2)期货和现货价格的趋合性。随着期货合约到期日的临近,期货价格和现货价格逐渐趋同,在到期日,二者价格大致相等。若在临近交割期间,期货和现货的价格有明显差异,就存在套利机会。比如,到期交割时,期货价格仍然高于现货价格,套利者争相买进低价现货,在期货市场上高价卖出,实现套利。一旦套利机会出现,众多套利交易者在低买高卖的过程中,推动价格行情变化,其结果会大大缩小两市场间的价差,直到两市价格相差甚微,不可能实现套利为止。

一个期货品种的成功与否,套期保值能否达到既定目标,取决于该品种的期货价格与现货价格的联动关系,还取决于期货市场与现货市场的市场状况及有关交易规则是否有利于套利行为的发生。从这两个经济原理出发,套期保值时必须把握以下四个原则:

第一,反向操作原则。套期保值必须在两个市场上同时采取相反的买卖行为,进行反向操作。只有遵循此原则,交易者才能取得在一个市场上亏损的同时在另一个市场上盈利。

第二,商品种类相同原则。期货交易商品的选择必须与现货市场的相同,只有种类相同,期货价格与现货价格才有可比较的密切关系。

第三,商品数量相等原则。现货市场上买进(或卖出)的现货商品数量等于卖出(或买进)的期货商品数量。若现货数量高于期货数量,则存在未对冲风险的现货商品;若期货数量高于现货数量,则多余的期货头寸成为投机头寸。

第四,月份相同或相近原则。做套期保值交易时,所选用的期货合约的交易月份最好和交易者将要在现货市场上买进或卖出的现货商品的时间相同或相近,因为现货价格与期货价格的趋合性是影响保值效果的因素。

三、套期保值的作用

(一)回避现货价格波动带来的风险

价格波动风险是市场经济中客观存在且又最重要的一种风险。现货生产者、经营者通过套期保值,将价格波动风险转移给投机者,能不同程度地回避风险,从而保障正常的生产、加工利润。

(二)是期货市场价格发现的基础之一

众多的现货生产者、经营者对相关品种的市场情况往往有较为理性的预测。他们只有在价格变动对自己不利时才会作出套期保值决策,进入期货市场买卖期货合约,这有助于增强市场价格发现的功能,并制约投机活动使之理性化。

(三)锁定相关品种的成本,稳定产值和利润

生产、加工企业的目的是获得本行业的正常预期利润。加工企业可通过保值锁定进货成本,从而保证加工利润;而生产企业则可利用期货市场预先卖出,达到稳定收入的目的。

(四)可减少资金占用

由于期货交易保证金的杠杆作用,保值者可以预先用少量的资金控制大量的期货资产。这既能保证今后正常生产经营的需要,又能减少资金占用,降低经营成本,加快资金周转。

(五)提高企业借贷能力

由于套期保值者的经营更加保险,企业向银行融资更加便利,从而提高了企业的借贷能力。

四、套期保值的效率

现货商利用期货市场进行套期保值,以达到对冲现货价格波动风险的目标。但在实际中,套期保值不一定能完全实现该目标。

套期保值的效率指的是套期保值的目标与套期保值的实际结果之间的差异。若实际结果与目标相等,称为完全套期保值。若实际结果与目标不相等,成为不完全套期保值。不完

全套期保值又分为两种：若实际结果比目标更有利，则称盈利性套期保值；若实际结果较目标不利，则称亏损性套期保值。

导致不完美套期保值的原因主要来自以下几方面：

（1）缺少对应的期货品种。

（2）期货合约标的物与现货头寸存在品级差异。

（3）期货市场头寸数量与现货市场头寸数量不匹配。

（4）期货市场价格与现货市场价格变动幅度不一致。

第二节　基差交易与套期保值效果

到目前为止，我们所考虑的套期保值实例接近完美，但这在实际操作中几乎不可能做到。在完全套期保值的实例中，套期保值者可以确定将来买入资产的准确时间，也可以用期货合约来消除几乎所有的在相应时间内由于资产价格变动而带来的风险。在实际中，要做到完全套保并不容易，部分原因如下：

（1）需要套期保值的资产与期货合约标的资产并非完全一致；

（2）套期保值者不能确定资产买入和卖出的具体时间；

（3）套期保值者可能需要在期货到期月之前将期货合约进行平仓。

这些问题就带来了所谓的基差风险。

一、基差概述

（一）基差的概念

基差是某种商品或资产的现货价格与相同商品或资产的某一特定期货合约价格间的价差。用公式可表示为：

基差＝计划进行套期保值的现货价格－用于对冲的期货合约的价格

（二）基差与正反向市场

对于标的物相同的期货合约和现货资产而言，当市场处于期货价格高于现货价格或者远期期货货合约大于近期期货合约时，该市场状态称为正向市场，此时基差为负值。相反，当市场处于现货价格高于期货价格或近期期货合约价格大于远期合约价格时，该市场状态称为反向市场，此时基差为正值。

正向市场主要反映了持仓费，由于持仓费的存在，期货价格通常高于现货价格，市场常处于正向市场。假定某企业希望以当前价格购入在未来3个月后需要使用的某种商品，该企业有两种选择：一是立即买入该商品，将其储存3个月后使用；二是立即购入该商品3个月后交割的期货合约，持有到期，并进行交割。买入现货商品储存3个月后使用，这期间的成本包括仓储费、保险费以及资金占用的利息成本。而买入期货合约除需要交纳保证金产生的资金占用成本外,不产生其他成本。因此,如果期货价格与现货价格相同,所有企业都会选择购买期货而非现货。这就会造成期货合约需求增加,价格上升;现货市场需求减少,价格下跌。这一价格调整直至期货合约价格高出现货合约价格部分刚好与持仓费相等为止,此时企业在选择未来要使用的商品时,期货市场和现货市场的购买成本完全一致。因此,在正向市场中,期货价格高出现货价格的部分与持仓费的高低有关,一般来说,距离交割的期限越近,持有商品的成本就越低,期货价格高出现货价格的部分就越少。

反向市场的出现主要有两个原因:一是近期对某种商品或资产的需求非常迫切,远大于近期产量及库存量,使现货价格大幅度增加,高于期货价格;二是预计将来该商品的供给会大幅度增加,导致期货价格大幅度下降,低于现货价格。

(三)基差的变动

基差的变动如图 6-1 所示。

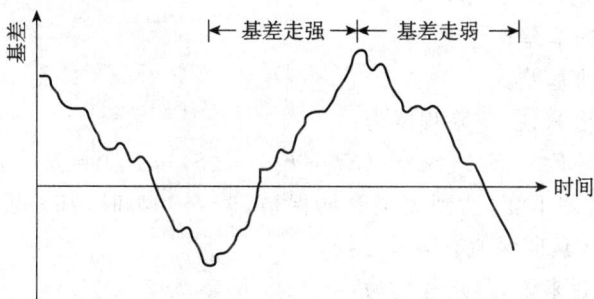

图 6-1 基差的变动

基差变大称为基差"走强",表示基差在代数上的增大,包括:
第一,基差负值缩小(从-100 变为-50);
第二,基差由负变正(从-50 变为 50);
第三,基差正值增大(从 50 变为 100)。
导致基差走强的情况有:现货价格涨幅超过期货价格涨幅;现货价格上涨同时期货价格下跌;现货价格跌幅小于期货价格跌幅。这意味着相对于期货价格表现而言,现货价格走势相对较强。

基差变小称为"走弱",表示基差在代数上的减小,包括:
第一,基差正值缩小;
第二,基差由正变负;
第三,基差负值增大。
导致基差走弱的情况有:现货价格涨幅小于期货价格涨幅;现货价格下跌同时期货价格上涨;现货价格跌幅大于期货价格跌幅。这意味着,相对于期货价格表现而言,现货价格走势相对较弱。

二、基差变动对套期保值效果的影响

我们在前面所举的例子中,均假设基差不变,则期货市场的盈利恰好完全弥补了现货市场的亏损,达到了完全套期保值。但实际中,由于现货价格与期货市场价格分别受现货市场和期货市场的供求因素影响,导致两者变动幅度不完全一致,因此基差也在不断波动,只是变动幅度要比单一市场上资产价格变动幅度小得多。由此看出,套期保值的实质是用较小的基差风险代替较大的现货价格风险,基差变动情况直接影响套期保值效果。

为了进一步讨论基差变化对套期保值的影响程度,我们将使用以下符号:

S_1——在 t_1 时刻的现货价格;

S_2——在 t_2 时刻的现货价格;

F_1——在 t_1 时刻的期货价格;

F_2——在 t_2 时刻的期货价格;

b_1——在 t_1 时刻的基差;

b_2——在 t_2 时刻的基差。

对卖出套期保值者来说,避险程度为:

$$F_1 - F_2 + S_2 - S_1 = (S_2 - F_2) - (S_1 - F_1) = b_2 - b_1 \qquad (6\text{-}1)$$

当 $b_2 = b_1$ 时,即基差不变,达到完全套期保值;若 $b_2 > b_1$ 时,基差走强,有额外盈利;当 $b_2 < b_1$ 时,基差走弱,该套期保值有额外亏损。

对买入套期保值者来说,避险程度为:

$$F_2 - F_1 + S_1 - S_2 = (S_1 - F_1) - (S_2 - F_2) = b_1 - b_2 \qquad (6\text{-}2)$$

当 $b_2 = b_1$ 时,即基差不变,达到完全套期保值;若 $b_1 > b_2$ 时,基差走弱,有额外盈利;当 $b_1 < b_2$ 时,基差走强,该套期保值有额外亏损。

由此,我们得出结论:在现货与期货数量相等的情况下,基差走强时对卖出套期保值有利;基差走弱时,对买入套期保值有利。

综合式(6-1)和式(6-2)加以概括:套期保值的避险程度 = 买入基差 - 卖出基差 = $b_1 - b_2$。

对以上分析加以概括,如表6-1所示:

表 6-1　基差变动与套期保值效果关系

	基差变化	套期保值效果
	基差不变	完全套期保值
卖出套期保值	基差走强	套期保值后存在净盈利
	基差走弱	套期保值后存在净亏损

续表

	基差变化	套期保值效果
	基差不变	完全套期保值
买入套期保值	基差走强	套期保值后存在净亏损
	基差走弱	套期保值后存在净盈利

第三节　商品期货套期保值的操作

在本节中,将通过具体案例进一步阐释卖出套期保值和买入套期保值的应用。需说明的是,虽然套期保值是在期货市场和现货市场建立风险对冲关系,但在实际操作中,两个市场涨跌幅度并不完全相同,因而不一定能保证盈亏完全冲抵。但为了理解套期保值的实质,对本节的案例进行了简化处理,即假设两个市场价格变化幅度完全相同。

一、空头(卖出)商品期货套期保值操作

空头(卖出)套期保值是指在期货市场上卖出与现货市场所持头寸或将来预计持有头寸品种相同、数量相当的期货合约,卖出套期保值主要适用于以下情形:

第一,持有某种商品或资产(此时持有现货多头头寸),担心市场价格下跌,使其持有的商品或资产市场价值下降,或者其销售收益下降。

第二,已经按固定价格买入未来交收的商品或资产(此时持有现货多头头寸),担心市场价格下跌,使其商品或资产市场价值下降或其销售收益下降。

第三,预计在未来要销售某种商品或资产,但销售价格尚未确定,担心市场价格下跌,使其销售收益下降。

【例6-1】　9月初,某地大豆现货价格为2 900元/吨。当地某农场预计年产大豆10 000吨。该农场对当前价格比较满意,但担心待新产大豆上市后,销售价格可能会下跌,该农场决定进行套期保值交易。当日卖出1 000手(每手10吨)第二年3月份交割的大豆合约进行套期保值,成交价格为3 100元/吨。到了第二年1月,随着新大豆大量上市,以及制油企业对大豆需求疲软,大豆价格开始大幅下滑。该农场将收获的10 000吨玉米进行销售,平均价格为2 600元/吨,与此同时将期货合约买入平仓,价格为2 800元/吨。

表6-2　卖出套期保值案例(价格下跌情形)

时　间	现货市场	期货市场
9月5日	市场价格2 900元/吨	卖出第二年3月份大豆期货合约,3 100元/吨
次年1月5日	平均售价2 600元/吨	买入平仓期货合约,2 800元/吨
盈亏	亏损300元/吨	盈利300/吨

在该例子中，该农场通过在期货市场建立一个替代性头寸，即空头头寸，进行卖出套期保值操作，来规避价格下跌风险。由于现货大豆价格下跌，该农场在大豆收获时，每吨大豆少赚 300 元，可视为现货市场亏损 260 元/吨。而期货空头头寸因价格下跌获利 300 元/吨，现货市场的亏损完全被期货市场的盈利对冲。通过套期保值操作，该农场大豆的实际售价相当于是 2 600＋300＝2 900 元/吨，即与 9 月初计划进行套期保值操作时的现货价格相等。套期保值结果见表 6-1。套期保值使农场不再受未来价格变动不确定性的影响，保持了经营的稳定性。如果该农场不进行套期保值，价格下跌将导致收益减少 300 元/吨，这将减少农场的利润，甚至会导致亏损。

在该例子中，大豆的市场价格也可能朝相反的方向变动，即价格出现上涨的情形。假设经过 4 个月后，现货价格涨至 3 100 元/吨，期货价格涨至 3 300 元/吨。该套期保值结果见表 6-3。

表 6-3　卖出套期保值案例（价格上涨情形）

时　　间	现货市场	期货市场
9 月 5 日	市场价格 2 900 元/吨	卖出第二年 3 月份大豆期货合约，3 100 元/吨
次年 1 月 5 日	平均售价 3 100 元/吨	买入平仓期货合约，3 300 元/吨
盈亏	盈利 200 元/吨	亏损 200/吨

在这种情况下，因价格上涨该农场大豆现货销售收益增加 200 元/吨，但这部分现货的盈利被期货市场的亏损所对冲。通过套期保值，该农场大豆的实际售价仍为 3 100－200＝2 900 元/吨，与最初计划套期保值时的现货价格相等。该情况下，农场似乎不进行套期保值操作会更好些，因为可以实现投机性的收益 200 元/吨。但需要注意的是，农场参与套期保值操作的目的是为了规避价格不利变化的风险，而非获取投机性收益。事实上，套期保值操作在规避风险的同时，也放弃了获取投机性收益的机会。如果农场不进行套期保值，虽然可以在价格有利变化时获取投机性收益，但也要承担价格不利变化时的风险，这将增加其经营结果的不确定性。

二、多头（买入）套期保值的操作

多头（买入）套期保值是指在期货市场上买入与现货市场所持头寸或将来预计持有头寸品种相同、数量相当的期货合约，买入套期保值的操作主要适用于以下情形：

第一，预计在未来要购买某种商品或资产，购买价格尚未确定时，担心市场价格上涨，使其购入成本提高。

第二，目前尚未持有某种商品或资产，但已按固定价格将该商品或资产卖出（此时处于现货空头头寸），担心市场价格上涨，影响其销售收益或者采购成本。例如，某商品的生产企业已按固定价格将商品销售，那么待商品生产出来后，其销售收益就不能随市场价格上涨而增加。再如，某商品的经销商已按固定价格将商品销售，待其采购该商品时，价格上涨会使其采购成本提高。这都会使企业面临风险。

第三,按固定价格销售某商品的产成品及副产品,但尚未购买该商品进行生产(此时处于现货空头头寸),担心市场价格上涨,购入成本提高。

【例6-2】 某年3月初,铜材的现货价格为28 500元/吨,某铜材加工厂商计划5月份使用2 500吨铜材,由于目前库存已满,且能满足当前生产使用,如果现在购入,要承担仓储费和资金占用成本,但等到5月份再购买铜材料可能面临价格上涨的风险。于是该厂决定进行铜的买入套期保值。3月初,该厂以28 500元/吨的价格买入500手(每手5吨)6月份到期的铜期货合约。到了5月初,现货市场铜价格上涨至28 850元/吨,期货价格上涨至29 050元/吨。此时,该铜材加工厂按照当前的现货价格购入2 500吨铜,同时将期货多头头寸对冲平仓,结束套期保值。该铜材加工厂的套期保值结果见表6-4。

表6-4 买入套期保值案例(价格上涨情形)

时 间	现货市场	期货市场
3月6日	市场价格28 500元/吨	买进6月份铜期货合约,28 700元/吨
5月6日	平均售价28 850元/吨	卖出平仓期货合约,29 050元/吨
盈亏	亏损350元/吨	盈利350/吨

在该案例中,铜材加工厂在过了2个月后以28 850元/吨的价格购入铜材料,与3月初的28 500元/吨的价格相比高出350元/吨,相当于亏损350元/吨。但在期货交易中盈利350元/吨,刚好与现货市场的亏损相对冲。通过套期保值,该铜材加工厂实际购买铜材料的成本为28 850-350=28 500元/吨,与3月初现货价格水平完全一致,相当于将5月初要购买的铜材料价格锁定在3月份的价格水平,完全规避了铜价上涨带来的成本增加的风险。

假如5月初铜现货价格不涨反跌,现货、期货价格都下跌了300元/吨,则铜材加工厂的套期保值结果见表6-5。

表6-5 买入套期保值案例(价格下跌情形)

时 间	现货市场	期货市场
3月6日	市场价格28 500元/吨	买进6月份铜期货合约,28 700元/吨
5月6日	平均售价28 200元/吨	卖出平仓期货合约,28 400元/吨
盈亏	盈利300元/吨	亏损300元/吨

在这种情形下,因价格下跌该铜材加工厂购入铜材料的成本下降300元/吨,但这部分现货的盈利被期货市场的亏损所对冲。通过套期保值,该铜材加工厂实际采购铜价为28 200+300=28 500元/吨,与3月初现货市场铜价相等。该情况下,铜材加工厂似乎不进行套期保值操作会更好些,因为可以实现投机性收益300元/吨。但需要注意的是,铜材加工厂参与套期保值操作的目的是为了规避价格不利变化的风险,而非获取投机性收益。事实上套期保值操作在规避风险的同时,也放弃了获取投机性收益的机会。如果铜材加工厂

不进行套期保值,虽然可以在价格有利变化时获取投机性收益,但也要承担价格不利变化时的风险,这将增加其经营结果的不确定性。

现货商无论是使用金属期货、农产品期货或是能源期货等,都是为了达到规避现货市场价格波动的风险的目的,而现货价格风险来自两方面,即价格上涨带来的成本增加与价格下跌带来的利润减少,这使得现货商在利用期货市场对冲风险时的操作相对简便,只需要构建与现货市场品种相同或相关、数量期限一致、方向相反的期货合约即可。

三、商品期货最优套保比率

在实际套期保值过程中,基差不断变化,说明参与套期保值的期货和现货价格波动有所不同。因此,前述案例中现货期货数量 $1:1$ 的套期保值比率在实际中会导致基差风险。那么实际套期保值的比率应使得被对冲头寸价格变化的方差达到极小,我们采用以下符号:

ΔS——在对冲期限内,现货价格 S 的变化;

ΔF——在对冲期限内,期货价格 F 的变化;

σ_S——ΔS 的标准差;

σ_F——ΔF 的标准差;

ρ——ΔS 与 ΔF 的相关系数;

h^*——使得对冲着的头寸变化的方差达到极小的对冲比率。

最优套期保值比率要达到这样一个目标:使得实际中现货价格的波动率(σ_S)和期货价格的波动率(σ_F)匹配起来。因此,最佳套期保值比率 h^* 是以 ΔS 和 ΔF 进行回归时所产生的最优拟合直线的斜率。

$$h^* = \rho \frac{\sigma_S}{\sigma_F} \qquad (6\text{-}3)$$

式(6-3)表明,最优套期保值比率等于 ΔS 与 ΔF 的相关系数乘以 ΔS 的标准差与 ΔF 的标准差之间的比率。如果 $\rho=1$ 且 $\sigma_S=\sigma_F$,最优套期保值比率 h^* 为1,因为此时期货价格正等于现货价格。如果 $\rho=1$ 且 $\sigma_F=2\sigma_S$,最优套期保值比率 h^* 为 0.5,因为此时期货价格变化幅度是现货价格变化幅度的 2 倍。

有了最优套期保值比率后,便可以计算套期保值的最优合约数量。为了计算对冲所采用的合约数量,我们定义:

Q_A——被对冲头寸的大小(数量);

Q_F——合约的规模(数量);

N^*——用于对冲的最优期货合约数量。

由式(6-3)得出,用于套期保值的期货合约面值为 $h^* Q_A$,因此采用的期货合约数量为:

$$N^* = h^* \frac{Q_A}{Q_F} \qquad (6\text{-}4)$$

【例 6-3】　某航空公司预计在今后一个月需要购买 200 万加仑飞机燃料油,并决定用加热油来进行对冲。假定已知 15 个连续月份的每加仑飞机燃料油价格变化 ΔS,以及相应月份的每加仑加热油期货价格的变化 ΔF。

为了估计最小方差对冲比率,通过计算得到期货的标准差 $\sigma_F = 0.031\,3$,燃料油的标准差 $\sigma_S = 0.026\,3$,以及相关系数 $\rho = 0.928$,根据式(6-3),得到

$$h^* = 0.928 \times \frac{0.026\,3}{0.031\,3} = 0.778$$

该结果表明,航空公司应该根据其风险暴露的 77.8% 确定加热油期货合约的数量。

确定最优套期保值比率后,根据式(6-4)求出最佳套期保值的期货合约数量。NYMEX 的每一份加热油期货合约的规模为 42 000 加仑,由式(6-4)计算得出:

$$0.778 \times \frac{2\,000\,000}{42\,000} = 37.03$$

即为了对冲 200 万加仑飞机燃料油现货价格波动风险,需要购入约 37 份加热油期货合约。

第四节　金融期货套期保值交易

一、股指期货套期保值交易

(一) 股指期货套期保值的作用

股票投资的风险可以分解成系统风险与非系统风险两部分。投资分散化可以降低乃至消除投资组合的非系统风险,但系统性风险无法通过充分分散的投资组合来消除。因此,需要衍生金融工具——股票指数期货来降低或消除系统性风险。

通过买卖股票指数期货,可以对下述风险进行套期保值:已持有股票价格下跌;大量现货股票上市引起的股价下跌;拟购股票价格上涨。股指期货的套期保值分为买入套期保值和卖出套期保值。买入套期保值是指准备持有股票的个人或机构,如打算通过认股及兼并另一家企业的公司,为避免股价上升而在期货市场买进股指期货。卖出套期保值是指股票持有者,如投资者、承销商、基金经理,为避免股价下跌而在期货市场卖出股指期货。

(二) 股指期货套期保值原理

利用股指期货,可以根据自身的预期和特定的需求改变股票投资组合的 β 系数,从而调整股票组合的系统性风险与预期收益。除此之外,还可利用股指期货做现货投资组合保险:预先设定一个组合价值的底线,根据此底线对部分股票组合进行套期保值,消除部分系统性风险;之后,根据组合价值的涨跌情况,买入或卖出相应数量的股指期货合约,不断调整套期保值的比重,既可以防止组合价值跌至预设底线之下的风险,又可以获得部分股票承担系统

性风险的收益。

（三）股指期货套期保值的种类

1. 买入套期保值

投资者在将来有一笔收入准备购买股票，就可以利用股票指数期货合约进行套期保值，建立股票指数期货合约多头头寸，以期在股票价格上升后，用期货市场的收益来抵补在股票现货市场高价购进股票的损失。

【例 6-4】 某机构在 4 月 15 日得到承诺，6 月 10 日会有 300 万元资金到账。该机构看中 A、B、C 三只股票，现在价格分别为 20 元、25 元、50 元，如果现在就有资金，每只股票投入 100 万元就可以分别买进 5 万股、4 万股、2 万股。由于现在处于行情看涨期，他们担心资金到账时，股价已经上涨，就买不了这么多股票了。于是，采取买进股指期货合约的方式锁定成本。假定相应的 6 月到期的期指为 2 500 点，每点乘数为 100 元。三只股票的 β 系数分别为 1.5、1.3 和 0.8，则首先计算应该买进多少指数期货合约。

三只股票组合的 β 系数为：

$$1.5 \times 1 \div 3 + 1.3 \times 1 \div 3 + 0.8 \times 1 \div 3 = 1.2$$

应该买进期货指数合约数 $= 3\,000\,000 \div (2\,500 \times 100) \times 1.2 = 14.4$（张）

6 月 10 日，该机构如期收到 300 万元，这时现指与期指均已上涨了 10%，即期指已涨至 2750 点，而三只股票分别上涨至 23 元（上涨 15%）、28.25 元（上涨 13%）、54 元（上涨 8%）。如果仍旧分别买进 5 万股、4 万股和 2 万股，则共需资金：23 元×5 万股＋28.25 元×4 万股＋54 元×2 万股＝336 万元。显然资金缺口为 36 万元。

由于他们在指数期货上做了多头保值，6 月 10 日将期指合约卖出平仓，共可获利14.4×(2 750－2 500)×100＝36 万元，弥补资金缺口。可见，通过套期保值，该机构实际上已把 1 个多月后买进股票的价格锁定在 4 月 15 日的水平上了。同样，如果到时股指和股票价格都跌了，实际效果仍旧如此。这时，该机构在期货合约上亏损，但由于股价相应降低，扣除亏损的钱后，余额仍旧可以买到事先确定的股票数量。

2. 卖出套期保值

卖出套期保值是指交易者为了回避股票市场价格下跌的风险，通过在股指期货市场卖出股票指数的操作，而在股票市场和股指期货市场上建立盈亏冲抵机制。进行卖出套期保值的情形主要是：投资者持有股票组合，担心股市大盘下跌而影响股票组合的收益。

【例 6-5】 国内某证券投资基金在某年 9 月 2 日，其收益率已达到 26%，鉴于后市不太明朗，下跌的可能性很大，为了保持这一业绩到 12 月，决定利用沪深 300 股指期货实行保值。假定其股票组合的现值为 2.24 亿元，并且其股票组合与沪深 300 指数的 β 系数为 0.9。假定 9 月 2 日现货指数 3 400 点，而 12 月到期的期货合约为 3 650 点。该基金首先要计算卖出多少期货合约才能使 2.24 亿元的股票组合得到有效保护。

应卖出的期货合约数＝2 240 000 000÷(3 650×300)×0.9≈184(张)

12月2日,现货指数跌到2 200点,而期货指数跌到2 290点。现货指数跌1 200点,跌幅约35.29%;期货指数跌1 360点,跌幅大致为37.26%。这时该基金买进184张期货合约进行平仓,该基金的损益情况为:

股票现货损失:

$$35.29\% \times 0.9 \times 2.24 = 0.711\ 45\ 亿元$$

股指期货盈利:

$$184 \times 1\ 360 \times 300 \div 100\ 000\ 000 = 0.750\ 72\ 亿元$$

盈亏相抵后存在净盈利0.039 27亿元,分析过程见表6-6。

表6-6　股指期货套期保值案例

时间	现货市场	期货市场
9月2日	股票总值2.24亿元,沪深300现货指数为3 400点	卖出184张12月到期的沪深300股指期货合约,期货指数为3 650点,合约总价值为2.014 8亿元(=184×3 650×300)
12月2日	沪深300现货指数跌至2 200点,该基金持有的股票价值缩水为1.528 6亿元	买入184张12月到期的沪深300股指期货合约平仓,期货指数为2 290点,合约总值为1.264 08亿元(=184×2 290×300)
盈亏	亏损0.711 45亿元	盈利0.750 72元

(四)股指期货最佳套期保值比率

股指期货与商品期货在套期保值操作中有一个很大的差别,即在商品期货中,期货合约交易的对象与现货交易中的对象是一致的。比如:100吨白糖,对应着10张期货合约(每张合约10吨)。然而,在股指期货中,只有买卖指数基金或严格按照指数的构成买卖一揽子股票,才能做到完全对应。事实上,对绝大多数投资者而言,并不总是按照指数成分股来构建股票组合。要有效地对投资者的股票组合进行保值,需要确定一个合理买卖股指期货合约的数量,这需要引入"β系数"这一概念。

1. 单个股票的β系数

单个股票的β系数衡量该股的股价变动与某一市场指数变动的关联性。β的计算公式如式(6-5)所示:

$$\beta = \frac{\text{Cov}(r_i, r_m)}{\sigma^2(r_m)} \tag{6-5}$$

其中,r_i为单个股票收益率,r_m市场组合(指数)收益率,$\text{Cov}(r_i, r_m)$为个股收益率与市场组合收益率的协方差,$\sigma^2(r_m)$为市场组合收益率的方差。

具体来看,假定某股票的收益率和指数收益率如表6-7所示。

表 6-7　个股收益率与指数收益率对应表　　　　　　　　　　　%

股票收益率(r_i)	10	3	15	9	3
指数收益率(r_m)	4	2	8	6	0

我们可以通过散点图(见图)来观察它们之间的关系,并用一条直线来拟合它们。利用计量与统计的相关理论,估算出直线方程如下:

$$\hat{r} = \alpha + \beta \times r_m$$

用最小二乘法估计出直线中的两个系数:截距 α 和斜率 β。

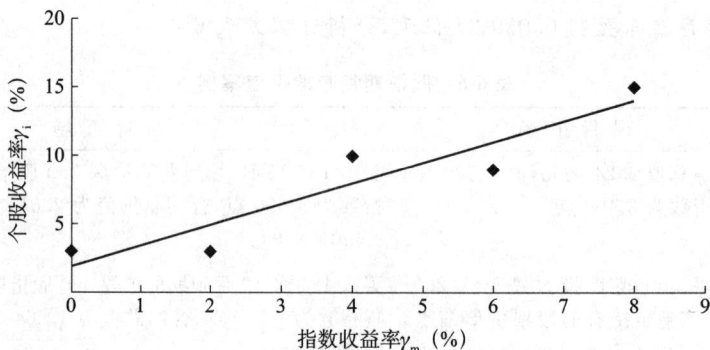

图 6-2　个股收益率与指数收益率对应图

拟合出的直线如图 6-2 所示:$\hat{r_i} = 2\% + 1.5r_m$。

其中系数 $\alpha = 0.02$,系数 $\beta = 1.5$。β 为该直线的斜率,表示个股收益率和指数收益率同方向变动,且变动幅度是指数收益率的 1.5 倍。例如:指数收益率增加 3%,该股收益率增加 4.5%;指数收益率减少 4%,则该股收益率减少 6%。如果 β 系数等于 1,则表明股票收益率的变化与指数收益率变化保持一致。显然,当个股 β 系数大于 1 时,说明该股的波动或风险程度高于以指数衡量的整个市场的波动或风险;而当个股 β 系数小于 1 时,说明该股的波动或风险程度低于以指数衡量的市场的波动或风险。

2. 股票组合的 β 系数

当投资者拥有一个股票组合时,就要计算这个组合的 β 系数。假定组合 P 由 n 只股票组成,第 i 只股票的资金比例为 X_i(有 $X_1 + X_2 + \cdots + X_n = 1$);$\beta_i$ 为第 i 只股票的 β 系数。可知,$\beta_P = X_1\beta_1 + X_2\beta_2 + \cdots + X_n\beta_n$。在实际中,一般由历史表现计算出 β,并用该历史的 β 系数表示将来的 β 系数。股票组合的 β 系数比单个股票的 β 系数可靠性要高,在应用中,也可根据实际情况,对 β 系数进行修改与调整。

(五)股指期货套期保值中合约数量的确定

计算出了 β 系数,就可以进一步计算要冲抵现货市场中股票组合的风险所需要买入或卖出的股指期货合约数量:

$$买卖期货合约数＝现货总价值÷(期货指数点×每点乘数)×\beta 系数$$

其中,公式中的"期货指数点×每点乘数"实际上就是一张期货合约的价值。从公式中不难看出:当现货总价值和期货合约的价值定下来后,所需买卖的期货合约数就与 β 系数的大小有关, β 系数越大,所需的期货合约数就越多,反之则越少。

二、外汇期货套期保值交易

全球经济下,由于企业通常会在国际范围内收付大量外币或拥有以外币表示的债权债务,或以外币标示其资产与负债的价值,而各国使用的货币不同,加上国际间汇率频繁波动,会使得企业的实际收益与预期收益或实际成本与预期成本发生背离,给企业带来蒙受损失或获得收益的不确定性,产生外汇风险。企业在经营过程中需利用相应的金融衍生工具来对冲外汇风险,外汇期货市场进行套期保值能有效地规避外汇风险,减小企业收益波动。

1. 多头套期保值

首先在期货市场买入外汇期货合约为多头套期保值。由于在外汇期货交易中,一般的期货合约均是美元对某种货币的合约,当某种货币视为外汇时,多头套期保值者应该在期货市场首先买入某种货币对美元的期货合约。

【例6-6】　美国进口商10月6日与某英国公司签订了进口价值25万英镑的货物进口合同。合同规定美国进口商一个月后用英镑付款。为回避英镑汇率在此期间上升的风险(英镑汇率上升,付同样数量的英镑要用更多的美元),美国进口商于10月6日买入4张12月交割、每张合约6.5万英镑的英镑期货合约,价格是1.5540。11月6日,英镑对美元的现货汇率从一个月前的1英镑1.5450美元上升到1英镑1.5750美元,同日,12月交割的英镑的期货市场价格为1.5830美元。美国进口商于11月6日平仓英镑期货合约(价格为1.5830美元),从现货市场上买入25万英镑。全部过程见表6-8。

表6-8　外汇多头套期保值案例

时　间	现货市场	期货市场
10月6日	1.5450美元/英镑	买进英镑期货合约,1.5540美元/英镑
11月6日	1.5750美元/英镑	卖出英镑期货合约,1.5830美元/英镑
盈亏	亏损7500美元	盈利7250美元

美国进口商在期货市场的盈利为:

$$(1.5830-1.5540)×65000×4=7250(美元)$$
$$(1.5750-1.5450)×250000=7500(美元)$$

此次外汇多头套期保值盈亏相抵后,存在净亏损,亏损额为7500-7250=250美元。

2. 空头套期保值

首先在期货市场卖出外汇期货合约为空头套期保值,与多头套期保值方向相反。具体操作中,空头套期保值卖出某种货币对美元的期货合约。

【例6-7】 某德国公司3月11日与某美国公司签订了延迟付款协议:德国公司应付美国公司的货款,将于两个月后以欧元支付,总额为25万欧元。为回避欧元汇率在此期间下降的风险(欧元汇率下降,得到同样数量的欧元兑换成的美元数量减少),美国公司于3月11日卖出2张6月交割、每张合约12.5万欧元的欧元期货合约,价格是0.9780美元。4月11日,欧元对美元的现货汇率从一个月前的1欧元0.9756美元下降到1欧元0.9657美元,同日,6月交割的欧元的期货市场价格为0.9674美元。美国公司于4月11日,平仓欧元期货合约,价格为0.9674美元,并将德国公司所付的25万欧元在现货市场卖出。过程见表6-9。

表6-9 外汇空头套期保值案例

时　间	现货市场	期货市场
3月11日	0.9756美元/英镑	卖出欧元期货合约,0.9780美元/欧元
4月11日	0.9657美元/英镑	买入欧元期货合约,0.9674美元/欧元
盈亏	亏损2475美元	盈利2650美元

美国出口公司在期货市场盈利为:
$$(0.9780-0.9674)\times125\,000\times2=2\,650(美元)$$
美国出口公司在现货市场亏损为:
$$(0.9756-0.9657)\times250\,000=2\,475(美元)$$
此次外汇空头套期保值盈亏相抵后,存在净盈利,盈利额为$2\,650-2\,475=175$美元。

3. 交叉套期保值

外汇期货市场上一般有多种外汇对美元的期货合约,而非美元的其他两种货币之间的期货合约很少。如果要防止非美元的其他两种货币之间的汇率风险,就要使用交叉套期保值。所谓交叉套期保值,是指利用相关的两种外汇期货合约为一种外汇保值。

【例6-8】 5月10日,德国一出口商向英国出口一批货物,计价货币为英镑,价值500万英镑,3个月收回货款。5月10日英镑对美元汇率为1.2美元/英镑,马克对美元汇率为2.5马克/美元,则英镑以马克套算汇率为3马克/英镑(1.2美元/英镑×2.5马克/美元)。为防止英镑对马克汇率下降,该公司决定对英镑进行套期保值。由于不存在英镑对马克的期货合约,该公司可以通过出售80份英镑期货合约(5 000 000英镑÷63 500英镑≈80)和购买120份马克期货合约(5 000 000英镑×3马克/英镑÷12 500=120),达到套期保值的目的。

该出口商在现货市场上损失250万马克,在期货市场上盈利137.8万美元,当时马克对美元的现汇汇率为1.8500马克/美元,则期货市场上盈利折合254.93万马克。期货市场上的盈利弥补了现货市场上的亏损,并有净盈利4.93万马克。过程见表6-10。

表 6-10　外汇交叉套期保值案例

时 间	现货市场	期货市场
5 月 10 日	3 马克/英镑	卖出 80 份 9 月英镑期货合约价格为 1.1 美元/英镑,总价值 550 万美元;买入 120 份 9 月马克期货合约,价格为 0.434 8 美元/马克,总价值 652.2 万美元
9 月 10 日	2.5 马克/英镑	买入 80 份 9 月英镑期货合约价格为 1.02 美元/英镑,总价值 510 万美元;卖出 120 份 9 月马克期货合约,价格为 0.5 美元/马克,总价值 750 万美元
盈亏	亏损 250 万马克	英镑期货盈利 40 万美元,马克期货盈利 97.8 万美元

三、利率期货套期保值交易

为使手中持有的债券不因利率的变化而蒙受损失,投资者往往利用利率期货采取套期保值措施。利率期货套期保值同样分为买入套期保值和卖出套期保值两类。

1. 买入套期保值

【例 6-9】　8 月 15 日,某投资者打算把 11 月 15 日将得到的一笔美元收入以 LIBOR 利率存入银行。该笔美元数量为 1 000 万美元。为避免因利率下降引起的利息收入损失,该投资者决定运用多头套期保值策略对此金额进行套期保值,具体操作过程如表 6-11 所示。

表 6-11　利率买入套期保值案例

时 间	现货市场	期货市场
8 月 15 日	3 个月 LIBOR 利率为 8%	买入 10 单位欧洲美元期货合约,价格 91.00
11 月 15 日	3 个月 LIBOR 利率为 7.5%	卖出 10 单位欧洲美元期货合约,价格 91.50
盈亏	亏损 12 500 美元	盈利 12 500 美元

具体来看,期货市场盈利:
$$(91.5\%-91\%)\times1\,000\,000\times10\times90\div360=12\,500(美元)$$
现货市场亏损:
$$(8\%-7.5\%)\times10\,000\,000\times90\div360=12\,500(美元)$$
此次利率套期保值实现盈亏相抵。

2. 卖出套期保值

【例 6-10】　某投资者预计在 3 月初至 12 月中旬有一笔闲置资金,总金额为 100 万美元。他准备将该笔资金投资于长期国债,为避免利率上升带来的损失,他决定利用期货市场卖出长期国库券期货合约进行套期保值。具体操作如表 6-12 所示。

表 6-12　长期国库券期货套期保值案例

时　间	现 货 市 场	期 货 市 场
3 月 2 日	买入面值 100 万美元、息票利率为 (7 1/4)%，于次年 2 月到期的长期国债，价格为 (86 1/32)%	卖出 10 份 12 月长期国债期货合约，价格为 (92 5/32)%
12 月 2 日	卖出所持国债，价格为 (82 9/32)	买入 10 份 12 月长期国债期货合约，价格为 (89 19/32)
盈亏	亏损 37 500 美元	盈利 25 625 美元

具体来看，期货市场盈利：

$$[(92+5/32)-(89+19/32)]\% \times 100\ 000 \times 10 = 25\ 625\ 美元$$

现货市场损失：

$$[(82+9/32)-(86+1/32)]\% \times 1\ 000\ 000 = -37\ 500\ 美元$$

套期保值结果存在净损失 11 875 元。

同步测练

1. 什么是套期保值？套期保值操作原则有哪些？

2. 什么是不完全套期保值？导致不完全套期保值的原因有哪些？

3. 假设现在是 5 月 15 日，公司 A 签订一份出售 100 万桶原油的合同，销售合约中的价格为 8 月 15 日的现货价格。报价情况如下：原油现货价格为 119 美元/桶；8 月份的原油期货价格为 116 美元/桶；期货规模为 1 000 桶/份（NYMEX 标准）。利用何种套期保值方式对冲该交易风险？如何对冲该合同的风险？

4. 1 月 15 日，某铜材加工商预知 5 月 15 日需要购买 10 万磅铜，已知铜的现货价格为 1.4 美元/磅，5 月份的铜期货价格为 1.2 美元/磅，合约的规模为 2.5 万磅/份（NYMEX 标准）。利用何种套期保值方式对冲该交易风险？如何对冲该交易的风险？

5. 设计 4 个月有效期的 S&P500 指数期货合约对冲股票在未来三个月的风险。一份指数期货合约的价值等于（指数 × 500）美元。（做期货空头）设初始时刻：S&P 指数 = 200 S = 204 万美元 $r = 10\%$（连续复利的无风险利率），指数红利率 $q = 4\%$ $\beta = 1.5$ 求最佳对冲的股指期货份数。

6. 设一经理的 5 000 000 美元的投资组合的 β 系数为 0.8，所使用股指期货合约的 β 系数为 1.05，一份期货合约价值为 240 000 美元。求：(1) 计算将 beta 调至 1.1 需要的期货头寸及数量；(2) 计算将 beta 调至 0.0 所需的期货头寸及数量；(3) 如果出售 20 份期货，则组合的 beta 系数为多少？

7. 假设某年年初时某美国公司 A 在德国的子公司 B 预计今年年底需要汇回母公司的净利润为 4 300 000 欧元，1 月 2 日和 12 月 15 日 IMM 欧元现货和期货的价格如下所示：

	1 月 2 日	12 月 15 日
欧元现货价格	1.170 0 美元/欧元	1.150 0 美元/欧元
12 月份欧元期货价格	1.155 4 美元/欧元	1.150 0 美元/欧元

为担心到时美元升值，B 公司拟在 IMM 做外汇期货套期保值以减小可能的损失。应如何操作？

C

第七章

HAPTER SEVEN

期货投机与套利

学 习 目 标

通过本章学习,使读者了解期货投机的概念、特点、分类及作用;熟悉期货投机交易策略;了解套利和基差的概念;学会三种形式的套利策略。

重 点 难 点 提 示

本章难点在于掌握期货投机与期货套利的区别,以及发现期货套利区间。

第一节　期货投机交易概述

一、期货投机的定义

投机在英文中是"Speculation"，原意为"预测"，运用在商业领域则是指投资者预测市场行情将向有利于自身投资的方向发展，而参与某种投资的行为。期货投机是指交易者通过预测某个期货合约未来价格的变化或多种期货合约价格关系的变化，设计出一系列投资交易策略，并加以实施，以在期货市场上获取预期收益的期货交易行为。

二、期货投机交易的特点

期货交易一向被认为是投机意识十足的投资工具，由于这种交易采取保证金方式，吸引了大量旨在赚取价差，根本没有套期保值需求的投资者。投机交易与套期保值交易相比，具有以下特点。

（一）以获利为目的

从交易目的来看，期货投机交易试图低价买进高价卖出或高价卖出低价买进，以获得价差收益；套期保值交易的目的是利用期货交易市场规避现货价格波动的风险。

（二）不需要实物交割而买空卖空

从交易方式来看，期货投机交易是在单一期货市场上进行买卖操作，从而获得价差收益，投机者并没有商品需要保值；而套期保值交易则是在现货与期货市场上同时操作，以期达到对冲现货市场价格波动风险的目的。

（三）承担风险，有盈有亏

期货市场中的风险是客观存在的，套期保值者需要转移价格风险，投机者便成为这种风险的承担者。投机者在交易中收益来自价差变动，承担相应的价差风险；而套期保值者主要承担基差风险，基差反映了现货市场和期货市场价格联动的关系，因此基差风险要小于单个市场的价差风险。

（四）交易频繁且交易量较大

投机为市场提供了大量交易资金，同时降低了市场的交易成本。这样又吸引新的投机者加入，从而市场的交易量大为增加，交易比较频繁，使市场具有更大的流动性。

（五）交易方式多种多样

由于买空和卖空的风险太大，因而投机交易发展了各种套利交易方式，企图将交易风险限定在一定程度内。

投机交易除了上述主要特点外,还有交易时间短、信息量大、覆盖面广的特点。这为投机交易的迅速发展奠定了基础,也为期货市场的发展创造了条件。

三、期货投机交易的分类

投机交易的具体操作手法多种多样,现按不同的分类方式阐述如下。

（一）按持有头寸方向不同可分为多头投机和空头投机

多头投机俗称"做多头",其操作手法是"买空"（long）。它是指投机者预测期货行情上涨时先买进期货合约,希望等它上涨后平仓获利。多头投机者在期货市场上处于多头部位。

【例 7-1】 某投资者预测国内铜价将受国际铜价趋势的带动而上涨,于是做了多头投机,以 19 800 元/吨入市,买入铜期货合约 4 手,每手 5 吨。一个月后,铜价上涨,投资者以 20 200 元/吨平仓获利,共获利（20 200－19 800）×5×4＝8 000 元。

空头投机也叫作"做空头",其操作手法是"卖空"（short）。这是指投机者预测期货价格行情将下跌而先卖出期货合约,希望等价格下跌后平仓获利。空头投机者在期货市场上处于空头部位。

【例 7-2】 某投机者对国内大豆期货交易进行分析预测,认为大豆价格即将从高位下跌,于是果断入市,以 2 950 元/吨的价格卖空。一个星期后,大豆价格跌至 2 750 元/吨时平仓,每吨获利 200 元。

（二）从投机的原理不同来看,可分为常规投机和套利投机

常规投机是指纯粹利用单个期货品种价格的波动进行投机。常规投机按照持有头寸时间长短,可分为一般头寸投机（position trade）、当日投机（day trade）以及逐小利投机［即抢帽子（scalp）］。

一般头寸投机者持仓时间较长。他们以多种商品期货为对象,一般利用较长时间的价差来获利,交易量较大。当日投机者只进行当天平仓期货交易,交易对象为他们认为有利可图的各种期货合约,希望利用较大差价获利。抢帽子者是随时买进或卖出,赚取很小价差的投机者,他们交易频繁,往往一天内买卖合约数次,其交易商品期货品种较为单一,但交易量一般较大。抢帽子者对于增强市场流动性具有十分重要的意义。

套利投机是指利用期货合约之间、现货和期货之间的价格关系进行投机,也就是通常所说的套期图利交易。

四、期货投机的作用

期货投机交易是期货市场不可缺少的重要组成部分,发挥着特有的作用,主要体现在以下几个方面。

（一）承担价格风险

期货市场的一个主要经济功能是为生产者、加工者和经营者提供现货价格风险转移的工具。期货投机者在博取风险收益的同时，承担了相应的价格风险。如果期货市场上只有套期保值者，没有这些风险承担者参与交易，那么只有在买入套期保值者和卖出套期保值者的交易数量完全相符时，交易才能实现，风险才能得以转移。但从实际来看，买入套期保值者和卖出套期保值者之间的不平衡是经常发生的现象，期货投机者的加入恰好能抵消这种不平衡，从而使套期保值交易得以顺利实现。由此可见，如果没有投机者的加入，套期保值交易活动就难以进行，期货市场风险规避的功能也就难以发挥，因而可以说，正是期货投机者承担了期货价格风险，才使得套期保值者能够有效规避现货价格波动的风险，也使其现货经营平稳运行。

（二）促进价格发现

期货市场汇集了几乎所有关于期货合约商品的供求信息。期货投机者的交易目的不是实物交割，而是利用价格波动获取价差利润，这就要求投机者必须利用各种手段收集整理有关价格变动的信息，分析市场行情。同时，期货市场把投机者的不同交易指令集中在交易所内进行公开竞价，由于买卖双方彼此竞价所产生的互动作用使得价格趋于合理。期货市场的价格发现功能正是由所有市场参与者对未来市场价格走向预测的综合反映体现的。交易所每天向全世界发布市场交易行情和信息，使那些置身于期货市场之外的企业也能充分利用期货价格作为其制定经营战略的重要参考依据。

（三）减缓价格波动

适度的投机能够减缓期货市场的价格波动。投机者进行期货交易，总是力图通过对未来价格的正确判断和预测赚取价差利润。当期货市场供大于求时，市场价格低于均衡价格，投机者低价买进期货合约，从而增加了市场需求，使期货价格上涨，供求重新趋于平衡；反之，当期货市场供不应求时，市场价格则高于均衡价格，投机者会高价卖出期货合约，从而增加了市场供给，使期货价格下跌，也能使供求重新趋于平衡。可见，期货投机对于缩小期货价格波动幅度发挥了很大作用。

当然，减缓价格波动作用的实现是有前提的：一是投机者要理性化操作，违背期货市场运作规律进行操作的投机者最终会被市场所淘汰；二是适度投机，操纵市场等过度投机行为不能减缓价格波动，而且会人为拉大供求缺口，破坏供求关系，加剧价格波动，加大市场风险。因此，遏制过度投机、打击市场操纵行为是各国期货市场监管机构的一项重要任务。

（四）提高市场流动性

市场流动性即市场交易的活跃程度。一般来说，在流动性较高的市场上，交易者众多，交易也较为活跃。反之，如果市场流动性较低，则交易较为清淡。可以说，期货交易是否成功，在很大程度上取决于市场流动性的大小，而流动性又取决于投机者的多寡和交易频率。

期货市场上的投机者就像润滑剂一样,为套期保值者提供了更多的交易机会。投机者通过对价格的不同预测,有人看涨,有人看跌,交易积极,这实际上扩大了交易量,使套期保值者无论是买进还是卖出都能很容易地找到交易对手,自由地进出期货市场,从而在客观上提高了市场的流动性。

五、投机交易策略

(一)资金管理策略

资金的管理是指资金的配置问题,其中包括投资组合的设计、交易品种多样化、各市场的资金比例等。交易者应将期货市场的投资限于其全部资本的 50% 以内,余额用来保护可能出现的损失。在单个期货市场中所投入的资金应限制在总资本的 10%~15% 以内,其最大亏损额应限制在总资本的 5% 以内。在相关商品期货市场上投入的资金应限制在总资本的 20%~25% 以内。

(二)入市时机的选择

在对商品价格趋势做出估计后,就要慎重地选择入市时机。有时虽然对市场的方向做出了正确的判断,但如果入市时机选择错误,也会蒙受损失。在选择入市时机的过程中,应特别注意使用技术性分析方法。一般情况下,应顺应中期趋势的交易方向,在上升趋势中,趁跌买入;在下降趋势中,逢涨卖出。如果后市行情发生逆转,可采取不同的方法,尽量减少损失。

(三)制定盈利目标和亏损限度

在进行期货交易之前,必须认真分析研究,制定切实可行的计划,并对预期获利和潜在风险做出较为明确的判断和估算。一般来讲,应对每一笔计划中的交易确定利润风险比,即预期利润和潜在亏损之比。通用的标准是 3∶1。也就是说,获利的可能应 3 倍于潜在的亏损。切忌由于短时间的行情变化或因传闻的影响而仓促改变原定计划。同时,还应该将亏损限定在计划之内,特别是要善于止损,防止亏损进一步扩大。另外,在具体运作中,还切忌盲目追涨杀跌。

(四)制定期货交易计划

期货交易是一项风险性很高的投资行为,参加期货交易一定要事先制定妥善的交易计划,主要包括:自身财务抵御风险的能力、所选择的交易商品、该商品的市场分析、该商品的持有期限等。

1. 自身的财务状况

投资者自身的财务状况决定了其所能承受的最大风险,一般来讲,期货交易不应超过投资单位流动资产的 1/4。因此,交易者应根据自身的财务状况慎重决策。

2. 所选择的交易商品

不同的商品期货合约的风险也是不一样的。一般来讲,投资者入市之初应当选择较为熟悉的商品和合约。

3. 商品市场分析

交易者应依据基本分析法和技术分析法,对所交易的商品期货进行分析(即对可能产生的损益进行推算),在其收益扣除交易成本后仍数倍于亏损的情况下,才决定入市。不论是纯长线交易还是套利交易,期货交易真正的难点在于入市。各种投机、套利策略也许能带来丰厚的收益,但除非在正确价格入市,否则不论资料看起来多么有说服力,最终只能获得低收益,甚至亏损。入市是一种融技巧与艺术灵感为一体的烦琐工作,由于心理和技术等方面的许多原因,订单下达成为阻碍交易成功的最大障碍。从发现信号到真正入市的时间间隔非常重要。

交易策略是一门艺术,交易者应灵活使用各种策略,以实现"让利润充分增长,把亏损限于最小"的目的。

第二节　期货套利交易概述

一、套利交易概念

套利交易与一般投机不同,它是利用不同期货合约价格之间的关系来获利。通常的做法是在有价格相关关系的合约上同时开立正反两方面的头寸,期望在未来合约价差变动于己有利时再对冲获利。

二、期货套利的分类

期货套利主要是指利用相关合约间的价差异动进行套利。根据交易对象不同,可以将套利分为跨期套利、跨品种套利和跨市场套利三大类。

(1) 跨期套利是指在同一市场(即同一期货交易所)同时买入和卖出相同数量的同种合约标的、不同交割月份的期货合约,等到价差变动有利时,将多头和空头合约同时平仓获利。

(2) 跨品种套利是指利用两种或三种不同的但相关联的商品之间的期货合约价格差异进行套利,即同时买入或卖出某一交割月份的相关联的商品期货合约,待到价差变动有利时,同时平仓手中期货合约而获利。

(3) 跨市套利是指在两个不同市场(即期货交易所)同时买进和卖出同一品种同一交割月份的期货合约,以便在未来合约价差变动有利时平仓获利。

此外,现货商人还可以在期货市场和现货市场之间进行套利。若期货市场价格较高,则卖出期货同时买入现货到期货市场交割。而当期货价格偏低时,买入期货在期货市场上进行实物交割,接受商品,再将它转到现货市场上出售获利。这种套利通常在即将到期的期货合约上进行。大量的期现套利有助于期货价格的合理回归。

三、套利机制及操作指令

(一) 套利的原理

如前所述,套利交易是在相关联的合约(包括现货)上同时建立正反两个方向的头寸。由此看来,套利交易与套期保值"方向相反、数量相等"的原理相似。套利者之所以能够利用合约之间的价差获得收益,原因如下:

第一,两合约的价格大体受相同的因素影响,因为正常情况下价格变动趋势理应相同,但波动幅度会有所差异;

第二,两合约间因存在合理价差范围,在这个范围之外(超过或小于)是受到了外界异常因素的影响,影响消除后,最终还是会回复到原来的价差范围;

第三,两合约间的价差变动有规律可循,价差的运动方式是可以预测的。

套利交易的实质是对两份合约的价差进行投机。由于合约间价差变动可以预测,只要分析正确就可获利。而即使分析错误,套利者的风险也远小于单向投机者。

由于套利者的获利方式来自价差变动,对具体单个合约的价格如何变动并不十分关心,所以套利者在套利交易报价时,也是利用基差报价。套利者在下达交易指令时,并不注明特定的买价和卖价,而是指定价差是多少,这样可以加大成交机会。例如,开仓时套利者下达这样的交易指令:"买入当年 11 月棉花合约一张、卖出次年 1 月棉花合约一张,价差 1 490元/吨。"平仓时,套利者再下达这样的指令:"卖出当年 11 月棉花合约一张、买入次年 1 月棉花合约一张,价差 1 510 元/吨。"

(二) 套利的作用

在期货市场中,套利为投资者提供了一个极低风险的对冲机会。在一般情况下,合约间价差的变化比单一合约的价格变化要小得多,且获利大小和风险大小都较易于估算。所以套利交易颇受投资基金和风格稳健的交易者青睐。在国外期货交易所,套利交易的保证金水平和佣金水平都较低,而相应的投资报酬却较纯单向投机者稳定得多。除了以上对投资者的好处外,套利交易对整个期货市场还起到以下作用:

(1) 有利于被扭曲的价格关系回复正常水平。当市场价格扭曲时,相关合约价差波动往往超过正常范围,这时就会引发大量的套利交易,交易者大量卖出相对高价的合约,同时买进相对低价的合约。大量套利的结果往往会将价格拉回到正常水平。

(2) 抑制投机过度。期货市场上欲操纵市场,进行过度投机的交易者会利用各种手段将价格拉升或打压到不合理的水平,以便从中获利。而大量理性的套利者与过度投机者形成博弈,能够有效地抑制过度投机的行为。

(3) 增强市场流动性,活跃远月合约。套利者一般交易量较大,通过在不同合约上建立相反头寸,可以有效地增加市场的流动性。特别是跨期套利者同时在近月合约和远月合约上建仓,这就带动了远月合约的交易。

（三）套利的指令

期货套利涉及双向交易,与一般单向投机交易在具体操作中有所不同。在开仓和平仓时分别要对两个相关联的期货合约下达数量相同的开仓、平仓指令。例如,进场套利时,须同时下达多头开仓指令和空头开仓指令;平仓了结时,也要同时下达多头平仓指令和空头平仓指令。这里要强调的是多头和空头指令"同时"下达。在实际操作中,套利机会出现的时间有时较为短暂,特别是在进行高频套利时,套利机会时常转瞬即逝。如果套利开仓时不能做到两条腿同时进场,则先进场的一条腿在另一条腿进场前会成为投机头寸,也可看作暴露的风险敞口,而当另一条腿随后进场时,可能已经错失套利良机,套利效果大打折扣。同样,在平仓离场时也要做到两条腿同时,否则留在场内的一条腿将成为投机头寸,受市场价格波动影响大,可能侵蚀套利所获利润。因此在进行套利交易时必须保证两条腿同时进场,同时出场。

套利交易指令主要有:

（1）市价指令（MKT）:下达市价指令时,无须输入价格,直接输入多头合约和空头合约代号即可。如:

买入 CU0812,100 手;

卖出 CU0903,100 手。

（2）限价指令（LMT）:下达限价指令时,除输入多头合约和空头合约代号外,还需输入两个关联合约的价差。如:

买入 CU0812,100 手;

卖出 CU0903,100 手;

2009 年 3 月合约升水 10 元/吨。

该指令表示当 2009 年 3 月铜合约价格高于 2008 年 12 月铜合约 10 元/吨时,买入 2008 年 12 月的铜合约 100 手,同时卖出 2009 年 3 月铜合约 100 手。

（3）止损指令（STP）:当套利开仓后,价差向预期相反的方向变动造成亏损时,可及时下达止损指令,认亏出局。如:

卖出 CU0812,100 手;

买入 CU0903,100 手;

2009 年 3 月合约升水 15 元/吨。

该指令表示,CU0903 合约与 CU0812 合约价差从 10 元/吨扩大到 15 元/吨时,套利出现亏损,为防止亏损进一步扩大,下达止损指令,当价差扩大至 15 元/吨时,卖出平仓 2008 年 12 月铜合约 100 手,同时买入平仓 2009 年 3 月铜合约 100 手。

第三节　商品期货套利交易策略

一、期货价差概念

期货价差是指期货市场上两个不同月份或不同品种期货合约之间的价格差。与投机交易不同,套利交易中,套利者不是关注单一期货合约的价格变动,而是关注两个相关期货合约之间的价格差异是否在合理范围之内。若价差超出合理范围,交易者利用这种不合理的价差对相关期货合约进行方向相反的交易,待价差回归合理范围内,同时将两个期货合约平仓,获得套利收入。

二、跨期套利

跨期套利是套利交易中最普遍的一种,是利用同一商品的不同交割月份之间价差异常进行对冲,获得收益。跨期套利可分牛市套利和熊市套利两种形式。

(一)牛市套利

牛市套利(bull spread)又称买空套利,是指在期货市场上买入某一品种的近期合约,同时卖出该品种的远期合约,利用不同合约月份相关价格关系的变动而获利。牛市套利者预计在看涨市场中,近期合约价格上涨的幅度将大于远期合约价格上涨的幅度;反之在看跌市场中,牛市套利者预期近期合约价格的跌幅小于远期合约价格的跌幅。

【例7-3】　芝加哥棉花市场在9月份初期已经进入旺市末期,交易者卖出次年3月份棉花期货合约100张(每张50 000磅),每磅67.5美分,同时在芝加哥棉花交易所买进同等数量的10月份近期棉花期货合约,每磅63.2美分。到9月下旬,棉花市场趋淡,该交易者以每磅64.7美分买入平仓次年3月份期棉100张,同时又以每磅61.1美分卖出10月份期棉100张对冲。结果10月份买空的近期合约每磅亏损2.1美分,但卖空的远期合约每磅盈利2.8美分。盈亏相抵后相当于每磅盈利0.7美分,100张棉花合约共获利3.5万美元。具体情况如表7-1所示。

表 7-1　牛市套利结果　　　　　　　　　　　　　　　　　　　美分/磅

10月份棉期货合约	次年3月份棉期货合约	价差
9月初开仓买入100张,价格63.2	9月初开仓卖出100张,价格67.5	4.3
9月底平仓卖出100张,价格61.1	9月底平仓买入100张,价格64.7	3.6
每磅亏损2.1美分	每磅盈利2.8美分	缩小0.7
该牛市套利获利3.5万美元:100×50 000×0.007=35 000(美元)		

(二)熊市套利

熊市套利(bear spread)又称卖空套利,是指在期货市场上卖出某一品种的近期合约,同时买入该品种的远期合约,利用不同合约月份相关价格关系的变动而获利。熊市套利者预计在看跌市场中,近期合约价格下跌的幅度将大于远期合约价格下跌的幅度;反之在看涨市场中,熊市套利者预期近期合约价格的涨幅小于远期合约价格的涨幅。

【例7-4】 在2012年10月1日,2013年3月份玉米合约价格为2.16美元/蒲式耳,5月份合约价格为2.25美元/蒲式耳,前者比后者低9美分。交易者预计玉米价格将下降,3月与5月的期货合约的价差将有可能扩大。于是,交易者卖出100手(1手为5 000蒲式耳)3月份玉米合约的同时买入100手5月份玉米合约。两个月之后,到了12月1日,3月和5月的玉米期货价格分别下降为2.10美元/蒲式耳和2.22美元/蒲式耳,两者的价差为12美分,价差扩大。交易者同时将两种期货合约平仓,从而完成套利交易。具体情况如表7-2所示。

表7-2 熊市套利结果 美元/蒲式耳

3月份玉米期货合约	5月份玉米期货合约	价差
10月初开仓卖出100手,价格2.16	10月初开仓买入100手,价格2.25	−0.09
12月初平仓买入100手,价格2.10	12月初平仓卖出100手,价格2.22	−0.12
每手盈利0.06美分	每手亏损0.03美分	扩大0.03
该牛市套利获利1.5万美元:100×5 000×0.03＝15 000(美元)		

(三)蝶式套利

蝶式套利是期货跨期套利的一种,整个套利涉及三个合约。顾名思义,蝶式套利像蝴蝶一样,翅膀是要对称于身体两侧的。在期货套利中的三个合约是较近月份合约、远期合约以及更远期合约,我们称为近端、中间、远端。蝶式套利在净头寸上没有开口,它在头寸的布置上,采取1份近端合约＋2份中间合约＋1份远端合约的方式。其中近端、远端合约的方向一致,中间合约的方向则和它们相反。即一组是买近月、卖中间月、买远月(牛市套利＋熊市套利),另一组是卖近月、买中间月、卖远月(熊市套利＋牛市套利)。两组交易所跨的是三种不同的交割期,三种不同交割期的期货合约不仅品种相同,而且数量也相等,差别仅仅是价格。正是由于不同交割月份的期货合约在客观上存在着价格水平的差异,而且随着市场供求关系的变动,中间交割月份的合约与两旁交割月份的合约价格还有可能会出现更大的价差。这就造成了套利者对蝶式套利的高度兴趣,即通过操作蝶式套利,利用不同交割月份期货合约价差的变动对冲了结,平仓获利。蝶式套利与普通的跨期套利相比,在理论上具有风险小、利润低的特点。

三、跨市套利

跨市套利是指在两个不同的期货交易所同时买进和卖出同一品种同一交割月份的期货合约,以便在未来两合约价差变动于己有利时再对冲获利。跨市套利的风险及操作难度都比跨期套利更大,因为它涉及不同的交易所,交易者必须同时考虑两个市场的情形和影响因素。有时,虽然是同一品种,但各交易所的交易规则、交割等级、最后交易日、交割期的规定都有差异;期货市场上的流动性也不一样。若是做不同国家的跨市套利,还要考虑汇率变动的影响,如果对汇率的变动估计不足或估计错误,则投资者将面临严重的汇率风险,所以必须全面考虑各种因素,才能使套利取得成功。因此在国外一般是大的投资基金、投资银行才进行跨市套利交易。

同一品种在不同交易所存在价差,主要是由于地理空间因素所造成的,也有品质规格不一样等因素在起作用。正常情况下,市场应有一合理的价差。一般来说,出现比价不正常的持续时间较短,套利者必须抓住时机入市。从实际情况来看,那些在不同交易所都有场内经纪人的投资机构最善于抓住这样的时机,他们交易量往往很大,在几分钟之内便可获巨利。

【例7-5】 11月初,受利空因素影响,苏黎世市场黄金1月期货价格为395美元/盎司,同时伦敦市场1月黄金期货价格为400美元/盎司。某投资基金注意到了这一反常价差情况,并判断不久价格还将下降,于是果断入市进行套利操作。一周后,两市的价格均降为394美元/盎司,其盈亏结果如表7-3所示。

表 7-3 跨市套利结果　　　　　　　　　　　　　　　　　　　　　美元/盎司

伦敦市场	苏黎世市场	价差
11月初卖出黄金期货合约,价格400	11月初买入黄金期货合约,价格395	5
一周后平仓买入,价格394	一周后平仓卖出,价格394	0
每手盈利6	每手亏损1	缩小5

四、跨品种套利

跨品种套利是指利用两种不同的但相关联的商品之间的价差进行套利交易。这两种商品之间具有相互替代性或受同一供求因素制约,此种交易形式通常也是同时买进和卖出相同交割月份,但不同种类的商品期货合约。影响跨品种套利的最重要因素是季节的变幻。不同的农产品是在不同的季节收获的,随着某一产品收获季节的来临,该产品预期相关产品之间的价差会有所变化。

在进行跨品种套利时,要注意以下几个问题。

(1)用于跨品种套利的期货合约标的资产之间要具关联性。只有标的资产价格受相同因素影响的期货合约的价格变动才具有相关性,并且只有价格变动相关的期货合约才具有价差回归的理论特性,才能对其进行跨品种套利。

(2)选择标的资产还要注意解决不同商品期货合约间的可比性问题。由于交易的商品期货合约有不同种类的数量限制,基本上随商品种类的不同,所交易的基本单位也不同。套利交易中的跨品种交易因为牵涉到不同商品,在进行套利时,两种商品的基本单位不同,会发生现金上的差异。

【例7-6】　大豆合约与豆粕合约价格变动相关联,可利用相同交割月份的这两种期货合约进行跨品种套利。豆粕是大豆经过提取豆油后得到的一种副产品,作为一种高蛋白质,豆粕是制作牲畜与家禽饲料的主要原料,还可以用于制作糕点食品、健康食品以及化妆品和抗菌素的原料。因此,豆粕和大豆的价格有着较高的相关度,可作为跨品种套利的交易对象。2014年9月1日,某投资者经过分析发现,当前市场上一号黄大豆1501期货合约与豆粕1501期货合约价差过大,偏离一般价差水平,认为此时有跨品种套利空间,于是进场套利。该投资者以4 612元/吨的价格卖出10手一号黄大豆1501期货合约,同时以3 100元/吨的价格买入豆粕1501期货合约。半个月后,价差回归,该投资者以4 600元/吨买入10手一号黄大豆平仓,同时以3 115元/吨的价格卖出10手豆粕期货合约平仓,完成此次跨品种套利。具体获利情况见表7-4。

表7-4　跨品种套利结果 元/吨

一号黄大豆1501期货合约	豆粕1501期货合约	价差
9月初开仓卖出10手,价格4 612	9月初开仓买入100手,价格3 100	1 512
12月初平仓买入10手,价格4 555	12月初平仓卖出10手,价格3 080	1 485
每手盈利57	每手亏损20	缩小37
该跨品种套利获利3 700元:10×10×37=3 700(元)		

第四节　金融期货套利交易策略

一、股指期货套利

股指期货套利和商品套利都是期货套利交易的一种类型,股指期货套利和商品期货套利的主要区别在于期货合约标的属性不同。商品期货合约的标的是有形商品,有形商品就涉及商品的规格、性能、等级、耐久性以及仓储、运输和交割等,从而会对套利产生重要影响。股指期货的标的是股票指数,指数只是一个无形的概念,不存在有形商品的相关限制,同时股指期货的交割采用现金交割,因此在交割和套利上都有很大的便利性。此外,股指期货由于成分股分红不规律、融资成本不一以及现货指数设计等原因,其理论价格相对商品期货更难准确定价。这些区别是造成股指期货套利和商品期货套利在具体类别上存在差异的主要原因。股指期货套利分为期现套利、事件套利、跨市套利、跨期套利、跨品种套利。

(一)期现套利

股指期货相对应的现货是指组成股指期货的股票组合。例如,沪深300股指期货相对应的现货是指沪市和深市按比例组成该指数的一揽子股票。股指期货反映了未来沪深300

指数的点数。因此期货指数与现货指数之间价格是相关联的,主要体现两点:第一,在大趋势上二者是同涨同跌的,而在某个小的时段里二者价格走势可能会出现不正常的偏离,如图 7-1 出现套利机会的三处;第二,在股指期货到期临近交割时,即期货指数成为现货指数时,二者点数相等,如图 7-1 右下角,期货指数与现货指数重合。

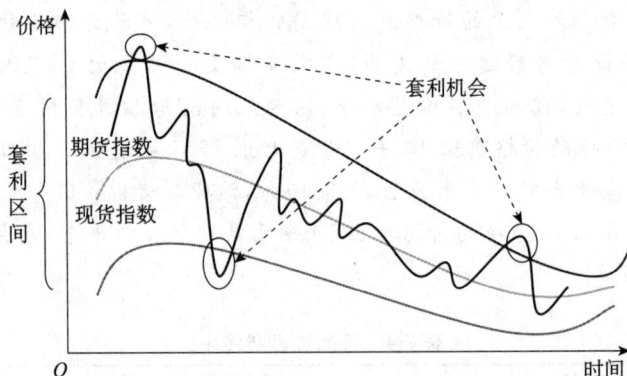

图 7-1　股指期货价差变动

1. 期现套利原理

股指期货就是未来的沪深 300 指数,所以在股指期货临近交割时期货指数与现货指数必然相等。如图 7-1,在股指期货到期前,期货指数与现货指数的走势会出现偏差,而在这种偏差达到不正常时,套利机会出现。何为不正常?简单地说,期货指数与现货指数价格偏差超过套利成本时为不正常。这里所说的套利成本包括资金使用成本、交易费用、冲击成本以及一些机会成本。根据数理分析,期货指数减现货指数小于 25 点为正常,而当该价差达到 25 点以上时为不正常,出现套利机会。

在股指期货临近交割时,期现价差必然会缩小为 0,扣除必要的套利成本,套利者可以获取稳定的无风险的利润。

2. ETF 股指期现套利交易流程

出现了期现套利机会,怎样把握机会呢?理论上,当期现价差达到 25 点以上时,卖空股指期货的同时买入等值的沪深 300 指数成分股,等到期现价差缩小为 0 时,双边平仓获利了结。但是,唯一的问题是一次买入 300 只股票的可操作性比较差,而且 300 只股票里经常会有停牌的股票。由此看来,现货头寸的构建必须另寻他法。

目前拟合沪深 300 指数现货的方法除了利用沪深 300 指数的成分股进行复制,另外一个方法就是构建 ETF 基金组合。ETF 即交易型开放式指数基金,是一种在交易所上市交易的开放式证券投资基金产品,交易手续与股票完全相同。例如,上证 50ETF 就是主要投资范围为上证 50ETF 指数成分股的开放式指数基金。

(1) ETF 的选取。利用上市时间、流动性、与沪深 300 指数的相关性三个指标对目前的

15 只 ETF 进行筛选后,适合构建现货组合的 ETF 为:50ETF、深 100ETF、180ETF。

（2）资金配置。以目前沪深 300 指数 3 200 点计算,做一单股指期货期现套利,买入 ETF 组合占用 96 万元资金、做空股指期货需要占用 17.28 万元资金,合计占用资金为 113.28 万元。

（3）选择开仓时机。如前所述,期现价差达到 25 点以上,可开仓,具体为买入 ETF 组合同时卖空股指期货。

（4）选择平仓时机。当期现价差缩小为 0 附近时双边平仓,结束套利交易。从历史数据看,每个合约都会有提前平仓的机会。开、平仓都是通过专业的金长江套利软件一键实现。

3. 风险及防范措施

（1）追加期货保证金风险及防范措施。股指行情大幅的快速上涨时,容易导致期货保证金不足。此时需要采取一些措施保护已有套利头寸的安全:额外追加资金、ETF 和期货头寸同时减持部分仓位。

（2）期现价差持续拉大的风险及防范措施。如前述,期现价差达到 25 点以上,可开仓。但在股指期货交割前,期现价差不缩小反而一直扩大,导致某个时间段里套利客户出现账户浮亏(当然,期现价差必然会缩小为 0,高价差只是暂时的,账户浮亏只是暂时的)。出现这种情况,建议客户冷静等待,有资金的客户可以逢高价差继续建仓。

（二）事件套利

事件套利是利用股指期货交易结算规则,发掘在股指期货合约存续期内,由于某些特殊事件的发生带来的套利机会。

1. 到期日交割结算套利

到期日交割结算套利源自沪深 300 指数股指期货的到期结算规则:沪深 300 股指期货交割结算价为最后交易日标的指数最后 2 小时的算术平均价,并采用现金结算。具体套利操作步骤如下:

（1）根据交割结算价确定规则,最后交易日 13 点起实时计算沪深 300 指数的算术平均价。

（2）在距 15 点收盘前 T 时间时,依据实时计算的沪深 300 指数算术平均价预估当月合约的交割结算价。

（3）比较 T 时预估的交割结算价和当月合约的价格。当考虑交易交割费和隔夜资金成本后的当月合约价格仍旧高于(低于)预估的交割结算价时,卖出(买入)当月合约并持有至交割。

（4）收盘后交易所对持有的当月到期合约进行现金交割结算。交割结算价为沪深 300 指数最后 2 小时的算术平均价。

在实际操作中,需要注意:T 时间越短,预估的交割结算价和实际的交割结算价误差就越小;但 T 时间越短,交割结算价和期货价格的价差可能就越小,使得套利的机会和利润空间越小。此外,用作套利的当月股指期货合约流动性一般较差,可能带来较高的冲击成本,在进行套利时不能忽略冲击成本带来的影响。

2. 成分股分红套利

成分股分红套利源自沪深 300 指数的编制细则:凡有成分股分红派息,指数不予调整,任其自然回落。进行成分股分红套利的具体操作和期现套利基本一致,只是利用了成分股派息时期货市场和现货市场价格反应时间上的不一致,进而引起价差变动这一特点进行套利。

在实际操作中,对股息率预测的准确性直接影响到套利的成功与否。成分股分红套利的机会集中在分红集中的月份,机会较少,且单次套利的收益也较为有限。

(三)跨市套利、跨期套利、跨品种套利

股指期货跨市套利、跨期套利和跨品种套利与一般商品期货的套利原理、交易机制大同小异,在此就不一一赘述,仅以股指期货跨市套利举例说明。

【例 7-7】 假定某交易者在 4 月 5 日预测不久将出现多头股票市场,而且主要市场指数的上涨势头会大于纽约证券交易所综合股票指数的涨势,于是,他运用跨市套利策略,在 382.75 点水平上买进 2 张主要市场指数期货合约,并在 102.00 点水平上卖出 1 张纽约证券交易所综合股票指数期货合约,当时的价差为 280.75 点。经过 3 个月,价差扩大为 284.25 点。交易者在 388.25 点水平上卖出 2 张主要市场指数期货合约,在 104.00 点水平上买进 1 张纽约证券交易所综合指数期货合约,进行合约对冲,详细情况见表 7-5。

表 7-5　股指期货跨市套利策略应用

时　间	主要市场指数期货	纽约证券交易所综合指数	价　差
4 月 5 日	买进 2 张 12 月份主要市场指数期货合约,点数水平 382.75	卖出 1 张 12 月份纽约证券交易所综合指数期货合约,点数水平 102.00	280.75
7 月 5 日	卖出 2 张 12 月份主要市场指数期货合约,点数水平 388.25	买入 1 张 12 月份纽约证券交易所综合指数期货合约,点数水平 104.00	284.25
盈亏	获利 2 750 美元 [(388.25－382.75)×250×2]	亏损 1000 美元 [(102－104)×500×1]	获利 1 750 美元 (280.75－284.25)×500

二、外汇期货套利

外汇期货套利主要有跨市场套利、跨期套利、跨币种套利三种,要了解外汇期货套利原理,首先要弄懂外汇期货定价机制。

（一）外汇期货定价及套利机制

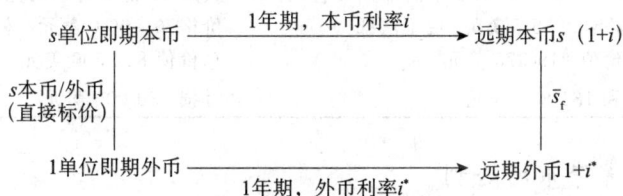

图 7-2　外汇期货定价机制

图 7-2 表示了即期本币、外币与远期本币、外币的关系,通过以上关系,可以给远期汇率定价,该远期汇率价格可视作外汇期货的理论价格:

$$\bar{s}_f = \frac{s(1+i)}{1+i^*} \tag{7-1}$$

若即期的远期汇率标价 $s_f > \bar{s}_f$,则外币的期货价格高估。

通过给远期汇率定价,投资者可以进一步寻找套利机会。在即期市场按远期汇价 s_f 卖出 1 年期 1 单位外币期货,于是 1 年后交割时有 s_f 单位本币流入。在即期市场借入 $1/(1+i^*)$ 单位外币(1 年后还 1 单位外币)。与此同时,按即期汇率 s 兑成本币 $s/(1+i^*)$,1 年后本币为 $\frac{s(1+i)}{1+i^*} = \bar{s}_f$。将 s_f 中的 $\bar{s}_f$ 拿出来兑成 1 单位外币还贷。套利价值为 $s_f - \bar{s}_f$。套利者大量卖出外币期货,使得 s_f 下降。

（二）外汇期货跨币种套利

【例 7-8】　5 月 10 日,国际货币市场 6 月期瑞士法郎的期货价格为 0.550 0 美元/瑞士法郎,6 月期马克的期货价格为 0.420 0 美元/马克,那么 6 月瑞士法郎期货对马克期货的套算汇率为 1 瑞士法郎＝1.3 马克(0.550 0 美元/瑞士法郎÷0.420 0 美元/马克)。某交易者在国际市场买入 10 份 6 月期瑞士法郎期货合约,同时卖出 13 份 6 月期马克期货合约。之所以卖出 13 份合约是因为瑞士法郎期货合约与马克期货合约的交易单位不同,前者是 125 000 瑞士法郎,后者则是 125 000 马克,而两者的套算汇率为 1∶1.3。因此,为保证实际价值基本一致,前者买入 10 份合约,后者则要卖出 13 份合约。6 月 5 日,该交易者分别以 0.655 5 美元/瑞士法郎和 0.500 0 美元/马克的价格对冲了持仓合约。其交易过程如表 7-6 所示。

表 7-6　外汇期货品种套利策略应用

5 月 10 日	买入 10 份 6 月期瑞士法郎期货合约 价格:0.550 0 美元/瑞士法郎 总价值 687 500 美元	卖出 13 份 6 月期马克期货合约 价格:0.420 0 美元/马克 总价值 682 500 美元

| 6月5日 | 卖出 10 份 6 月期瑞士法郎期货合约
价格:0.655 5 美元/瑞士法郎
总价值 819 375 美元 | 买入 13 份 6 月期马克期货合约
价格:0.500 0 美元/马克
总价值 812 500 美元 |
| 盈亏 | 盈利 131 875 美元 | 亏损 130 000 美元 |

(三)外汇期货跨市场套利

【例 7-9】 3 月 20 日,国际货币市场的英镑期货价格为 1.63 英镑/美元(62 500 英镑/份);同时,伦敦国际金融期货交易所的英镑期货价格为 1.65 英镑/美元(25 500 英镑/份)。某套利者预计两市价格将趋同,于是在国际货币市场买入英镑期货 4 份,同时在伦敦国际金融期货交易所卖出英镑期货 10 份(使多空头寸基本持平)。两个月后,两市英镑期货价格轧平,均为 1.66 英镑/美元,此时投资者将多空头寸平仓,获利出局。其交易过程如表 7-7 所示。

表 7-7　外汇期货品种套利策略应用

3月20日	买入国际货币市场 4 份英镑期货合约 价格:1.63 英镑/美元 总价值 415 000 美元	卖出伦敦国际金融期货交易所 10 份英镑期货合约 价格:1.65 英镑/美元 总价值 415 000 美元
5月20日	卖出国际货币市场 4 份英镑期货合约 价格:1.66 英镑/美元 总价值 407 500 美元	买入伦敦国际金融期货交易所 10 份英镑期货合约 价格:1.66 英镑/美元 总价值 415 000 美元
盈亏	盈利 7 500 美元	亏损 2 500 美元

同步测练

1. 什么是期货投机和期货套利? 二者的本质区别是什么?
2. 期货投机者在市场中扮演什么样的角色?
3. 根据交易对象不同,期货套利可分为哪几类?
4. 什么是牛市套利和熊市套利?
5. 套利者在进行跨品种套利时应当注意哪些问题?

C

HAPTER EIGHT

第八章

个股期权交易实务

学 习 目 标

　　通过本章学习,了解个股期权的种类及构成要素,理解个股期权的交易机制及规章制度,熟悉个股期权的盈利计算及期权的权利金、内在价值和时间价值,理解个股期权的功用与风险,了解备兑开仓及其运用。

重 点 难 点 提 示

　　本章重点难点主要为个股期权的交易机制设计,个股期权的盈亏计算,个股期权的交易策略运用,以及备兑开仓的运用。

第一节　个股期权概述

期权是交易双方关于未来买卖权利达成的合约。就个股期权来说,期权的买方(权利方)通过向卖方(义务方)支付一定的费用(即期权费或权利金),获得一种权利,即有权在约定的时间以约定的价格向期权卖方买入或卖出约定数量的特定股票、ETF 或其他证券品种。当然,买方(权利方)也可以选择放弃行使权利。如果买方决定行使权利,卖方就有义务履约。

一、个股期权的种类

按照不同标准,个股期权分为以下几种类型。

(一) 按期权买方的权利分为认购期权和认沽期权

(1) 认购期权是指期权买方(权利方)有权在约定时间(如到期日)以约定价格(行权价)从期权卖方(义务方)手中买进一定数量标的证券(股票或 ETF)的期权合约。买方享有的是买入选择权,认购期权卖方在被行权时,有义务按行权价卖出指定数量的标的证券。

(2) 认沽期权是指期权买方(权利方)有权在约定时间(如到期日)以约定价格(行权价)将一定数量标的证券(股票或 ETF)卖给期权卖方(义务方)的期权合约。买方享有的是卖出选择权,认沽期权卖方在被行权时,有义务按行权价买入指定数量的标的证券。

(二) 按期权买方执行期权的时限分为欧式期权和美式期权

欧式期权是指期权买方(权利方)只能在期权到期日行权的期权。而美式期权是指期权买方(权利方)可以在期权购买日至到期日之间任一交易日行权的期权。

(三) 按行权价格与标的证券市价的关系分为实值期权、平值期权和虚值期权

实值期权,也称价内期权,是指行权价格低于标的证券的市场价格的认购期权,或者行权价格高于标的证券市场价格的认沽期权。而平值期权,也称价平期权,是指行权价格与标的证券的市场价格相同或最为接近的认购(认沽)期权。虚值期权,也称价外期权,则是指行权价格高于标的证券的市场价格的认购期权,或者行权价格低于标的证券市场价格的认沽期权。

【例 8-1】　对于行权价格为 15 元的某股票认购期权,当该股票市场价格为 20 元时,该期权为实值期权;如果该股票市场价格为 10 元,则期权为虚值期权;如果该股票价格为 15 元,则期权为平值期权。

二、个股期权合约的基本要素

(一) 合约标的

合约标的是指期权交易双方权利和义务所共同指向的对象。通常,个股期权的合约标

的是在交易所上市交易的单只股票或 ETF。

（二）合约类型

合约类型是指属于认购期权和认沽期权中的某一种。

（三）合约到期日

合约到期日是指合约有效期截止的日期,也是期权权利方可行使权利的最后日期。合约到期后自动失效,期权权利方不再享有权利,期权义务方不再承担义务。

合约到期月份为当月、下月及随后的两个季月,共四个月份,不同到期月份的合约将同时挂牌交易。季月是指 3 月、6 月、9 月、12 月。

（四）合约最后交易日

最后交易日设为每个合约到期月份的第四个星期三(遇法定节假日顺延)。除因标的证券全天停牌导致的特殊情形外,合约到期日、合约行权日同最后交易日。

（五）合约单位

合约单位指一张期权合约对应的合约标的的数量,由上交所在发布合约标的时,同时公布。合约单位与权利金的乘积,即为买入(卖出)一张期权合约的交易金额。合约单位在一定时期内通常会保持稳定,但上交所有权根据需要进行调整。此外,当标的证券因发生权益分配、公积金转增股本、配股等情况而被作出除权除息处理时,期权合约的合约单位也需要作相应调整。

（六）行权价格及间距

1. 行权价格

也称为执行价格、敲定价格、履约价格,是期权合约规定的、在期权权利方行权时合约标的的交易价格。这一价格确定后,在期权到期日,无论合约标的的市场价格上涨或下跌到什么水平,只要期权权利方要求行权,期权义务方都必须以此行权价格履行交易。

对于同一标的证券在每一个到期月,设置多个行权价格不同但其他要素完全相同的期权合约,在模拟交易阶段为 1 个平值合约、2 个虚值合约与 2 个实值合约。

2. 行权价格间距

是指基于同一合约标的的期权合约相邻两个行权价格的差值,一般为事先设定。

(1) 标的证券为股票的,期权合约的行权价格间距按表 8-1 设置。

表 8-1　个股期权合约行权价格间距

行权价格(元)	间距(元)
2 或以下	0.1
2 至 5(含)	0.25
5 至 10(含)	0.5

行权价格（元）	间距（元）
10 至 20（含）	1
20 至 50（含）	2.5
50 至 100（含）	5
100 以上	10

（2）标的证券为 ETF 的，期权合约的行权价格间距按表 8-2 设置。

表 8-2　ETF 期权合约行权价格间距

行权价格（元）	间距（元）
3 或以下	0.05
3 至 5（含）	0.1
5 至 10（含）	0.25
10 至 20（含）	0.5
20 至 50（含）	1
50 至 100（含）	2.5
100 以上	5

【例 8-2】　假设合约标的价格在 20 至 50 元的期权合约，行权价格间距确定为 2 元。某股票的股价为 40 元，处于 20 至 50 元的价格区间，则以该股票为标的证券且到期日相同的认购（认沽）期权，其相邻两个行权价格均应当相差两元，如 38、40、42、44 元，依此类推。

（七）交割方式

期权的交割方式分为实物交割和现金交割两种。

实物交割是指在期权合约到期后，双方进行股票或 ETF 的交割以及相应行权资金的交收。对于认购期权而言，权利方支付现金买入标的资产，义务方收入现金卖出标的资产；对于认沽期权而言，权利方卖出标的资产收入现金，义务方则买入标的资产并支付现金。

现金交割是指期权买卖双方按照结算价格以现金的形式支付价差，不涉及标的资产的交付。一般在特殊情况下，可能采用现金结算的方式。

（八）履约方式

履约方式为欧式。即期权合约的买方（权利方）在合约到期日才能按期权合约事先约定的履约价格提出行权。

个股期权合约见表 8-3。

表 8-3　个股期权合约表

合约类型	认购期权和认沽期权
合约单位	全真模拟交易期间，合约单位以上交所公布为准

续表

合约到期月份	当月、下月及随后两个季月
合约最后交易日	到期月份的第四个星期三（遇法定节假日顺延）
履约方式	欧式（仅在规定的到期日方可行权）
行权价格	对于同一标的证券每一个到期月份的合约,行权价格序列包括 1 个平值、2 个实值、2 个虚值
合约交割方式	实物交割

1. 合约交易代码

合约交易代码为 17 位。例如:

前6位:标的代码　第8~9位:到期年份　第12位:月份合约

609999C1309M00380

第7位:认购/认沽　第10~11位:到期年份　第13~17位:行权价格

注意:第 12 位期初设为"M",表示月份合约。当合约首次调整后,"M"修改为"A",以表示该合约被调整过一次,如发生第二次调整,则"A"修改为"B"、"M"修改为"A",以此类推。当投资者看到第 12 位不是"M",而是"A"或者"B"时,表明这份合约已经进行过调整。提醒投资者要关注调整过后的合约单位和行权价格。

2. 合约简称

合约简称不超过 20 个字符。

标的简称　到期月份　标志位

甲公司购9月380

认购/认沽　行权价格

注意:标志位,缺省为空,合约首次调整时修改为"A",发生第二次调整,则"A"修改为"B"。

（十）合约编码

合约编码为 8 位数字。例如:90000001。

ETF 期权合约从 90000001 起按序对新挂牌合约进行编排,唯一,不复用。

股票期权合约从 10000001 起按序对新挂牌合约进行编排,唯一,不复用。

（十一）合约变动与调整

期权合约挂出后通常会在一些特殊情况下增加或减少合约的挂牌,如图 8-1 所示。

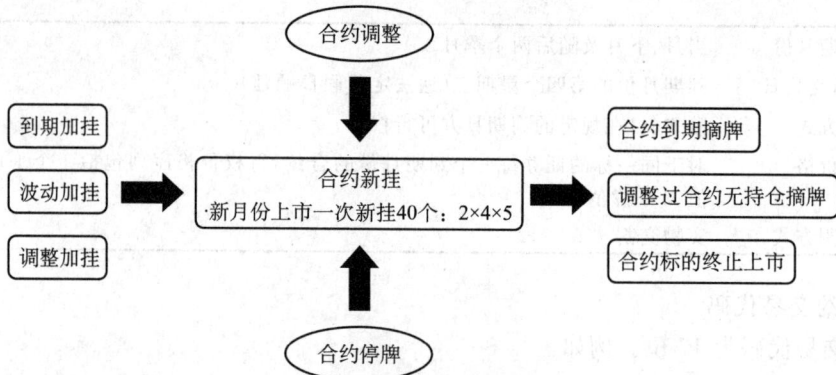

图 8-1　个股期权合约挂牌变动图

1. 合约新挂

上交所定期对个股期权的标的证券情况进行审核,发布合约标的名单(同时公布合约单位)。对于新增合约标的进行合约新挂。初期,标的证券新增所需新挂的合约包括认购和认沽 2 个类型、4 个到期月份(当月、下月以及随后两个季月)、5 个行权价(平值 1 个、实值 2 个、虚值 2 个),共 40 个合约。

2. 合约加挂

合约加挂分为到期加挂、波动加挂、调整加挂等情形。

(1) 到期加挂:当月合约到期摘牌,需要挂牌新月份不同合约类型及行权价格的合约,以保证该合约品种有 4 个到期月份。

(2) 波动加挂:合约存续期间,当与标的证券收盘价靠档价相比,实值合约或虚值合约少于 2 个时,需在下一交易日按行权价格间距依序增挂新行权价格合约,直至各到期月份的实值或虚值合约数不少于 2 个。

(3) 调整加挂:当标的证券除权除息时,除对原合约的合约单位及行权价格进行调整外,还将按照标的证券除权除息后的价格新挂合约,所需新挂的合约包括认购和认沽 2 个类型、4 个到期月份、5 个行权价,共 40 个合约。

(4) 其他情形:除依前述情形推出不同行权价格合约外,上交所可视市场情况推出其他行权价格合约或者不予加挂新合约。

3. 例外情况

(1) 距离合约品种当月到期日不足 3 个交易日(含 3 个交易日)的,不加挂该月份新合约。

(2) 若标的证券不在最新公布的合约标的名单之内,不加挂该标的证券的新合约。

(3) 标的证券被暂停上市或者终止上市的,不加挂该标的证券的新合约。

(4) 因标的证券除权除息而发生过调整的合约,不再加挂该合约的新合约。

4. 合约调整

（1）当标的证券发生权益分配、公积金转增股本、配股等情况而对该证券作除权除息处理时，期权合约的条款需要作相应调整，使期权合约调整后的合约市值与调整前接近。

（2）合约调整日为标的证券除权除息日，主要调整行权价格、合约单位、合约交易代码和合约简称。

（3）投资者于合约调整后仍然持有的仓位，包括在调整日之前、合约调整日及之后建立的该合约仓位，其相关交易与结算均依据调整后的合约条款进行。

（4）调整后的期权合约在存续期内，不再加挂新合约。上交所将按照标的证券除权除息后的价格，对该标的证券重新加挂新合约。

【例 8-3】 2013 年 8 月份挂牌了三个甲公司（609999）认购期权合约。

交易代码	合约交易代码	行权价格	合约单位
调整前			
10000001	609999C1308M00550(0)	5.5	10000
10000002	609999C1308M00500(0)	5.0	10000
10000003	609999C1308M00475(0)	4.75	10000
调整：分红（每股 0.25 元，合约标的前收盘价格 5.0 元）			
原合约调整			
10000001	609999C1308A00550(0)	5.22	10526
10000002	609999C1308A00500(0)	4.75	10526
10000003	609999C1308A00475(0)	4.51	10526
新合约加挂			
10000004	609999C1308M00500(1)	5.0	10000
10000004	609999C1308M00500(1)	5.0	10000
10000004	609999C1308M00500(1)	5.0	10000

在行情发布中（开盘前），另加一标志字段（初始为 0），表示该月份合约因合约调整而导致新月份"标准合约"挂牌的次数，如 1 表示第 1 次。

新合约单位＝[原合约单位×（1＋流通股份实际变动比例）×除权（息）前一日标的证券收盘价]/[（前一日标的收盘价格－现金红利）＋配（新）股价格×流通股份实际变动比例]

新行权价格＝原行权价格×原合约单位/新合约单位

（十二）合约停牌

（1）标的证券停牌的，对应期权合约交易同时停牌。标的证券复牌后，对应期权合约交易同时复牌。

（2）上交所可以根据市场需要暂停全部或者部分期权品种及其特定期权合约的交易。

（3）当某个期权合约的交易价格出现异常波动时，上交所可以暂停该期权合约的交易，并决定恢复时间。

（4）合约发生盘中临时停牌的，停牌前已接受的申报参加当日该合约复牌后的交易；停牌期间，可以继续申报，也可以撤销申报；复牌时对已接受的申报实行集合竞价，集合竞价期间不揭示虚拟开盘参考价格、虚拟匹配量、虚拟未匹配量。

（十三）合约摘牌

（1）合约到期摘牌：期权合约到期自动摘牌。

（2）调整过的合约无持仓摘牌：对于被调整过的期权合约，如存续期内某个交易日日终该合约持仓量为零的，则自动摘牌。

（3）标的证券终止上市：当标的证券终止上市，其对应的所有期权合约于该标的证券摘牌之日同时终止上市并摘牌。所有未平仓的实值合约于终止上市之日按照上交所所公布的结算价格进行现金结算。

三、个股期权交易机制

个股期权交易机制如表 8-4 所示。

表 8-4　个股期权合约交易机制

交易机制	混合交易制度，以集中竞价交易制度为主，做市商制度为辅
投资者账户	在银行开立的账户、在证券公司开立的衍生品保证金账户、通过证券公司在中国结算开立的衍生品合约账户
交易时间	每个交易日 9:15—9:25、9:30—11:30、13:00—15:00，行权日下午交易时段的行权申报时间延长至 15:30
买卖类型	买入开仓、卖出平仓、卖出开仓、买入平仓、备兑开仓、备兑平仓
交易指令	普通限价指令、市价剩余转限价指令、市价剩余撤销指令、FOK 限价申报指令（限价立即全部成交否则自动撤销指令）、FOK 市价申报指令（市价立即全部成交否则自动撤销指令）
非交易指令	标的证券备兑锁定与解锁指令、行权指令/撤销行权指令
涨跌幅限制	期权合约每日价格涨停价＝该合约的前结算价（或上市首日参考价）＋最大涨跌幅限制。 期权合约每日价格跌停价＝该合约的前结算价（或上市首日参考价）－最大涨跌幅限制。
断路器	动态参考价格与涨跌幅限制
计价单位	每张合约价格/合约单位
最小变动价位	0.001 元
单笔申报最大数量	标的证券为股票：限价单笔申报最大数量为 100 张；市价单笔申报最大数量为 50 张 标的证券为 ETF：限价单笔申报最大数量为 100 张；市价单笔申报最大数量为 50 张

（一）交易竞价机制

期权交易实行混合交易制度，以集中竞价交易制度为主，做市商制度为辅。

（1）开盘集合竞价阶段，撮合原则依次为：最大成交量、特定价位订单全部成交、单边完全成交、最小剩余量。

（2）连续竞价交易按照价格优先、时间优先的原则撮合成交。以涨跌停板价格申报的指令，按照平仓优先（涨停时买入平仓优先，跌停时卖出平仓优先）、时间优先的原则撮合成交。

（二）交易时间

期权市场的交易时间为每个交易日 9:15—9:25、9:30—11:30、13:00—15:00。其中，9:15—9:25 为开盘集合竞价时间，9:30—11:30、13:00—15:00 为连续竞价时间。如为行权日，则下午交易时段的行权申报时间延长至 15:30。

（三）买卖类型

（1）买入开仓。按申报权利金金额计减可用保证金余额，足额才能申报。成交后，计增权利仓头寸。

（2）卖出平仓。按申报数量冻结可卖权利仓头寸，如超过当前可卖权利仓头寸，则为无效申报。有效申报成交后，按成交的权利金金额增加可用保证金。

（3）卖出开仓。按开仓初始保证金计减可用保证金余额，足额才能申报。成交后，计增义务仓头寸，按成交的权利金金额计增可用保证金。

（4）买入平仓。按申报数量冻结可平义务仓头寸，如超过当前可平义务仓头寸，则为无效申报；同时按申报的权利金金额计减可用保证金余额，足额才能申报。有效申报成交后，计减义务仓头寸，相应增加可用保证金余额。

（5）备兑开仓。投资者在对标的证券（含当日买入）进行备兑锁定的基础上，卖出相应的认购期权（全部使用现券担保，不占用现金保证金）。

（6）备兑平仓。按申报数量冻结可平备兑持仓头寸，如超过当前可平备兑持仓头寸，则为无效申报；同时按申报的权利金金额计减可用保证金余额，足额才能申报。有效申报成交后，计减备兑持仓头寸，相应计增可用于备兑解锁的现券额度。

对同一期权合约，在日间交易时段可以进行双向持仓（可同时持有权利仓与义务仓），备兑持仓独立于保证金开仓的义务仓，即在日间交易时段投资者可以同时持有备兑持仓、权利仓、保证金开仓的义务仓。

每日日终，由上交所对双向持仓头寸自动进行对冲（仅取净头寸，优先对冲保证金义务仓），调整为单向持仓，并按自动对冲后的单向持仓结果进行维持保证金计收。

（四）交易指令

（1）限价指令。投资者可设定价格，在买入时成交价格不超过该价格，卖出时成交价格不低于该价格。限价指令当日有效,未成交部分可以撤销。

(2)市价剩余转限价指令。投资者无须设定价格,仅按照当时市场上可执行的最优报价成交(最优价为买一或卖一价)。未成交部分转限价(按成交价格申报)。

(3)市价剩余撤销指令。投资者无须设定价格,仅按照当时市场上可执行的最优报价成交(最优价为买一或卖一价)。未成交部分自动撤销。

(4)FOK限价申报指令。立即全部成交否则自动撤销指令,限价申报(即须设定价格)。

(5)FOK市价申报指令。立即全部成交否则自动撤销指令,市价申报(即无须设定价格)。

(五)涨跌幅限制

期权交易设置涨跌幅限制,高于涨停价或者低于跌停价的报价将视为无效。

$$认购期权涨跌停幅度=\max\{行权价×0.2\%,\min[(2×合约标的前收盘价$$
$$-行权价格),合约标的前收盘价]×10\%\}$$

$$认沽期权涨跌停幅度=\max\{行权价×0.2\%,\min[(2×行权价格$$
$$-合约标的前收盘价),合约标的前收盘价]×10\%\}$$

涨跌幅将由上交所计算,并在每个交易所日开盘前公布。但投资者需要了解的是,期权交易的涨跌幅限制和股票交易的涨跌幅限制,适用的是不同计算公式,具体限制幅度也不相同。

(六)断路器

连续竞价交易期间,合约盘中交易价格较最近一次参考价格上涨或者下跌超过30%,且价格涨跌绝对值大于0.005元的,该合约将进入最长不超过5分钟的集合竞价交易,集合竞价交易在第5分钟内随机结束,合约继续进行连续竞价交易。

前述参考价格,是指期权合约在开盘集合竞价阶段以及当日后续集合竞价阶段中产生的成交价格。

(七)计价单位

期权交易的计价单位为"每张合约价格/合约单位"。

当投资者听说"某张期权交易的计价为0.5元"时,请注意,这不是期权合约的价格。期权合约的实际价格是0.5元×合约单位。

(八)单笔申报最大数量

(1)标的证券为股票,限价单笔申报最大数量为100张;市价单笔申报最大数量为50张。

(2)标的证券为ETF,限价单笔申报最大数量为100张;市价单笔申报最大数量为50张。

期权交易的申报数量为1张或者其整数张。

（九）交易费用

投资者进行期权全真模拟交易成交的,应当按规定向开户所在期权经营机构交纳虚拟佣金。具体佣金收取标准请按照各期权经营机构规定执行。

（十）开盘价、最新价与结算价

（1）开盘价。当日该期权合约集合竞价阶段产生的成交价格作为开盘价。集合竞价未产生开盘价的,以连续竞价的第1笔成交价为开盘价。

（2）最新价。当日最近或最后一笔成交价格。

（3）合约上市首日（新挂或加挂）开盘参考价。根据上一交易日相同标的证券和相同到期月份的期权合约,或者相同标的证券、相同行权价格以及相同类型的期权合约的隐含波动率,推算该合约的隐含波动率,并以此计算该合约的开盘参考价。

（4）结算价。结算价由交易所在收盘后计算并公布。最后5分钟有成交及报价的,直接生成结算价。其他情况下,根据其他相同标的证券、相同到期月份和相同类型的期权合约结算价计算出的隐含波动率,推算该合约隐含波动率,并以此计算该合约结算价。

投资者无须了解这些价格计算背后的运算公式,但投资者应当认识到,期权结算价格受标的证券价格、行权价格、到期剩余时间、利率、股利、标的证券价格波动率等因素的影响。

四、认购期权损益

认购期权是指期权买方（权利方）有权在约定时间以约定价格从卖方（义务方）手中买进一定数量标的资产的期权合约,买方享有的是买入选择权。

【例8-4】 个人投资者小王购买了一张1个月后到期、行权价格为44元的某股票认购期权。在合约约定的到期日,小王就拥有了选择以44元/股的价格买入该股票的权利。

（1）对于买方和卖方,认购期权分别意味什么?

认购期权买方有权根据合约内容,在约定时间（到期日）,以约定价格（行权价格）向期权合约卖方买入约定数量的合约标的。认购期权的买方,拥有买的权利,不承担必须买的义务,也就是说,可以买也可以不买。

认购期权卖方有义务根据合约内容,在约定时间（到期日）以约定价格（行权价格）向期权合约买方卖出指定数量的合约标的。认购期权的卖方,只有（根据买方的要求）卖的义务,没有卖的权利。认购期权卖方可以通过卖出认购期权获得相应的权利金收入。

（2）买入认购期权的收益（损失）预期是怎样的?

当标的证券上涨时获得收益。标的证券价格涨得越多,认购期权买方由此可以获得的收益就越大,承担的损失有限。如果标的证券价格下跌,低于行权价格,认购期权买方可以选择不行权,那么最大损失就是其支付的全部权利金。

（3）卖出认购期权的收益（损失）预期是怎样的？

如果投资者认为标的证券价格未来不会上涨，但仍想通过期权交易获得投资收益，那么他可以选择卖出认购期权，获得买方支付的权利金收入。如果标的证券价格上涨了，认购期权卖方可能因期权买方选择行权而遭受损失，其损失幅度将视标的证券价格上涨的幅度而定，理论上并无确定的最大值。

（4）认购期权的收益曲线是如何变化的？

买卖认购期权的收益（损失）主要取决于合约标的证券价格与行权价格之间的差额。这种差额与投资者收益（损失）之间的关系，可以在认购期权到期日买卖双方的盈亏图中得到直观的体现。投资者可以借助这个图，了解认购期权到期时合约标的在不同价格水平所对应的买卖双方的收益（损失）情况。

如图 8-2 所示，横轴为认购期权合约标的证券价格，纵轴为认购期权持仓方（买方或卖方）对应的盈亏情况。

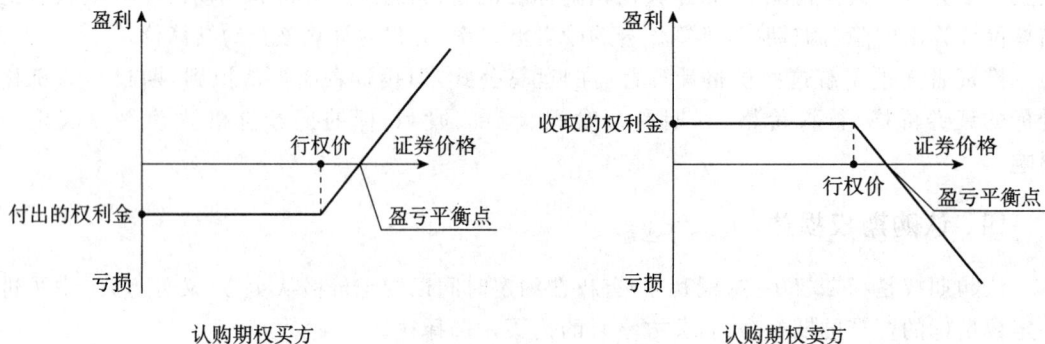

图 8-2　期权收益变化图

由图 8-2 可见，当标的证券价格低于行权价时，买方亏损额和卖方盈利额不受影响，均保持为权利金金额不变；标的证券价格上涨高于行权价时，买方亏损缩小，而卖方盈利降低；标的证券价格继续上涨超出行权价加权利金之和（即盈亏平衡点）时，买方扭亏为盈，而卖方则由盈转亏。

认购期权的卖方盈亏图与买方的完全相反，实际上，买方的盈利即是卖方的亏损，买方的亏损即是卖方的盈利。

我们以一个实例讲解认购期权的实际运用。

【例 8-5】　投资人小王在 2013 年 12 月 18 日买入了 1 张 2014 年 1 月到期、行权价格为42 元的甲股票认购期权，另一投资人老张则于当日卖出 1 张该期权。期权买卖发生时，甲股票价格为 41.5 元，合约单位为 5 000，权利金为 0.8 元，每张期权的交易价格为 0.8×5 000＝4 000（元），小王应支付权利金总额为 4 000 元。一个月之后，该期权到期，此时甲股票价格为 45.5 元，高于行权价格 3.5 元，期权处于实值状态，小王选择行权。小王将以 42 元价格买入 5 000 股甲股票,获利(45.5－42)×5 000＝17 500(元),扣除买入期权花费的权利金,净收益为 17 500－4 000＝13 500(元)。而老张需卖出相应股票,每股损失 3.5 元,共损失 3.5×5 000＝17 500(元),但在期权交易发生时收入了 4000 元权利金,因此净损失为 13 500元。

若甲股票此时跌至 42 元以下,该期权将处于虚值状态,小王可以选择不行权,其损失为最初支付的 4 000 元权利金,而老张的收益就是 4 000 元权利金收入。

注意:本案例未考虑交易成本及相关费用。

五、认沽期权损益

认沽期权是指期权买方(权利方)有权在约定时间以约定价格将一定数量的标的证券卖给期权卖方(义务方)的期权合约,买方享有的是卖出选择权。

(1) 对于买方和卖方,认沽期权分别意味什么?

认沽期权买方有权根据合约内容,在约定时间(如到期日),以约定价格(行权价格)向期权合约卖方卖出约定数量的合约标的。认沽期权的买方,拥有的是卖的权利,不承担必须卖的义务,也就是说,可以卖也可以不卖。

认沽期权卖方有义务根据合约内容,在约定时间(如到期日),以约定价格(行权价格),向期权合约买方买入约定数量的合约标的。认沽期权的卖方,只有(根据买方的要求)买的义务,没有买的权利。认沽期权卖方可以通过卖出认沽期权获得相应的权利金收入。

(2) 买入认沽期权的收益(损失)预期是怎样的?

认沽期权买方当标的证券下跌时获得收益。标的证券价格下跌越多,收益越大,标的证券价格跌到 0 元时收益达到最大值,承担有限的损失。如果标的证券价格上涨,高于行权价格,认沽期权买方可以选择不行权,那么最大损失就是其支付的全部权利金。

(3) 卖出认沽期权的收益(损失)预期是怎样的?

如果投资者认为标的证券价格未来不会下跌,但仍想通过期权交易获得投资收益,那么他可以选择卖出认沽期权,获得买方支付的权利金收入。如果标的证券价格下跌了,认沽期权卖方可能因期权买方选择行权而遭受损失,其损失幅度将视标的证券价格下跌的幅度而定,标的证券价格跌到零时,损失达到最大值。

(4) 认沽期权的收益曲线是如何变化的?

买卖认沽期权的收益(损失)主要取决于合约标的证券价格与行权价格之间的差额。这种差额与投资者收益(损失)之间的关系,可以在认沽期权到期日买卖双方的盈亏图中得到直观的体现。投资者可以借助这个图,了解认沽期权到期时合约标的在不同价格水平所对应的买卖双方的收益(损失)情况。

如图 8-3 所示,横轴为认沽期权合约标的证券价格,纵轴为认沽期权持仓方(买方或卖方)对应的盈亏情况。

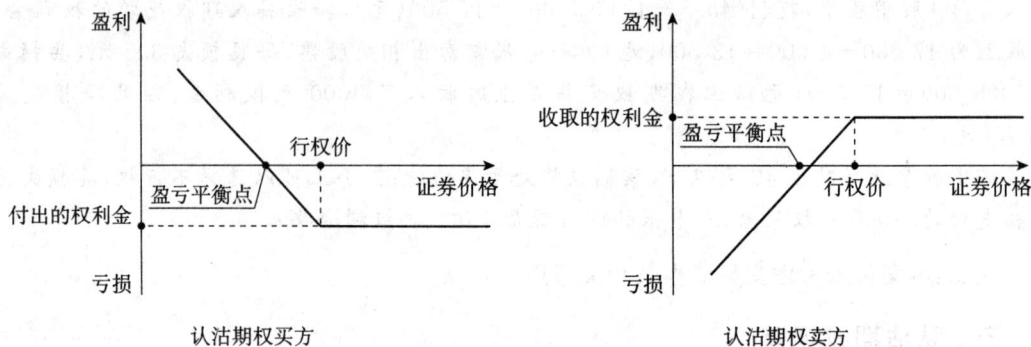

图 8-3　认沽期权盈亏图

由图可见,标的证券价格高于行权价时,买方亏损额和卖方盈利额不受影响,均保持为权利金金额不变;标的证券价格跌至行权价以下时,买方亏损缩小,而卖方盈利减少;标的证券价格继续跌至行权价减权利金之差(即盈亏平衡点)以下时,买方实现扭亏为盈,而卖方则由盈转亏。

认沽期权的卖方盈亏图与买方的完全相反,实际上,买方的盈利即是卖方的亏损,买方的亏损即是卖方的盈利。

下面,我们以一个实例讲解认沽期权的实际运用。

【例 8-6】　小王在 2013 年 12 月 18 日买入了 1 张 2014 年 1 月到期、行权价格为 42 元的甲股票认沽期权,老张则于当日卖出 1 张该期权。期权买卖发生时,甲股票价格为 41.5 元,合约单位为 5 000,权利金为 0.8 元,每张期权的交易价格为 0.8×5 000＝4 000(元),因此小王支付的权利金总额为 4 000 元。一个月之后,该期权到期,此时甲股票价格为 40 元,低于行权价格 2 元,期权处于实值状态,小王选择行权。小王将以 42 元价格卖出 5 000 股股票,获利(42−40)×5 000＝10 000(元),扣除买入期权花费的权利金,净收益为 10 000−4 000＝6 000(元)。而老张需买入相应股票,每股损失 2 元,共损失 2×5 000＝10 000(元),但在期权交易发生时收入了 4 000 元权利金,因此净损失为 6 000 元。若甲股票价格涨到 42 元以上,该期权将处于虚值状态,此时小王可以选择不行权,则其损失最初支付的 4 000 元权利金,而老张的收益就是 4 000 元权利金收入。

注意:案例未考虑交易成本及相关费用。

六、个股期权与股票期货对比

(一)个股期权与股票期货的相同

个股期权与期货一样,都是在交易所交易的标准化产品,可以作为投资者风险管理的手段,用于风险对冲、套利、方向性交易和组合策略交易等。

（二）个股期权与股票期货的不同

1. 当事人的权利义务不同

个股期权合约是非对称性的合约,期权的买方只享有权利而不承担义务,卖方只承担义务而不享有权利。在期权合约到期时,期权合约买方有权选择按照约定价格买入或卖出标的证券;期货合约当事人双方的权利与义务是对等的,在期货合约到期时,持有人必须按照约定价格买入或卖出标的物(或进行现金结算)。

2. 收益与风险的对称程度不同

在期权交易中,投资者的风险和收益是不对称的。期权买方承担有限风险(以所支付的权利金为限),而盈利则有可能超过所支付的权利金,理论上甚至可以是无限的(在买入认购期权的情况下);期权卖方享有有限的收益(以所获得权利金为限),而其潜在风险可能超过所收取的权利金,理论上甚至可以是无限的(在卖出认购期权的情况下)。期货合约买卖双方承担的盈亏风险则是对称的。

3. 保证金制度不同

在个股期权交易中,期权卖方应当支付保证金,而期权买方无须支付保证金;在期货交易中,无论是买方还是卖方,都需要支付一定的保证金作为担保。

4. 套期保值与盈利性的权衡不同

投资者利用个股期权进行套期保值的操作中,在锁定管理风险的同时,还预留进一步盈利的空间,即标的股票价格往不利方向运动时可及时锁定风险,往有利方向运动时又可以获取盈利;投资者利用期货进行套期保值的操作中,在规避不利风险的同时也放弃了收益变动增长的可能。

个股期权与股票期货对比如表8-5所示。

表 8-5 个股期权与股票期货对比

	期 权	期 货
合约	标准化	标准化
到期日	交易所规定	交易所规定
清算	中央对手方	中央对手方
权利义务	买方有权利无义务	买卖双方均有义务
保证金收取	仅向卖方收取	买卖双方均收取
每日浮动盈亏结算	卖方逐日盯市结算	双方每日无负债结算
履约	买方可选择履约	双方到期必须履约

七、个股期权与权证对比

（一）个股期权与权证的相同

个股期权与权证一样,是代表权利的契约型凭证,即买方(权利方)均有权在约定时间以约定价格买入或者卖出约定数量的标的证券。

（二）个股期权与权证的不同

1. 标准化程度不同

个股期权是由交易所设计的标准化合约；权证是非标准化合约，由发行人自行设计合约要素，除由上市公司、证券公司或大股东等主体单独发行外，还可以与可分离交易可转债一起发行。

2. 发行主体不同

个股期权没有发行人，合约条款由交易所设计，市场参与者在支付足够保证金的前提下都可以开仓卖出期权；权证则必须有特定发行主体，主要是上市公司、证券公司或大股东等第三方。

3. 合约主体不同

个股期权的合约主体是期权的买方和卖方，权利方和义务方是不特定的；而权证的合约主体是发行人和买方，因此义务方是特定的（即发行人）。

4. 持仓类型不同

在个股期权交易中，投资者既可以开仓买入期权，也可以在没有买入持仓的情况下开仓卖出期权；对于权证，投资者只能买入权证，或者在持有权证的前提下进行卖出。

5. 履约担保不同

期权交易的卖出方（义务方）因承担义务需要缴纳保证金（保证金数额随着标的证券市值变动而变动）；权证交易中发行人以其资产或信用作为履约担保。

6. 交易方式不同

个股期权采取期货的交易方式，一个重要特征是实行保证金交易；而权证则与股票、债券等品种保持一致，实行现货交易方式。

7. 行权后效果不同

认购期权或认沽期权的行权，仅是标的证券在不同投资者之间的相互转移，不影响上市公司的实际流通总股本数；对于上市公司发行的股本权证，当投资者对持有的认购权证行权时，发行人必须按照约定的股份数目增发新的股票，从而导致公司的实际流通总股本数增加。

个股期权与权证对比如表 8-6 所示。

表 8-6　个股期权与权证对比

	期　　权	权　　证
发行主体	没有特定的发行人	通常是标的证券上市公司、证券公司或上市公司大股东
持仓类型	投资者既可持有权利方头寸，也可持有义务方头寸	投资者只能持有权利方头寸

续表

	期　权	权　证
合约关系	合约关系存在于交易双方间	合约关系存在于发行人与持有人之间
合约特点	上市的合约为标准化合约,不同到期日的期权合约条款基本相同	非标准化合约,每一个上市权证都有不同的条款(如行权比例各有不同)
履约担保	卖方缴纳保证金(保证金随标的证券市值变动而变动)	发行人以其资产或信用担保履约
行权价格	交易所根据规则确定	发行人决定
存续期间	通常一年以下,一般一个月或一季度即到期	一般长达半年或一年以上

八、期权的权利金、内在价值和时间价值

(一)期权的权利金

个股期权的权利金是指期权合约的市场价格。期权权利方将权利金支付给期权义务方,以此获得期权合约所赋予的权利。权利金由两个部分组成,即内在价值和时间价值。

(二)内在价值

期权内在价值是由期权合约的行权价格与期权标的证券市场价格的关系决定的,表示期权买方可以按照比现有市场价格更优的条件买入或者卖出标的证券的收益部分。

内在价值只能为正数或者为零。只有实值期权才具有内在价值,平值期权和虚值期权都不具有内在价值。实值认购期权的内在价值等于合约标的价格减去期权行权价,实值认沽期权的内在价值等于期权行权价减去合约标的的价格。

期权内在价值评估如表8-7所示。

表 8-7　期权内在价值评估

	认 购 期 权	认 沽 期 权
行权价格<合约标的价格	内在价值=合约标的价格-期权行权价	内在价值=零
行权价格=合约标的价格	内在价值=零	内在价值=零
行权价格>合约标的价格	内在价值=零	内在价值=期权行权价-合约标的的价格

认购期权的内在价值=max(0,合约标的的价格-期权行权价)

认沽期权的内在价值=max(0,期权行权价-合约标的的价格)

(三)时间价值

时间价值是指随着时间的延长,合约标的的价格的变动有可能使期权增值时,期权的买方

愿意为买进这一期权所付出的金额,它是期权权利金中超出内在价值的部分。

期权的有效期越长,对于期权的买方来说,其获利的可能性就越大;而对于期权的卖方来说,其须承担的风险也就越多,卖出期权所要求的权利金就越多,而买方也愿意支付更多权利金以拥有更多盈利机会。所以,一般来讲,期权剩余的有效时间越长,其时间价值就越大。期权离到期日越近,期权时间价值越低,直至到期时最终消失为零。

$$时间价值=期权价格(权利金)-期权内在价值$$

九、个股期权价格变动的影响因素

个股期权价格受市场供求决定,但影响个股期权价格的因素有很多,主要包括合约标的当前价格、个股期权行权价、个股期权到期剩余时间、市场无风险利率、合约标的预期波动率、合约到期前的现金分红等。

(一)合约标的当前价格

合约标的当前价格对期权价格的影响是非常重要的。在其他变量相同的情况下,合约标的价格上涨,则认购期权价格上涨,而认沽期权价格下跌;合约标的价格下跌,则认购期权价格下跌,而认沽期权价格上涨。

(二)个股期权行权价格

在其他变量相同的情况下,对认购期权来说,行权价格越高,期权价格就越低;对认沽期权来说,行权价格越高,期权价格就越高。

(三)个股期权到期剩余时间

对于期权来说,时间就代表了获利的机会。因此,期权的到期剩余时间越长,它能够转化成实值期权的可能性就越大,买方也就愿意付出更高的权利金。在其他变量相同的情况下,到期剩余时间越长的期权对于期权买方的价值就越高,对期权卖方的风险就越大,所以它们的价格也应该更高。

(四)市场无风险利率

市场无风险利率通常体现为短期国债的利率,它是影响期权价值的一个复杂因素。一般情况下,当市场无风险利率上升时,人们对股票未来的预期收益率就会提高,从而导致认购期权价格上升,认沽期权价格下降;相反,当市场无风险利率下降时,认购期权价格下降,认沽期权价格上升。

(五)合约标的预期波动率

波动率是衡量股票价格变化剧烈程度的指标,一般用百分数表示。波动率对期权价格的影响是十分显著的,通常来说,在其他变量相同的情况下,波动率越高,个股期权的价格就越高。

（六）合约到期前标的证券的现金分红

投资者持有股票需要付出占用资金的持有成本,但是如果这只股票出现现金分红的话,股利会抵消一部分成本,甚至可能会超过持有成本。但是,买入认购期权不能分享到股票分红的好处,那么在行权价格不做调整的情况下,如果认购期权的合约标的为高分红率股票,则其吸引力将会下降,价格会出现下跌。相反,现金分红会导致认沽期权价格的上涨。

简言之,在不对行权价格进行调整的情况下,上市公司现金分红的增加会导致认购期权的价格下降,而认沽期权价格上升;现金分红的减少会导致认购期权的价格提高,而认沽期权价格下降。

十、个股期权的用途

期权具有管理投资风险、满足不同风险偏好投资者需求、发现价格和提升标的物流动性的经济功能。对个人投资者而言,个股期权的用途主要包括以下五个方面。

1. 为持有标的资产提供保险

当投资者持有现货股票,并想规避股票价格下行风险时,可以买入认沽期权作为保险。

【例8-7】 小王持有10 000股现价42元的甲股票,买入2张行权价格为40元的认沽期权,合约单位为5 000。当股价上涨时,小王可以选择不行权,从而保留了股票的上涨收益;当股价跌破40元时,小王可以行使期权以40元/股的价格卖出所持有的股票,从而保证了卖出股票的收入不低于400 000元(2张×40元×5 000)。由此可见,认沽期权对于小王来说,就如同一张保险单。如果股票不跌反升,小王所损失的仅是权利金。

注意:本案例未考虑交易成本及相关费用。

另外,当投资者对市场走势不确定,可选择买入认购期权,避免踏空风险,相当于为手中的现金进行保险。

2. 降低股票买入成本

投资者可以卖出较低行权价格的认沽期权,为股票锁定一个较低的买入价(即行权价格等于或者接近想要买入股票的价格)。若到期时股价维持在行权价格之上而期权未被行使,投资者可赚取卖出期权所得的权利金。若股价维持在行权价格之下而期权被行使的话,投资者便可以原先锁定的行权价格买入指定的股票,其购入股票的实际成本则因获得权利金收入而有所降低。

【例8-8】 小王打算一个月后以36元的价格买入甲股票,但目前该股票价格为38元,因此小王卖出了一个月后到期的、行权价格为36元的甲股票认沽期权,合约单位为5 000,权利金为3元,获得3×5 000＝15 000元的权利金总额。一个月后如果甲股票跌至36元以下,则小王的期权很可能被行权,对方将以36元/股的价格卖出甲股票给小王,小王则花费36元×5 000＝180 000元买入5 000股甲股票,减去之前卖出认沽期权收入的15 000元权利金,小王实际购买甲股票的成本为 165 000 元。而如果期权到期时甲股票没有跌破 36 元,期权买方就不会选择行权,小王就收入 15 000 元权利金。

注意:本案例未考虑交易成本及相关费用。

3. 通过卖出认购期权,增强持股收益

当投资者持有现货,预计股价未来上涨概率较小,可以卖出行权价格高于当前股价的认购期权,以获取权利金。如果合约到期时,股票价格未超过行权价格,期权买方通常不会选择行权,期权卖方因此增强了持股收益。但是如果合约到期时股价上涨,面临被行权,认购期权的卖方需利用现货进行履约,从而丧失了原本因为股价上涨所能获得的收益。

【例 8-9】 小王打算长期持有 1 000 股甲股票,但认为近期股票上涨可能性较小,因此可以卖出行权价格高于当前市场价格的甲股票认购期权,收入权利金 500 元。如果甲股票价格确如预期没有上涨,则小王可增加 500 元的持股收益。如果期权到期时甲股票价格上涨且高于行权价格,则小王可将所持有的甲股票用于行权履约。

4. 通过组合策略交易,形成不同的风险和收益组合

得益于期权灵活的组合投资策略,投资者可通过认购期权和认沽期权的不同组合,针对不同市场行情,形成不同的风险和收益组合。常见的期权组合策略包括合成期权、牛市价差策略、熊市价差策略、蝶式价差策略等。此外,通过组合策略还能以较低的成本构建与股票损益特征相似的投资组合。

5. 进行杠杆性看多或看空的方向性交易

如果投资者看多市场(即预期市场价格会上涨),或者当投资者需要观察一段时间才能做出买入某只股票的决策,同时又不想踏空,可以买入认购期权。投资者支付较少的权利金,就可以锁定股票未来的买入价格,在放大投资收益的同时可以管理未来投资的风险。

【例 8-10】 小王认为目前 42 元的甲股票未来一个月会上涨,于是买入 1 张一个月后到期、行权价格为 44 元的甲股票认购期权,合约单位为 5 000,权利金为 3 元,共花费 $3 \times 5\ 000 = 15\ 000$ 元权利金。期权合约到期时,如果甲股票上涨到 48 元,小王选择行权,将获利 $(48 - 44) \times 5\ 000 = 20\ 000$ 元,收益率为 $(20\ 000 - 15\ 000) \div 15\ 000 = 33.3\%$,而单纯持有甲股票的收益率为 $(48 - 42) \div 42 = 14.3\%$,小王将收益杠杆化放大了。当然,如果甲股票没有涨到 44 元以上,则小王不会选择行权,从而损失 15 000 元权利金。

注意:本案例未考虑交易成本及相关费用。

十一、个股期权的基本风险

个人投资者投资个股期权,应重点关注以下几方面的基本风险:

(1) 价值归零风险。虚值(平值)期权在接近合约到期日时期权价值逐渐归零,此时内

在价值为零,时间价值逐渐降低。不同于股票的是,个股期权到期后即不再存续。

(2)高溢价风险。当出现个股期权价格大幅高于合理价值时,可能出现高溢价风险。投资者切忌跟风炒作。

(3)到期不行权风险。实值期权在到期时具有内在价值,只有选择行权才能获取期权的内在价值。

(4)交割风险。无法在规定的时限内备齐足额的现金/现券,导致个股期权行权失败或交割违约。

(5)流动性风险。在期权合约流动性不足或停牌时无法及时平仓,特别是深度实值/虚值的期权合约。

(6)保证金风险。期权卖方可能随时被要求提高保证金数额,若无法按时补交,会被强行平仓。

投资者还应当通过了解期权业务规则、签署期权交易风险揭示书、参与投资者教育活动等各种途径,全面了解和知悉从事期权投资的各类风险,谨慎做出投资决策。

第二节　个股期权交易

一、备兑开仓

备兑开仓(covered call),是指投资者在持有足额标的证券的基础上,卖出相应数量的认购期权合约。备兑开仓属于“抛补式”期权,也就是说投资者将来交割股票的义务正好可以通过手中持有的股票来履行。

相对来讲,备兑开仓是一种比较保守的投资策略,当股票价格向投资者所持有头寸的相反方向运动时,投资者收到的权利金在一定程度上弥补了这一损失。当股票价格向投资者所持有头寸的相同方向运动时,投资者仍可以获得权利金的收益,但收益会受到限制,因为股票上的收益会和期权上的损失部分或全部抵消。其损益如图8-4所示。

当股票价格上涨超出行权价后,由于股票上的收益被期权上的损失全部抵消,组合策略利润将达到最大,并维持不变。

二、备兑开仓策略的情况

情形一:假设投资者持有某只股票,而该股票的价格前期已有一定升幅,若短期内投资者看淡股价走势,但长期仍然看好,那么投资者可通过卖出虚值认购期权赚取权利金,从而获取额外收益。

如果其后股票价格并没有上升而认购期权内在价值为零,买方放弃行权,则卖出认购期权的投资者所收取的权利金便增加了持股收益;如果合约到期时股价上升至高于行权价格,

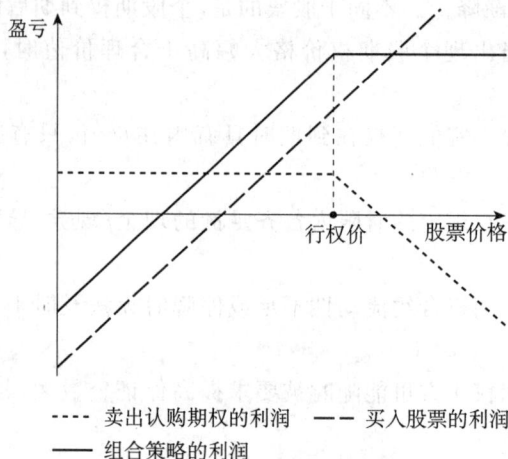

图 8-4　备兑开仓的损益

买方选择行权,则卖出认购期权的投资者需要以行权价格卖出股票,并失去所持股票由于价格上升而形成的预期利润。

【例 8-11】　小王现持有 10 000 股甲股票,市价为 4.00 元,小王短期看淡股价,但长期看好,不考虑卖出股票,在这种情形下,小王以备兑方式,卖出 1 张一个月后到期、合约单位为 10 000、行权价格为 4.05 元的认购期权,赚取权利金 1 000 元。

若小王的预计正确,甲股票的价格在期权到期日并未上升至 4.05 元以上,期权买方将放弃行权,则已收取的 1 000 元权利金即为小王的利润。若甲股票价格上升至 4.05 元以上,期权买方将选择行权,因为小王收到每股 0.1 元的权利金,故行权履约时,实际的每股收入会是 4.05+0.1＝4.15 元。

只有当甲股票价格在期权到期时高于 4.15 元,小王卖出备兑期权的收益才会低于其不卖出备兑期权时的单纯持股收益。例如,若期权到期日甲股票的价格上涨至 4.30 元,认购期权买方通过行权以 4.05 元/股买入甲股票,则小王持有甲股票的每股收益将减少 4.30－4.05－0.1＝0.15 元。

注意:本案例未考虑交易成本及相关费用,下同。

情形二:假设投资者持有某只股票,投资者认为股价会继续上涨,但涨幅不会太大,如果涨幅超目标价位则会考虑卖出股票,那么投资者可通过卖出行权价格在目标价位以上的虚值认购期权赚取权利金,从而获取额外收益。

如果期权到期时股票价格并没有上升到行权价格,买方放弃行权,则认购期权卖方已收取的权利金可增加其持股收益;如果期权到期时股票价格上升至高于行权价格,买方选择行权,虽然认购期权卖方需要以行权价格卖出股票,但其仍然获得了预期的持股收益,同时赚取了期权的权利金。

【例8-12】 小王现持有10 000股甲股票,市价为4.00元,小王看好甲股票短期内将上涨到4.1元,但认为不会涨到4.3元以上。在这种情形下,小王以备兑方式,卖出1张一个月后到期、合约单位为10 000、行权价格为4.3元的认购期权,赚取权利金1 000元。

若小王的预计正确,甲股票的价格在期权到期日并未上升至4.3元以上,买方将放弃行权,则已收取的1 000元权利金即为小王的利润。若股价上升至4.3元以上,期权买方将选择行权,因为小王已收到每股0.1元的权利金,故行权履约时的每股实际收入会是4.3+0.1=4.4元。

假设期权到期日甲股票价格上涨至4.5元,期权买方通过行权以4.3元/股的价格买入甲股票,则小王持有甲股票的每股收益将减少4.5-4.3-0.1=0.1元。虽然小王的收益减少了,但甲股票的卖出价已经超过当时的目标价位4.3元,而小王预计在达到目标价位后会卖出股票。从这个角度来看,该策略增加了每股收益4.3+0.1-4.3=0.1元。

三、备兑开仓的问题和风险

为了更好地使用备兑开仓策略,投资者必须了解其与"购买—持有"策略的不同。在备兑开仓时,投资者要关注行权价格、合约到期日、备兑开仓点等的选择,理性对待合约标的股价上涨超预期,在预期发生变化时可提前买入相应期权进行平仓。

当期权到期日标的证券价格高于所卖出的认购期权的行权价格时,如果期权买方选择行权,那么投资者应当按照约定行权价格出售其持有的股票。

投资者还应注意,备兑开仓策略不能对冲合约标的证券的价格下行风险。备兑开仓策略改变了投资组合原有的收益状况,可以减少投资者的最大损失,同时,也限制了投资者的最大收益。换句话说,投资者牺牲了合约标的证券的部分收益,以换取确定的权利金收入。

四、投资者何时买入认购期权

投资者预计标的证券价格将要上涨,但因为不愿承担过高的投资风险,那么可以买入实值认购期权。尽管此时期权的权利金较高,但是投资者的风险相对降低了。

当投资者对标的证券价格强烈看涨,希望通过期权的杠杆效应放大上涨所带来的收益时,可以买入虚值认购期权,进行方向性投资。因为只需要付出较少的权利金成本,就可以获得标的证券价格上涨带来的收益。

如图8-5所示,买入认购期权属于损失有限、盈利无限的策略。买入认购期权相比买入标的证券具有杠杆高、最大亏损可控的优势;缺点是认购期权时间价值会逐渐减少,到期后需要重新买入认购期权进行资产配置。买入认购期权的投资者可能面临以下三种情形:

(1)行权。如果标的证券价格上涨并超过行权价格,那么投资者可以选择对认购期权

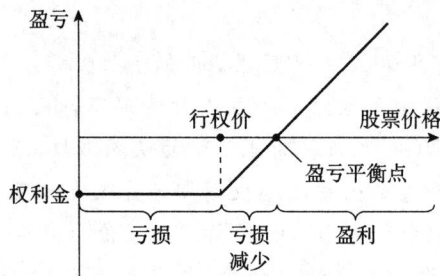

图 8-5　认购期权策略

进行行权,以较低的约定价格买入标的证券,然后按较高的市场价格卖出持有的标的证券,获得价差利润。

（2）平仓。当标的证券价格上涨时,投资者可以选择卖出所持有的认购期权进行平仓,从而获得权利金价差收入。

（3）放弃行权。如果合约标的价格不涨反跌,低于行权价格,那么投资者除了可以通过平仓限制权利金亏损幅度外,还可以放弃行权,任由期权合约到期,而损失权利金。

五、买入认购期权交易策略

下面,我们通过一个实例来讲解买入认购期权策略的实际运用。

小王十分看好甲公司股价的走势,但是其最近重仓的其他股票停牌重组,账户可用资金不足,于是小王放弃买入甲股票的计划,而选择买入甲股票的认购期权。小王的风险偏好较高,选择买入虚值认购期权,花费 500 元权利金买入 1 张合约单位为 10 000、行权价格为 4.3 元、次月到期的甲股票认购期权,当时甲股票的市场价格为 4.1 元。

1 个月后,甲股票价格上涨至 4.5 元,认购期权的权利金上涨至每张 2 000 元。小王可采取两个策略:

（1）行权。小王可以按 4.3 元/股的价格行权,然后以 4.5 元/股的市场价格在股票市场上抛出,获利(4.5-4.3)×10 000-500=1 500 元。

（2）平仓。小王可以卖出其已买入的认购期权,通过收取权利金获利 2 000-500=1 500 元。

如果认购期权到期时甲股票价格低于行权价格,小王就会放弃行权,只损失 500 元权利金。

六、投资者何时买入认沽期权

当投资者认为标的证券价格下跌幅度可能会比较大时,可以买入虚值认沽期权。投资者只需要付出较少的权利金成本,就可以获得股价下跌带来的收益。

当投资者认为标的证券价格会下跌,希望对冲价格下跌的风险,但又不打算卖出持有的标的证券时,可以选择买入实值认沽期权,尽管此时权利金较高,但是其持有标的证券现货的风险则被降低了。

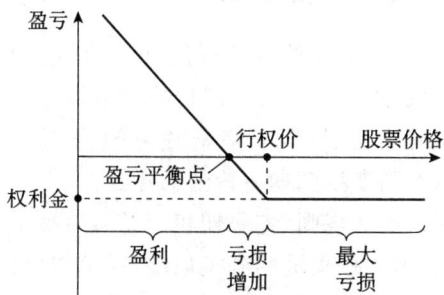

图 8-6　认沽期权策略

如图 8-6 所示,买入认沽期权理论上属于损失有限、盈利有限的策略。投资者在买入认沽期权后可能面临以下三种情形:

(1) 行权。当标的证券价格低于行权价格时,投资者可以选择行权,以较低的市场价格在现货市场中买入标的证券,再以较高的行权价格卖出标的证券,获得价差利润。

(2) 平仓。当标的证券价格下跌时,投资者也可以卖出此前买入的认沽期权进行平仓,从而获得权利金价差收入。

(3) 放弃行权。如果标的证券价格不跌反涨,那么投资者除了通过平仓限制权利金亏损外,还可以放弃行权。

七、买入认沽期权交易策略

下面,我们通过一个实例来讲解买入认沽期权策略的实际运用。

小王持有甲股票,但并不看好其走势,由于他所持的甲股票都已用于股权质押融资,暂时无法卖出,那么小王可以买入甲股票的认沽期权。小王偏好较低风险,选择了买入实值认沽期权,他花费 1 500 元买入 1 张合约单位为 10 000、行权价为 4.3 元、次月到期的甲股票认沽期权,当时甲股票的市场价格为 4.2 元。

1 个月后,甲股票价格下跌至 4.0 元,认沽期权的权利金上涨至每张 3 500 元。小王可采取两个策略:

(1) 行权。小王可以 4.0 元/股的市场价格在股票市场上买入,以 4.3 元/股的价格行权卖出,获利(4.3－4.0)×10 000－1 500＝1 500 元。

(2) 平仓。小王可以卖出其已买入的认沽期权,通过收取权利金获利 3 500－1 500＝2 000 元,其 10 000 股甲股票的持仓亏损为 2 000 元,两者相减后投资组合无损失,成功对冲风险。

如果认沽期权到期时甲股票价格高于行权价格,小王可以放弃行权,则只损失权利金1 500元。

八、买入个股期权策略的问题及风险

在持有期权期间,投资者要密切关注合约标的证券的信息披露,例如,上市公司基本面的变化可能引发期权价格的波动。当出现期权价格大幅高于合理价值时会导致高溢价风险,因此,投资者切忌跟风炒作。另外,投资者需注意的是,实值期权在到期时具有内在价值,因此务必决定是否行权,否则期权到期后价值归零。

资者还应当通过了解期权业务规则、签署期权交易风险揭示书、参与投资者教育活动等各种途径,全面了解和知悉从事期权投资的各类风险,谨慎作出投资决策。

九、个股期权管理投资风险的基本策略

1. 持有股票＋卖出认购期权

即备兑开仓策略。该策略牺牲了标的股票部分上端收益,换取了确定的权利金收入。

2. 持有股票＋买入认沽期权

这种策略在市场大幅波动的情况下给投资者提供了卖出股票以外的其他选择。假设投资者持有某只股票,长期看好,但担心短期受到大盘拖累或遇到黑天鹅事件影响而股价下跌,那么可以买入认沽期权,降低股价波动的损失。

另外,当投资者持有某只股票,基于种种考虑无法卖出(如股权质押融资、股票流动性不足等),但又担心股价下跌希望对冲下行风险时,可以选择买入认沽期权。

这种策略又被称为保护性认沽期权(protective put)。

十、保护性认沽期权

保护性认沽期权,是指投资者在持有某种证券时,搭配购买以该证券作为合约标的的认沽期权。采用该策略的投资者通常已持有标的股票,并产生了浮盈,但是担心短期市场向下的风险,因而想为股票中的增益做出保护。

与保护性认沽期权相似的是配对认沽期权,它们只是在时间上有所不同。配对认沽期权是在购买股票的同时购买认沽期权,而保护性认沽期权则是在购买股票之后再购买认沽期权。

十一、保护性认沽期权的市场功能

股票市场潜在的波动性对投资者至关重要,而投资者往往因股票市场上的多种不稳定因素而担心。在牛市时,投资者担心市场会回落;在熊市时,投资者担心持有的股票会跌到更低。这种担心会导致投资者举棋不定,从而错失投资机会。

保护性认沽期权与购买财产保险类似。购买保护性认沽期权能够为克服市场的不稳定性提供所需要的保险,使投资者在购买证券时能得到安全感。该策略实际上比只买股票更为保守。投资者支付权利金(期权的成本),以控制股票头寸上的亏损不会超出一定限度。

认沽期权给买方带来的是权利而不是义务,让买方在到期日可按行权价格出售其持有的标的证券。因此,在付了一笔相对来说较小的保证金(相对该股票的市场价值而言)之后,不管股票下跌得多么剧烈,认沽期权的买方都可以按照约定的行权价出售该股票。只要有与股票头寸匹配的认沽期权在手,投资者的风险就有限。

十二、保护性认沽期权的运行原理

如图 8-7 所示,保护性认沽期权的最大损失＝支付的权利金－行权价格＋股票购买价格。有了针对某一股票头寸而买入的保护性认沽期权,在合约到期前,风险是有限的。

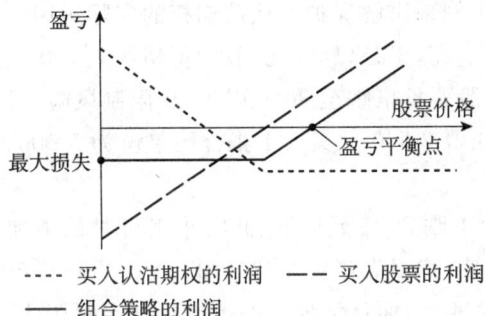

图 8-7　保护性认沽期权策略

保护性认沽期权的盈亏平衡点＝股票购买价格＋期权权利金。保护性认沽期权对股票出售价格的上限没有封顶。也就是说,在盈亏平衡点之上,投资者可能得到的盈利仍然是无限的。

十三、选择购买股票,还是保护性认沽期权

这个问题没有直接答案,因为必须考虑个人投资者对风险的忍耐程度,并评估个人投资者对股票价格的预期。

尽管保护性认沽期权可能并不对所有投资者都合适,由于它提供了期权有效期内标的证券价格下跌时的风险有限性,以及价格上涨时可能出现的盈利无限性,这一策略能够在不稳定的市场里对单股的投资提供保护。

单纯买进股票而不附带任何认沽期权的保护、买进实值认沽期权或者虚值认沽期权,对于股票持有者而言意味着不同的收益和风险。认沽期权使个人投资者有可能挑选最合适自己的风险或回报。

十四、选择买认沽期权,还是运用止损订单

在运作原理上,止损订单体现的是价格依赖,认沽期权体现的是时间依赖。不能简单说它们孰优孰劣,只是提供了不同选择。

(1) 止损订单。其优点是无限有效期和无成本,缺点是不能保护远离最大风险。在一定期间内,股票价格可能跌落至止损价格及以下水平后,又迅速反弹再创新高,不利于运用止损订单的投资者实现预期的投资目标。

(2) 保护性认沽期权。其优点是限制损失,缺点是有效期有限和具有成本。保护性认沽期权中的投资者同样可能面临不利局面,比如在认沽期权到期失效之后,股票价格发生下跌。

十五、如何运用保护性认沽期权策略

下面,我们通过一个实例来讲解保护性认沽期权的实际运用。

小王看好甲股票价格走高,于是以 36 元/股的价格买入 5 000 股甲股票,打算持有到次月。但小王又担心到时甲股票价格跌至 30 元以下,想限制风险以防预测错误。于是小王选择保护性认沽期权策略,花费 2 500 元买入 1 张合约单位为 5 000、行权价格为 35 元/股、次月到期的甲股票认沽期权。

1 个月后,甲公司股价下跌到 35 元以下,此时小王可对认沽期权进行行权,以 35 元/股的价格出售其持有的甲股票,将损失锁定在 $(36-35) \times 5\,000 + 2\,500 = 7\,500$ 元。

如果甲公司股价跌至 34 元,而认沽期权的价格上涨至每张 12 500 元,此时小王可以卖出此前买入的认沽期权,通过收取权利金获利 $12\,500 - 2\,500 = 10\,000$ 元,其持有的甲股票亏损 10 000 元,两者相减后投资组合无损失,成功对冲风险。

如果期权到期时甲股票价格没有下跌,则小王无须选择行权,只损失相应权利金,其对甲股票的持仓也未发生损失,且持仓盈利随着股价走高可能无限大,没有封顶。

十六、如何行权

个股期权行权如图 8-8 所示。

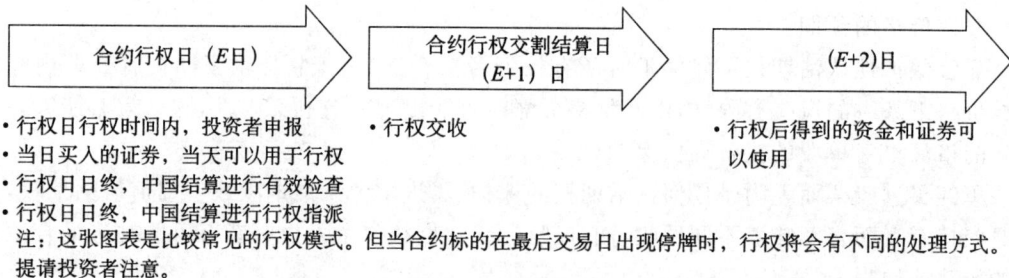

合约行权日（E 日） → 合约行权交割结算日（E+1）日 → （E+2）日

- 行权日行权时间内,投资者申报
- 当日买入的证券,当天可以用于行权
- 行权日日终,中国结算进行有效检查
- 行权日日终,中国结算进行行权指派
  注:这张图表是比较常见的行权模式。
  提请投资者注意。

- 行权交收

- 行权后得到的资金和证券可以使用

但当合约标的在最后交易日出现停牌时,行权将会有不同的处理方式。

图 8-8 个股期权行权流程

（一）合约行权日

合约行权日（E 日），合约交易申报时间不变，行权申报时间为上午 9:15—9:25、9:30—11:30，下午 1:00—3:30。需要说明的是，如果行权日（包括经顺延后的行权日）当天，标的证券停牌（含全体停牌及临时停牌），期权合约交易也同时停牌。

（二）合约行权交割日

行权交割为（$E+1$）日。以认购期权为例：对被行权者，（$E+1$）日可准备标的证券；对行权者，通过行权购入的标的证券（$E+1$）日日终到账，（$E+2$）日可卖出。

（三）合约交割

个股期权采用实物交割的方式，即在行权时，双方进行标的证券（股票或 ETF，下同）的交割。对于认购期权，权利方根据行权价格向义务方交付相应资金，义务方则向权利方交付相应标的证券；对于认沽期权，权利方向义务方交付相应标的证券，义务方则根据行权价格将向权利方交付相应资金。

在特殊情况下，采用现金交割的方式。例如，当出现标的证券停牌等特殊情况时，被指派但无法提供实物的义务方按照交易所公布的结算价进行现金交割。

（四）行权流程

1. 申报

行权日行权时间内均可提交行权委托，也可撤销行权委托；可多次行权申报，行权数量累计计算。当天买入证券当天可以用于行权。当日买入的合约，当日可以行权。行权最小单位是单张合约，不允许对单张合约部分行权。

行权申报时，投资者应有所需的足额合约、提前准备好足额资金（认购期权行权方）或足够标的证券（认沽期权行权方），期权经营机构将对投资者行权进行前端检查与控制。

2. 有效检查

交易日终，中国结算对行权方行权申报记录核查以下条件是否满足：

（1）期权合约是否足额；

（2）认沽期权行权方行权所需标的证券或者资金是否足额（行权最小单位是单张合约，不允许对单张合约部分行权）。

核查通过后，有效行权申报参与行权指派。

3. 行权指派

交易日终，中国结算根据交易所行权申报记录，对有效行权申报与被行权方进行行权配对，配对结果发结算参与人，对认沽期权行权方的标的证券进行交收锁定。对于被指派的被行权方被指派合约对应的维持保证金不释放，未被指派的合约对应的维持保证金予以释放。中国结算按照"按比例分配"、"零股按尾数大小分配"原则，对有效行权申报与被行权方进行行权指派。

【例8-13】 50ETF认购期权,行权比例(行权数/总净义务仓数＝7 176/8 000)为0.897,甲有1 700张净义务仓,应分配1 524.9张(1 700×0.897);乙有2 500张净义务仓,应分配2 242.5张(2 500×0.897);丙和丁各有1 900张净义务仓,应各分配1 704.3张(1 900×0.897)。按规定,甲乙丙丁先配整数张,即甲得1 524张,乙得2 242张,丙丁各得1 704张。零头合约按从大到小排列,甲排第一(0.9张),乙排第二(0.5张),丙和丁同排第三(0.3张)。于是,所剩余张数为2张(7 176-1 524-2 242-1 704-1 704)。先送甲一张,如有剩余(实际剩余1张)再送乙一张,如仍有剩余,则丙和丁由系统抽签决定分配。如果到乙处已分配完,丙和丁则不再分配。

注意:本例未考虑交易成本及相关税费。

4. 行权清算

中国结算在行权指派后对行权应收应付资金进行清算,以衍生品保证金账户单位形成结算参与人($E+1$)日应收付的行权资金净额。中国结算以证券账户为单位形成($E+1$)日各个证券账户关于某一代码标的证券应收付的证券净额,并以此为基础形成结算参与人某一代码标的证券应收付的证券数额。

5. 行权交收

($E+1$)日日终,中国结算首先根据期权交易结算流程完成当日权利金的结算,再根据最新持仓情况暂不释放所有未到期合约未平仓部分对应维持保证金;对于到期被指派合约对应的维持保证金,中国结算按结算参与人衍生品保证金账户内的结算准备金余额/(行权交收资金-被行权合约对应的维持保证金)的比例释放被行权合约维持保证金用于交收。

（五）行权违约

($E+1$)日,如投资者出现行权资金或证券不足无法完成行权交收,则进入行权违约处置,处置流程参照期权经营机构规定执行。

（六）自动行权

期权经营机构应提供为投资者自动行权的服务,如无法提供该项服务,需向投资者做出特别说明。期权经营机构为投资者提供自动行权服务的,应当在期权经纪合同中,就自动行权的触发条件、行权数量等事项以及各自权利义务做出详细规定,并由投资者书面签署确认。

十七、风险控制制度

个股期权风险控制制度如图8-9所示。

为有效控制期权交易的风险,期权交易中引入了9项风险控制制度。这9项风险控制制度可以对期权交易的相关环节的风险进行有效防范或控制。

就个人投资者而言,应重点关注:保证金制度、限仓限购制度、限开仓制度、强行平仓制

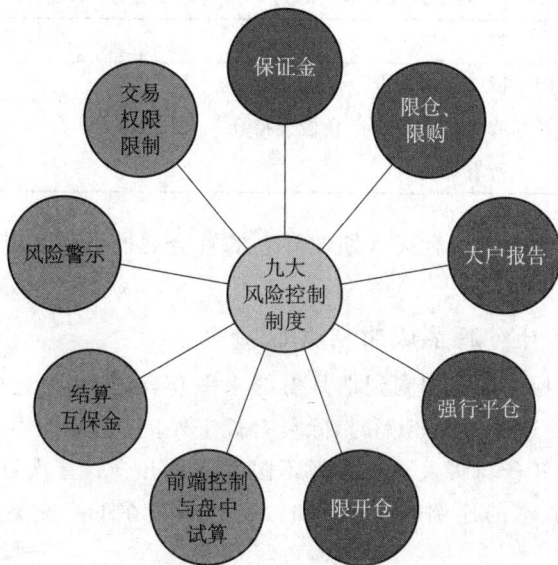

图 8-9　个股期权风险控制制度

度和大户报告制度。

（一）保证金制度

在期权交易中,期权义务方必须按照规则缴纳保证金;每日收市后(或盘中),中国结算根据价格波动情况计收维持保证金。

客户保证金是期权经营机构向投资者收取的属于投资者所有,用于投资者缴存保证金并进行交易结算,严禁挪作他用。

保证金计算主要依据以下原则:以较大可能性覆盖连续两个交易日的违约风险;对虚值期权在收取保证金时考虑减掉虚值部分,提高资金效率;平衡违约风险和市场爆炒风险。

保证金计算公式比较复杂,期权经营机构根据上交所保证金要求上浮一定比例,确定向投资者收取的保证金比例。投资者可向期权经营机构作详细了解。

保证金未能按规定及时补足,可能会触发强行平仓。具体请投资者参阅"强行平仓"触发条件。

（二）限仓、限购制度

限仓制度,即对期权经营机构和投资者的持仓数量进行限制,规定投资者可以持有的、按单边计算的某一标的所有合约持仓(含备兑开仓)的最大数量。

目前,对单个标的期权合约,个人投资者投机持仓不超过 1 000 张,如果投资者进行备兑开仓或保护性策略持仓,该方向持仓限额可增加至不超过 2 000 张,但扣除备兑开仓或保护性策略持仓后持仓不超过 1 000 张。对个人投资者(A 账户)持仓限制如表 8-8 所示。

表 8-8　对个人投资者(A 账户)持仓限制设置(单位:张)

类　　别	持仓限额
同一标的投机持仓	1 000
同一标的备兑开仓或保护性策略持仓最大持仓	2 000
所有标的	10 000

限购制度,即规定个人投资者买入期权开仓的资金规模不得超过其在证券账户资产的一定比例。

（三）限开仓（只针对股票认购期权）

任一交易日,同一标的证券相同到期月份的未平仓合约(含备兑开仓)所对应的合约标的总数超过合约标的流通股本的 30％时,除另有规定外,上交所自次一交易日起限制该类认购期权开仓(包括卖出开仓与买入开仓),但不限制备兑开仓。首次日终未平仓合约对应的合约标的总数占流通股本的比例达到 28％时,交易所将在下一交易日开市前向市场进行提醒。

当上述比例低于 28％时,交易所自次一交易日起解除该限制。

（四）强行平仓制度

当投资者出现下列情形之一时,所在的期权经营机构有权对其相关持仓进行强行平仓:

(1) 投资者保证金不足,且未能在规定时间内补足或自行平仓;

(2) 投资者持仓超出持仓限额标准,且未能在规定时间内平仓;

(3) 因违规、违约被交易所和中国结算要求强行平仓;

(4) 根据交易所、中国结算的紧急措施应予强行平仓;

(5) 应予强行平仓的其他情形。

平仓的具体执行流程由各期权经营机构制定,平仓结果应当符合中国结算和上交所规定。

由于价格涨跌停板限制或其他市场原因,有关持仓的强行平仓当日无法全部完成的,剩余强行平仓数量可以顺延至下一交易日继续执行,直至强行平仓的情形消除。

有关持仓的强行平仓只能延时完成的,由此产生的盈利或者亏损归直接责任人;未能完成平仓的,该持仓投资者应当继续对此承担持仓责任或交割义务。

（五）大户报告制度

大户报告制度是指当期权经营机构或投资者持仓量达到上交所规定的持仓报告标准或上交所认为需要报告的,上交所有权要求期权经营机构或投资者向上交所报告其资金情况、头寸情况、交易用途等。此外,上交所根据大户报告审查是否有过度投机和操纵市场行为。

同步测练

1. 对于买方和卖方,认购期权分别意味什么? 认沽期权呢?

2. 买入认购期权的收益(损失)预期是怎样的? 认沽期权呢?

3. 卖出认购期权的收益(损失)预期是怎样的? 认沽期权呢?

4. 认购期权的收益曲线是如何变化的? 认沽期权呢?

5. 个股期权价格变动的影响因素有哪些?

6. 个股期权有哪些功用? 又有哪些风险?

7. 什么是备兑开仓? 有哪些策略?

8. 小王在 2013 年 12 月 18 日买入了 1 张 2014 年 1 月到期、行权价格为 42 元的甲股票认沽期权,老张则于当日卖出 1 张该期权。期权买卖发生时,甲股票价格为 41.5 元,合约单位为 5 000,权利金为 0.8 元。

计算:(1) 一个月后,该期权到期,此时甲股票价格为 40 元,小王和老张的盈亏如何?

(2) 若一个月后,该期权到期,甲股票价格涨到 42 元以上,小王和老张的盈亏又如何?

注:案例未考虑交易成本及相关费用。

C 第九章

HAPTER NINE

期权套期保值策略

学 习 目 标

国内期权市场尚未尘埃落定，许多规章和规则有待完善，金融市场中缺席许久的期权衍生品的推出已箭在弦上。通过本章的介绍，可了解期权套期保值的基本内容、交易策略以及股指期权的套期保值情况。

重 点 难 点 提 示

理解套期保值交易策略原理并学会应用。

第一节　期权套期保值概述

一、期权套期保值

期权套期保值是指将期权合约作为现货或期货的临时替代物,对现货价格或期货价格进行保险的交易活动,目的是规避或减少风险。期权避险的前提是投资者已经持有或者预期持有标的资产的某个头寸(做多或做空),希望通过期权市场的适当操作使自己拥有的标的资产头寸受险程度最小。在实际操作中,期权持仓与相关标的资产持仓不分先后。

期权套期保值范围包括现货市场、远期市场和期货市场上的基础产品。它包括两类:买期保值和卖期保值。在期货交易中,以建立与现货市场相反的期货部位来确定定义买期保值和卖期保值;而期权则是按照期权的有效部位来定义,持有有效空头部位的期权称为卖期保值,持有有效多头部位的期权称为买期保值。与期货套期保值相比,期权套期保值有更大的优越性和更灵活的策略。

(一)买期保值

买期保值包括买入看涨期权和卖出看跌期权。

若某投资者在未来某一时间需要买入某一现货商品,价格上涨则成本增加,此时可以买入看涨期权。若价格下跌幅度超过买入看涨期权所支付的权利金时,该投资者可以以较低的价格买入该现货商品;若价格上涨,该投资者也可以锁定最高买价,即最高买价等于买入看涨期权的执行价格加上买入看涨期权所支付的权利金。利用期权进行买期保值的优点是既可以得到价格下跌时的好处,也可以在价格上涨时锁定最高买价。

若该投资者预测商品价格将围绕看涨期权执行价格上下小幅波动,波动幅度不会超过所支付的权利金,也可以卖出看跌期权,这样可以降低买入该商品的价格。

(二)卖期保值

卖期保值包括买入看跌期权和卖出看涨期权。

若某投资者目前拥有某种现货商品或该现货商品目前正在生产过程中,需要在未来某一时间卖出该现货商品,但是担心价格下跌,可以买入看跌期权。因为若价格上涨幅度超过买入看跌期权所支付的权利金,该投资者可以以较高的价格卖出该现货商品;若价格下跌,该投资者也可以锁定最低卖价,即最低卖价等于买入看跌期权的执行价格减去买入看跌期权所支付的权利金。利用期权进行卖期保值的优点是既可以得到价格上涨时的好处,也可以在价格下跌时锁定最低卖价。

若投资者预测该商品价格将围绕看跌期权执行价格上下小幅波动,波动范围不会超过所支付的权利金,也可以卖出看涨期权,这样可以提高该商品的卖出价格。

（三）复合部位

（1）买进或卖出买权、卖权。

（2）使用单一策略（买权、卖权）与期货或现货结合，有以下四种基本的套期保值策略：一是买进买权＋基础产品空头部位（形成买权多头部位）；二是卖出卖权＋基础产品空头部位（形成买权多头部位）；三是买进卖权＋基础产品多头部位（形成买权多头部位）；四是卖出买权＋基础产品多头部位（形成买权多头部位）。

为了规避基础市场价格上涨的风险，保值者可以买入买权或者卖出卖权；为了规避价格下跌的风险，保值者可以买入卖权或者卖出买权。

二、期权套期保值的交易特点

（一）资金占用少

期权具有较强的杠杆作用，特别是虚值期权，其价值很低。与期货交易相比，可以用较少的资金控制相同数量的期货合约。从资金成本来说，期权能够为保值者提供更多的选择。

（二）既能够回避价格不利变动的风险，又能保留价格有利变动所获收益

这是期权套期保值效果的独特之处。期货套期保值原理在于利用期货与现货部位相反，价格变化方向相同，从而达到规避风险、锁定成本的目的。随着价格的变化，一个部位盈利，另一个部位肯定亏损。这样在规避风险的同时，投资者也失去价格有利变化情况下降低成本的能力，在规避了风险的同时，也丧失了收益。利用期权，可以为现货和期货进行套期保值，如果现货（期货）部位亏损，则期权部位盈利。这种情况下，利用期权与期货进行保值的效果基本相同，均可以规避价格不利变化时的风险。如果现货（期货）部位盈利，则期权部位亏损，但不论价格变化有多大，期权的亏损仅限于保值者支付的权利金。现货（期货）部位的盈利却可以随着价格有利的变化而不断扩大。但是如果投资者运用期货为现货保值，现货部位在价格发生有利变化时，其获取更多利润的机会将会被期货部位的亏损所抵消。因此买入期权，等于为广大涉粮企业的生产经营买入了"保险"。

【例 9-1】 某面粉厂一个月后需要购进小麦。为了规避小麦价格上涨的风险，存在两种选择：一是买入小麦期货，期货价格为 1 600 元/吨；二是买入看涨期权，执行价格为 1 600 元/吨的小麦期权的价格为 20 元/吨。现货市场价为 1 500 元/吨。两种保值交易方案效果的情景分析，见表 9-1。

表 9-1 方案对比表　　　　　　　　　　　　　　　　　　　　　　　　元/吨

	现货	买入期货	买入 1 600 看涨期权
初始情况	1 500	1 600	20
情况一	1 560	1 660	80

续表

	现货	买入期货	买入 1 600 看涨期权
盈亏	−60	+60	+60
情况二	1 450	1 550	5
盈亏	+50	−50	−15
情况三	1 400	1 500	1
盈亏	+100	−100	−19

情况一：期货价格与现货价格均上涨了 60 元,看涨期权的价格也同步上涨了 60 元。现货部位亏损,期货或期权部位均盈利。盈亏相抵后,期货与期权的保值效果相同。

情况二：期货价格与现货价格均下跌了 50 元,看涨期权的价格也下跌了 15 元。现货部位盈利 50 元,期货部位亏损 50 元,盈亏相抵,期权部位亏损 15 元。盈亏相抵后,现货采购成本降为 1 465 元/吨。期权保值效果优于期货。

情况三：现货价格进一步下跌 100 元至 1 400 元,期货部位的亏损与现货部位盈利相抵。锁定成本为 1 500 元/吨。看涨期权权利金则下跌至 1 元钱。期权亏损 19 元,现货盈利 100 元,盈亏相抵后,现货采购成本下降为 1 500−100+19＝1 419 元。

(三) 不会有追加保证金的风险

由于期权买方风险是有限的,在支付权利金后,无论价格如何变化,不需交纳保证金,也就不存在追加保证金的问题。投资者在运用期货为现货保值过程中,如果期货部位亏损,就要追加交易保证金。如果因为资金紧张或亏损过大而不能及时补足,还会导致被强行平仓的后果,从而使整个保值计划归于失败。通过买入期权进行套期保值,最大损失是有限而明确的,可以有效地避免这个问题。期权更符合套期保值者厌恶风险的需求。

(四) 期权保值效果更加确定

期货保值中,保值者规避了较大的价格不利变动的风险,转而面对的是基差风险。基差的变化对于套期保值的效果十分关键。正是基差风险的存在,影响了期货市场保值者进行套期保值的有效性。运用期权套期保值,则不存在类似问题。作为期权合约的内容,已经规定了将来固定的交割价格——执行价格。而对于期权的买方,他拥有的是权利而不是义务。其风险是可以预见的,即其最大损失是其支付的权利金。通过买入看涨期权,可以有效地确定将来最高的买价;通过买入看跌期权,可以有效确定将来最低的卖价。因此,对于厌恶风险的保值者,期权是一种有效的风险管理工具,能够较好地满足生产经营者企业风险管理的需要。

(五) 期权套期保值的策略多,可灵活选择

在期货保值策略中,为防止价格上涨(下跌)的风险,只能买入(卖出)期货。有了期权,

保值者可以有更多的选择,如买入看涨期权或卖出看跌期权可以规避价格上涨的风险,买入看跌期权或卖出看涨期权可以规避价格下跌的风险。再加上不同执行价格、不同到期月份的选择,可以为不同需求的保值者实现不同成本预算的保值效果。

(六)交易手续费较低

为了尽量降低投资者的交易成本,郑州商品交易所的期权交易手续费制定了较低的收取标准,如小麦为 0.1 元/吨,棉花为 1 元/吨,均为相关期货合约手续费的一半。

三、期权套期保值的交易原理

期货是现货的衍生品,所以期货可以为现货进行套期保值,对冲价格变动的风险。期权以期货为标的,可以说是衍生产品的衍生品。因此,期权不但可以为现货保值,还可以用来为期货部位进行套期保值,有效规避交易者期货部位的风险。期货市场的多头与空头的概念为交易者所熟悉。同样,现货市场中的不同企业,根据其经营性质,在现货交易中就是先天的多头与空头。如,生产性企业和个人,持有现货,即现货多头:从价格的上涨中获取更多利润,面对的是价格下跌的风险。加工商即现货空头:价格的下跌可以降低生产成本,面对的是价格上涨的风险。在后面举出例子中,有的是现货企业,有的是期货投资者。但运用期权进行套期保值,无论是保护现货部位还是期货部位,无论是什么品种,其原理是相同的。

同种商品的现货、期货与期权价格之间存在相关性。期货套期保值交易的原理在于:同种商品期货价格走势与现货价格走势一致,同涨同跌。在此基础上,再根据方向相反、数量相等、月份相同或相近的操作原则进行交易,总是一个部位亏损而另一个部位盈利,从而实现规避风险、锁定成本的目的。对于期权套期保值交易,同样是利用期权价格与现货、期货价格的相关性原理来进行操作,价格的变化同样会引起一个部位盈利和一个部位亏损。在其他因素不变的情况下,标的(现货或期货)价格上涨,则看涨期权价格上涨,看跌期权价格下跌;标的(现货或期货)价格下跌,则看涨期权价格下跌,看跌期权价格上涨。与此相对应,为了规避价格上涨的风险,保值者可以买入看涨期权或者卖出看跌期权;为了规避价格下跌的风险,保值者可以买入看跌期权或者卖出看涨期权。

在期货套期保值交易中,买进期货以建立与现货部位相反的部位时,称为买期保值;卖出期货以对冲现货部位风险时,称为卖期保值。套期保值者在交易中要遵循方向相反的原则。期权交易中,不能简单地以期权的买卖方向来操作,还要考虑买卖的是看涨期权还是看跌期权。确定是买期保值或卖期保值,可以按所持有期权部位履约后转换的期货部位来决定。如买进看涨期权与卖出看跌期权,履约后的部位是期货多头,所以类似于买期保值;买入看跌期权与卖出看涨期权,履约后的部位是期货空头,所以类似于卖期保值。熟悉风险指标的交易者可以根据部位 delta 的符号相反的原则来建立套期保值部位。

套期保值交易策略如表 9-2 所示。

表 9-2　套期保值交易策略表

价格风险	期货策略	期权策略	
		保护策略	抵补策略
规避价格上涨风险	买入期货	买入看涨期权	卖出看跌期权
规避价格下跌风险	卖出期货	买入看跌期权	卖出看涨期权

期权交易有四个基本部位：买入看涨期权、卖出看涨期权、买入看跌期权和卖出看跌期权。根据买卖方向，期权的套期保值策略可以分为保护性策略（protective strategy）与抵补性策略（cover strategy）。

通过买入期权，为现货或期货部位进行套期保值，可以有效地保护基础部位的风险最大损失是确定的，称为保护性策略；通过卖出期权，为现货或期货部位进行套期保值的策略，权利金可以抵补基础部位的损失，但风险不能得到完全的转移，称为抵补性策略。

保护性策略的优点是：风险局限在执行价格，而获利的潜能是开放的。保值者在进场的时候能够将损失完全控制在已知的范围之内，不会存在做错方向损失不断扩大的风险，最大的风险和损失就是他已经交纳的权利金。而当操作方向正确的时候，获利能够跟随价格的变化而提升；保护性策略不用交纳保证金，可以弥补期货交易中进场时机不佳的缺点，保值者能够承受行情的震荡，不存在追加保证金及被强平的风险，可以保持较好的交易心态，使保值计划得到完整的执行。保护性策略的缺点在于其成本较高，买入期权需要向卖方交纳权利金，必须要价格的有利变化弥补权利金的损失之后，才会开始出现净盈利。与保护性策略相比，抵补性策略是负成本，同时降低风险的能力有限。

对于保护性策略和抵补性策略，两者各具优点与缺点，但都可以用来对冲投资者的基本部位风险，结合不同情况下可以做出不同的保值策略选择。首先要考虑的是期权的价格与其价值相比，是高或是低。如果期权的价格低于其价值，采用买入期权的保护性策略比较有利；反之，选择抵补卖出期权比较有利。而评价期权的价格离不开隐含波动率。假定其他条件一定，如果隐含波动率偏高，投资者应该尽可能多卖出而少买入期权；如果隐含波动率偏低，投资者应该尽可能多买入而少卖出期权。一些投资者在面临策略选择时，可能更在乎其对期货价格的看法，特别是对风险的承受能力。因为只要市场如投资者所预见，他就会充分享受策略的优点，回避其缺点。如果投资者对市场价格的看法比较坚定，并愿意承担"万一"情况下的风险，建议采用抵补性策略，这样可以在市场波动率降低的情况下，扩大投资者的盈利。如果投资者讨厌"风险无限"的字眼，就应该支付权利金，去向卖方买入"保险"。

第二节　期权套期保值交易策略

根据不同的分类标准，期权具有很多种不同的分类方式。基于标的资产类别的不同，期权可以分为股票期权、股指期权、利率期权、外汇期权、商品期权等，其中利率期权、外汇期权、商品期权大多为期货期权。金融期权是金融期货功能的延伸和发展,具有与金融期货相同的套期保值和发现价格的功能,是一种行之有效的控制风险的工具。商品期权是指标的物为实物的期权,如农产品中的小麦和大豆、金属中的铜等,商品期权是一种很好的规避和管理商品风险的金融工具。

一、商品期货期权套期保值

常见的期权套期保值主要包括3类:保护性保值策略、抵补性保值策略和复合型保值策略。

(一)保护性保值策略:规避价格风险,损失可以控制在已知的范围之内

1. 买进看跌期权:规避价格下跌的风险

套期保值的目标:保护现货或期货多头部位,规避价格下跌的风险,同时保持价格上涨所带来的盈利。

这是生产商或贸易企业为了防止价格下跌所采取的保值策略,类似于期货卖期保值策略。该种策略需要向卖方支付权利金,但无须交纳保证金。

【例9-2】 某棉花贸易企业库存有棉花,市场价格为15 000元/吨,担心价格下跌,于是买进一个月后到期,执行价格为15 000元/吨的棉花看跌期权,支付权利金500元/吨。分析见图9-1。

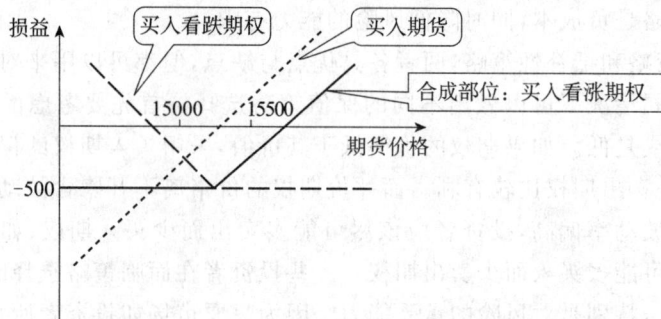

图9-1 多头的保护性保值策略

情况一:如果棉花价格上涨,现货部位盈利(企业可以在现货市场上卖出更高的价格),期权部位亏损。投资者可以卖出看跌期权,平仓了结或者放弃权利。棉花价格涨得越高,该企业的总体盈利越大。

情况二:如果棉花价格下跌,现货部位亏损,期权部位盈利,投资者平仓了结后,期权部位的盈利可以弥补现货部位的亏损。或者投资者提出执行,获得15 000元/吨的期货空头。看跌期权的执行价格,即为最低的卖出价。

可见,投资者持有现货或标的,通过买入看跌期权,价格下跌时,则可以有效锁定标的多头部位的风险,损失不会持续扩大。买入看跌期权,等于锁定了最低的卖出价格。在价格上涨时,期权的损失有限,可以保持享受更高卖出价格带来的好处,使盈利不断随着价格的上涨而提升。

2.买进看涨期权:规避价格上涨的风险

套期保值的目标:保护现货或期货空头部位,规避价格上涨的风险,同时保持价格下跌所带来的盈利。

这是加工企业为了防止采购成本上涨所采取的保值策略,类似于期货买期保值策略。该种策略需要向卖方支付权利金,但无须交纳保证金。

【例9-3】　某面粉厂一个月后需要采购加工用小麦,目前现货市场价格为1 500元/吨。为了规避小麦价格上涨的风险,锁定生产成本,该面粉厂买入强麦看涨期权,一个月后到期,执行价格为1 500元/吨,支付权利金20元/吨。

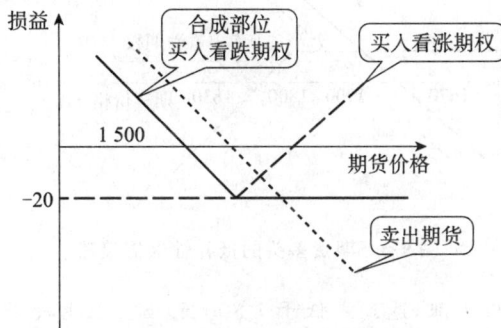

图9-2　空头的保护性保值策略

情况一:如果价格下跌,现货部位盈利(企业在现货市场上能够以更低的价格采购),买入的看涨期权部位亏损。投资者可以卖出看涨期权,平仓了结,或者放弃权利。价格下跌越多,面粉厂的总体采购成本越低。

情况二:如果价格上涨,采购成本提高,现货部位亏损。看涨期权价格上涨,期权部位盈利。平仓了结后,可以用期权部位的盈利弥补期货部位的亏损。也可以提出执行,获得1 500元/吨的期货多头,参与实物交割。对于面粉厂来说,看涨期权的执行价格,即其最高的买入价。

(二)抵补性保值策略:设定获利并且降低进场成本

抵补性策略在期货交易的同时也卖出期权部位,因此权利金的收入可以视为是降低了期货投资的进场成本;但是,因为已经预设了期货价格目标而卖出虚值期权,等于放弃了预期价格以外的盈利空间,因此并没有办法赚取超额的利润,并且当操作的方向错误时,抵补性策略也没有控制损失继续扩大的能力。与保护性策略相比,抵补性策略没有成本,同时降低风险的能力有限。

1. 卖出看涨期权,规避价格下跌的风险

套期保值目标:持有现货或期货多头部位,卖出看涨期权,收取权利金,规避价格下跌的风险。愿意接受较大的风险,换取成本方面的优势。

这是生产商或贸易企业为了防止价格下跌所采取的保值策略,类似于期货卖期保值策略。

【例9-4】 某投资者以市场价格 1 700 元/吨买入强麦期货,认为期货价格会在 1 700~1 800 点间波动,因此卖出同月份执行价格为 1 800 元/吨的强麦看涨期权,收到 30 元/吨的权利金。

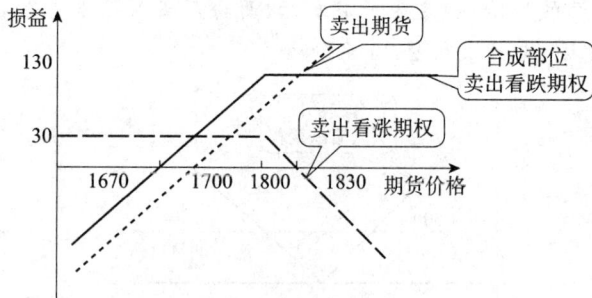

图 9-3 期货多头的抵补性保值策略

情况一:如果期货价格上涨,达到或低于 1 800 元/吨,证明投资者基于期货价格的判断是正确的。期货部位盈利,但期权仍处于平值或虚值状态,买方不会提出执行。投资者得到的权利金可以提高投资盈利。

情况二:如果期货价格上涨到 1 800 元/吨以上价格,期货部位盈利,期权部位亏损。期权转化为实值状态,如期权买方提出执行,投资者会被指派建立期货空头部位,价格为 1 800 元/吨。正好对冲其 1 700 元/吨的期货多头,获利 100 元/吨,加上其获得的权利金收入,总获利可达到 130 元/吨,相当于以 1 830 元/吨的价格平仓。

情况三:如果价格下跌,但不低于 1 670 元/吨,期货部位的亏损和期权部位的盈利进一步扩大,如果持有到到期日,投资者仍可以用权利金收入来弥补期货多头的亏损。但如价格跌破 1 670 元/吨后,期货部位的损失继续扩大,期权部位的盈利却不再增加。因为期权卖方的最大盈利为其收到的权利金,所以,在市场超出所料的下跌情况下,投资者的期货多头的风险将无法通过卖出看涨期权而完全得到弥补。

2. 卖出看跌期权,规避价格上涨的风险

套期保值目标:持有现货或期货空头部位,卖出看跌期权,收取权利金,规避价格上涨的风险。愿意接受较大的风险,换取成本方面的优势。

这是加工商为了防止价格上涨的风险所采取的保值策略,类似于期货买期保值策略。

【例 9-5】　某投资者认为棉花期货价格会有 400 点的跌幅,因此以市场价格 15 000 元/吨卖出棉花期货。同时,以 330 元/吨卖出同月份执行价格为 14 600 元/吨的看跌期权。损益图见图 9-4。

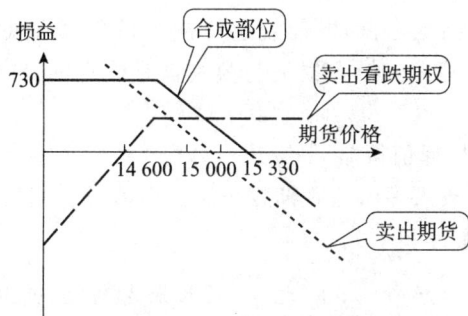

图 9-4　期货空头的抵补性保值策略

情况一:如果期货价格下跌,但不低于 14 600 元/吨,期货部位盈利。期权仍处于平值或虚值状态,买方不会提出执行。

情况二:如果期货价格下跌到 14 600 元/吨以下,期货部位盈利,期权部位亏损。同时期权转化为实值状态,如期权的买方提出执行,投资者会被指派建立期货多头部位,价格为 14 600 元/吨。正好对冲其 15 000 元/吨的期货空头,获利 400 元/吨,加上其获得的权利金收入,总获利可达到 730 元/吨,相当于以 14 270 元/吨的价格平仓。

情况三:如果价格上涨,但不超过 15 330 元/吨,期货部位亏损,期权部位盈利,期权到期后,投资者仍可以用权利金收入来弥补期货空头的亏损。如果投资者判断失误,价格向上突破 15 330 元/吨后,期货空头的亏损继续增加,看跌期权空头部位的盈利却不再增加,因为期权空头的最大盈利是其收到的 330 元/吨的权利金。在市场大幅上涨的情况下,投资者期货空头的风险将无法通过卖出看跌期权而完全得到弥补。

(三) 复合型保值策略

在保护性策略与抵补性保值策略的介绍中,我们总面临着风险与权利金成本两相矛盾的烦恼。要么规避了风险,但是需要付出权利金成本;要么没有成本,但风险不能完全规避。于是我们很自然地想到,把两种策略结合起来,是否可以满足保值者更多的要求、获得更好的效果呢?双限期权保值策略给我们提供了这种可能。

双限期权策略(collar)又叫零成本保值策略、篱笆墙策略(fence)等。投资者在建立一个现货或期货多头(空头)部位后,采取的保值行动包括:支付权利金,买入一个虚值的看跌期权(看涨期权权),来保护期货部位。为了降低权利金成本,再抵补卖出一个虚值的看涨期权权(看跌期权权),获得权利金收入。这样,投资者可以避免避免价格不利方向变化所带来的风险,并且不需要付出权利金。如果卖出的期权价格高于买入的期权,还可以收到权利金。保值者需要做的是:找出两个具有相等价格(或大致相等)的看涨期权和看跌期权。双限期权保值策略经常被机构投资者使用,对于一个没有保险费的"保险",如果不考虑预期外的盈利空间的话,更受到务实保值者的青睐。

双限期权的保值效果为:成本低,既能规避价格不利变化的风险,又能保留一定的获利潜能,但放弃了无限收益的能力。最大损失与盈利都是确定的,或者说盈亏均被限定,是谓双限期权保值策略。

1. 多头部位的双限期权保值策略

构成:多头基础部位+买入虚值看跌期权+卖出虚值看涨期权

适用:期货多头、生产企业和个人

【例9-6】 某投资者以市场价1 900元/吨买入强麦期货,并且买入同月份执行价格为1 880元/吨的看跌期权,支付权利金30元;卖出同月份执行价格为1 920元/吨的看涨期权,收到权利金30元/吨。其到期日损益图见图9-5。

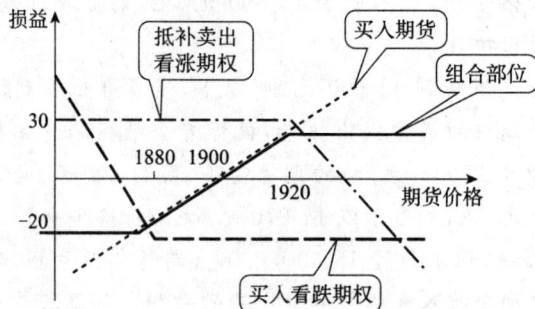

图9-5 期货多头的双限期权保值策略

到期日损益分析:

情况一:价格上涨,但没有超过1 920元/吨,即期货价格位于1 900~1 920元/吨。期货多头盈利,买入的看跌期权处于虚值状态,价值为0。卖出的看涨期权处于虚值状态,价值为0。看涨期权与看跌期权均处于虚值状态,不会出现执行的问题。期货多头的盈利就是整个组合的盈利。

情况二:价格向上突破1 920元/吨,期货多头盈利,卖出的看涨期权成为实值期权,卖出的看跌期权虚值程度更深。看涨期权的买方将提出执行,该投资者作为看涨期权的卖方,获得1 920元/吨的期货空头部位,正好与其期货多头部位对冲平仓。获利20/吨。无论期货价格涨到多高,投资者的获利最高为20元/吨。

情况三:价格下跌,没有跌破 1 880 元/吨。期货多头亏损,但看涨期权与看跌期权仍处于虚值状态,均不会出现执行的问题。期货多头的盈亏就是整个组合的盈亏。

情况四:价格向下突破 1 880 元/吨,期货多头亏损,买入的看跌期权成为实值期权,卖出的看涨期权虚值程度更深。该投资者作为看跌期权的买方,可以提出执行,获得 1 880 元/吨的期货空头部位,正好与其期货多头部位对冲平仓。亏损 20 元/吨。无论价格跌到何种价格,总体亏损最大为 20 元/吨。

在买入期货的情况下,运用双限期权保值策略,主要是基于期货价格处于区间震荡,但又存在暴跌的可能。通过买入看跌期权,将风险控制在确定的范围之内。卖出看涨期权,则用来降低买入保护性期权的成本。当期货价格运行在 1 880~1 920 元/吨即两个执行价格之间时,期货部位的损益可以不受期权的影响,而期货价格向上突破 1 920 元/吨的执行价格时,投资者的期货多头收益却"戛然而止",这就是采用该策略保值者需要付出的代价:放弃预期之外的盈利潜能。当期货价格向下突破 1 880 元/吨的价格时,投资者的亏损将会被有效"切断"。这是该策略向投资者提供的好处。

2. 空头部位的双限期权保值策略

构成:空头基础部位＋买入虚值看涨期权＋卖出虚值看跌期权

适用:期货空头、现货加工企业

【例 9-7】　某投资者以市场价 15 000 元/吨卖出棉花期货,并且买入同月份执行价格为 15 200 元/吨的看涨期权,支付权利金 300 元/吨;卖出同月份执行价格为 14 800 元/吨的看跌期权权,收到权利金 300 元/吨。其到期日损益图见图 9-6。

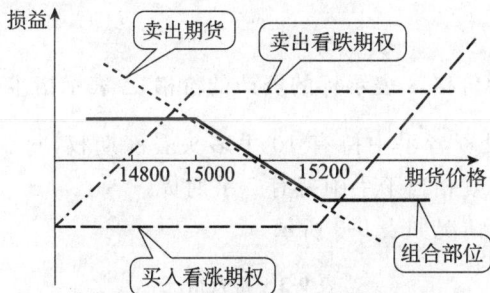

图 9-6　期货空头的双限期权保值策略

到期日损益分析:

情况一:价格下跌,但没有跌破 14 800 元/吨。期货空头盈利,但看涨期权与看跌期权仍处于虚值状态,均不会出现执行的问题。期货空头的盈利就是整个组合部位的盈利。

情况二:价格向下突破 14 800 元/吨,期货空头盈利,卖出的看跌期权成为实值期权,买入的看涨期权虚值程度更深。看跌期权的买方将提出执行,该投资者作为卖方,获得 15 000

元/吨的期货多头部位,正好与其期货空头部位对冲。获利 200 元/吨。但无论期货价格跌到何种程度,投资者的获利最高为 200 元/吨。

情况三:价格上涨,没有突破 15 200 元/吨。期货空头亏损,但看涨期权与看跌期权仍处于虚值状态,均不会出现执行的问题。

情况四:价格向上突破 15 200 元/吨,期货空头亏损,买入的看涨期权成为实值期权,卖出的看跌期权虚值程度更深。该投资者作为看涨期权的买方,提出执行权利,获得 15 000 元/吨的期货多头部位,正好与其期货空头部位对冲。亏损 200 元/吨。但无论价格涨到何种价格,总体最大亏损为 200 元/吨。

在卖出期货的情况下,运用零成本保值策略,主要是基于期货价格会缓慢下跌的可能性较大,但又存在暴涨的风险。当期货价格运行在 14 800～15 200 元/吨即两个执行价格之间时,期货部位的损益同样不受期权的影响,期货部位的盈亏就是整个组合部位的盈亏。而期货价格向下跌破 14 800 元/吨时,投资者的期货空头收益却戛然而止,这就是采用该策略的投资者需要付出的代价:价格下跌至预期之外的盈利可能。当期货价格向上突破 15 200 元/吨的价格时,投资者的亏损将会被有效切断。

二、金融衍生品期权的套期保值

(一) Delta 中性套期保值

衍生证券的 Delta 用于衡量衍生证券价格对标的资产价格变动的敏感度,即衍生证券的 Delta 值等于衍生证券价格对标的资产价格的偏导数,它是衍生证券价格与标的资产价格关系曲线的斜率。

令 f 表示衍生证券的价格,s 表示标的资产的价格,Δ 表示衍生证券的 Delta,则 $\Delta = \dfrac{\partial f}{\partial s}$。

如何使用呢?如果投资者手中持有 10 手多头看涨期权,每手看涨期权的 Delta 值为 0.7,部位总 Delta 值为 7,就相当于手中持有 7 手期货。

假设投资者现在持仓情况如表 9-3 所示。

表 9-3　持仓情况

	Delta
10 手 SR501C5000 多头(每手 Delta 为 0.7)	Delta＝10×0.7＝7
5 手 SR501P5000 多头(每手 Delta 为 0.6)	Delta＝5×(−0.6)＝−3
5 手 SR501(每手为 Delta 为−1)	Delta＝5×(−1)＝−5
三者组合	总 Delta＝7−3−5＝−1

此时相当于持有 1 手期货空头,Delta 的作用可以把复杂的组合持仓折合成期货,方便管理。

Delta 中性策略能使组合价值不受标的资产价格变动影响,组合中的 Delta 值等于组合中各头寸的 Delta 值之和,其中看涨期权的 Delta 值为正,看跌期权的 Delta 值为负,买入标的资产 Delta 值为 1。通过对组合中的标的资产和期权进行组合配置,将组合的 Delta 调整至 0。

在双限期权策略中,我们看到虽然达到了全额套保的目的,但限制了亏损的同时也限制了盈利,并且过度的头寸保护也造成了不必要的支出。如何更合理地调整期权的头寸,并且在达到保护目的的同时也减少投资者的成本? 我们需要考虑调整期权头寸的方法,这里我们运用 Delta 中性对冲策略。

所谓 Delta,是用以衡量期权的标的资产价格变动时,期权的价格改变的百分比。而对于一个整体的投资组合,Delta 代表的是组合对标的资产价格、波动率、利率等变化的敏感性分析。基于机构投资者对于投资组合收益率稳定的需求,我们周期性地调整策略的 Delta 值以保持策略 Delta 中性,即使得组合的 Delta 等于 0,满足我们对沪深 300ETF 套期保值的目的。

以套保组合(对冲组合)的收益率波动最小作为选择标准,即 Delta 中性对冲策略。针对沪深 300 现货的初始套保策略,见表 9-4。

表 9-4　Delta 中性对冲策略——对沪深 300 现货的初始套保策略

	静态 Delta 中性策略	动态 Delta 中性策略
保护性看跌期权策略	现货或期货 Delta+ 看跌期权 Delta=0 (展期时调整)	现货或期货 Delta+ 看跌期权 Delta=0 (定期调整或定量调整)
抵补性看涨期权策略	现货或期货 Delta+ 看涨期权 Delta=0 (展期时调整)	现货或期货 Delta+ 看涨期权 Delta=0 (定期调整或定量调整)

【例 9-8】　某基金公司持有沪深 300 现货组合,构建出沪深 300ETF,若执行价格为 2 200 点的近月看跌期权 Delta 为 -0.8,那么初始的对冲比例(期权:现货)应为 1:0.8。

1. 静态 Delta 中性策略

当期权到期展期时,需买入进行展期的新期权 Delta 变为 -0.6 时,则投资者平仓掉原有期权头寸后,同时买入新的看跌期权,使得期权比现货为 1:0.6。一般来说投资者可以通过调整期权持有量来满足该比例,也可通过调整现货或期货头寸来实现。

2. 动态 Delta 中性策略

在非展期时,若 Delta 发生巨大变化,因头寸仍没有得到及时调整,套期保值组合将会出现无法规避大部分价格风险的情况。因此,在非展期期间,若现货价格的变化超过一定值,我们就根据新的 Delta 来调整套期保值的头寸。这种调整包括定期调整和定量调整,需要根据交易成本而定。

接上面例子,假设基金公司持有沪深300现货市值为2 000万元,近月看跌期权 Delta 为 −0.8,初始持有看跌期权张数为114张。如果买入的近月看跌期权 Delta 变动如下,相应的期权头寸也将进行调整。

表 9-5　以沪深 300 为标的的动态 Delta 期权对冲策略

日期	沪深 300	执行价格	权利金	隐含波动率	Delta	持有期权合约张数
2014-04-03	2 228	2 260	74	−14.53	−0.64	140
2014-04-04	2 229	2 260	72	−14.53	−0.64	140
2014-04-05	2 207	2 260	87	−15.62	−0.72	126
2014-04-06	2 184	2 220	76	−17.02	−0.65	141
2014-04-07	2 158	2 180	63	−18.34	−0.59	157
2014-04-08	2 162	2 180	55	17.31	−0.58	160
2014-04-09	2 135	2 180	58	17.15	−0.62	151

当然,在实际操作中,需要考虑期权的权利金、行权费等成本,计算出组合的收益率,根据组合收益率再动态地调整期权合约头寸。

动态 Delta 中性只是理论上的,原因在于期权的套期保值策略还受波动率、保证金、交易成本等的影响,例如要确保 Delta 中性还需要确保 Gamma 中性,要考虑波动率影响还需要确保 Vega 中性。因此,在实际操作过程中,可能需要复制期权,以便确保满足现货或期货不存在的 Vega 中性等要求。

(二)衍生证券 Theta 值

衍生证券的 Theta(θ)用于衡量衍生证券价格对时间变化的敏感度,即在期权到期之前,每经过一天,期权价值会损失多少,它等于衍生证券价格对时间 t 的偏导数:

$$\theta = \frac{\partial f}{\partial t}$$

【例 9-9】　某个期权的权利金是200,Theta 值是7,就表示每过去一天,该期权的权利金损失为7。即,如果市场的其他条件不变,权利金在第一天过后变成193,第二天过后变成186,第三天变为179,以此类推。

每一个期权的价值都由内涵价值和时间价值两部分构成。时间价值接近到期日时逐渐接近于 0;为了体现时间对于期权买方来说是一种损耗因素,Theta 值常被表示为负数。

(三)Gamma 中性套期保值

衍生证券的 Gamma(Γ)用于衡量其 Delta 值对标的资产价格变化的敏感度,即期货价格随标的价格变化的加速度,它等于衍生证券价格对标的资产价格的二阶偏导数,也等于衍生证券的 Delta 对标的资产价格的一阶偏导数:

$$\Gamma = \frac{\partial^2 f}{\partial s^2} = \frac{\partial \Delta}{\partial s}$$

Delta、Theta 与 Gamma 之间的关系为：

$$\theta + rs\Delta + \frac{1}{2}\sigma^2 s^2 \Gamma = rf$$

其中，r 为无风险利率，σ 为股票的变异性。

如基于不付现金股利股票的欧式看涨期权与看跌期权的 Gamma 相同，即为：

$$\Gamma = \frac{N'(d_1)}{S_\sigma \sqrt{T-t}}$$

其中：

$$N'(x) = \frac{1}{\sqrt{2\pi}}\text{EXP}(-x^2/2)$$

而对于支付连续收益率为 q 的股票指数的欧式看涨或看跌期权有：

$$\Gamma = \frac{N'(d_1)\mathrm{e}^{-q(T-t)}}{S_\sigma \sqrt{(T-t)}}$$

由于标的股票或标的股票指数及期货头寸的 Gamma 值为 0，因此，投资者改变其资产组合的 Gamma 值的唯一办法就是持有某个交易期权的头寸。假设某种 Delta 中性的资产组合的 Gamma 等于 Γ，某个可交易期权的 Gamma 等于 Γ_T。如果加入到原资产组合中的可交易期权的数量是 w_T，则总组合的 Gamma 是：

$$w_T\Gamma_T + \Gamma$$

要使资产组合的 Gamma 中性化，则可交易期权的头寸应为 $\Gamma - \Gamma/\Gamma_T$。当然，加入可交易期权肯定会改变原组合的 Delta 值，所以为了保持总的 Delta 中性，还需要调整标的资产头寸。Gamma 中性也是短暂的，只有不断调整可交易期权的头寸并使得该期权头寸总是等于 $-\Gamma/\Gamma_T$，Gammma 中性才能维持。

（四）Vega 中性套期保值

衍生证券的 Vega(Λ)用于衡量该证券的价值对标的资产价格波动率的敏感度，它等于衍生证券价格对标的资产价格波动率的偏导数：

$$\Lambda = \frac{\partial f}{\partial \sigma}$$

证券组合的 Vega 值等于该组合中各证券的数量与各证券的 Vega 值乘积的总和。证券组合值越大，说明其价值对波动率的变化越敏感。

一般来讲，平值期权的 Vega 值最高，而实值和虚值期权的 Vega 值较低。深度实值或深度虚值期权 Vega 值接近于 0。例如，某个价值为 200 的期权 Vega 值为 15，如果标的资产价格波动率上升 1%，则期权的价值将上升 15 至 215。

第三节　期权套期保值的相关内容

一、期权部位的了结方式

根据郑商所的期权交易规则,保值者利用期权进行套期保值交易,可以采取的了结方式有以下四种。

(一)对冲平仓

对冲平仓指投资者持有的期权部位由其交易方向相反、交易数量相等的相同期权对冲的期权合约了结方式。

相同期权指合约品种、月份、期权类型和执行价格相同的期权合约。

下面是一个从开仓到平仓的例子。

(1)交易者向其经纪公司发出下单指令,说明要求买进或卖出期权数量、看涨期权或看跌期权以及期权的执行价格、到期月份、交易指令种类、开仓或平仓等。

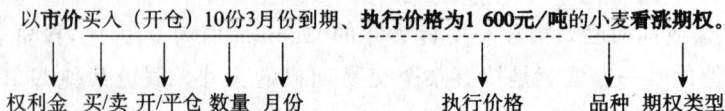

以**市价买入（开仓）** 10份3月份到期、**执行价格为1 600元/吨**的小麦**看涨期权。**

| 权利金 | 买/卖 | 开/平仓 | 数量 | 月份 | 执行价格 | 品种 | 期权类型 |

(2)交易指令通过计算机按照成交原则撮合成交。权利金竞价原则与期货合约的竞价原则相同,即价格优先、时间优先的竞价原则。计算机撮合系统首先按照竞价原则分买入和卖出指令进行排序,当买价大于、等于卖价则自动撮合成交,撮合成交价等于买价、卖价和前一成交价三者中居中的一个价格。

例如,客户甲发出如下指令:

以 20 元/吨权利金卖出 10 手 3 月份到期、执行价格为 1 600 元/吨的小麦看涨期权。

客户乙发出指令:

以市价买入(开仓)10 手 3 月份到期、执行价格为 1 600 元/吨的小麦看涨期权。

那么甲乙的指令通过计算机就会撮合成交。

(3)期权的平仓方法与期货基本相同,都是将先前买进(卖出)的合约卖出(买进)。只不过,期权的报价是权利金。

如果买进看涨期权,则平仓时要卖出同执行价格、同到期日的看涨期权。如果卖出看涨期权,则平仓时要买进同执行价格、同到期日的看涨期权。看跌期权则同理。

比如,客户甲以 20 元/吨买入 10 手 3 月份到期、执行价格为 1 600 元/吨的小麦看涨期权。

如果小麦期货价格上涨,那么权利金也上涨,比如上涨到 30 元/吨,那么客户甲发出如下指令：

以 30 元/吨卖出(平仓)10 手 3 月份到期、执行价格为 1 600 元/吨的小麦看涨期权。

（二）执行与履约

执行与履约指期权买方行使权利而使期权合约转换成期货合约的期权了结方式。当期权买方提出执行期权时,期权卖方有义务按合约成交时确定的执行价格履约,即按执行价格卖出或买入一定数量的相关期货合约。期权执行与期货部位关系见表 9-6。

期权执行后获得的期货部位价格为执行价格。比如买方对执行价格为 1 600 元/吨的看涨期权提出执行后,买卖双方获得的期货合约持仓价格为 1 600 元/吨,此时不管期货实际价格是多少。

表 9-6　期权执行与期货部位关系

	看涨期权	看跌期权
买方	获得多头期货部位	获得空头期货部位
卖方	获得空头期货部位	获得多头期货部位

（三）到期

到期指期权有效期终结,期权到期,买方无法行使权利的期权合约了结方式。

按照惯例,在期权到期时,实值期权会被自动执行。对于虚值期权与平值期权,到期日价值为零,如果期权没有对冲平仓,也没有提出执行,在当日结算时,投资者的期权持仓就会被自动了结,买卖双方的权利义务关系也随之终止。

（四）期权转现货

期权转现货指持有同一合约月份的期权买卖双方达成协议,以期实现现货交割,把期权部位转换成现货部位的交易。买卖双方的期权执行价格、合约月份、期权类型相同。

期权到期后,如果买方不提出执行,权利可以自动作废,这是期货所不允许的。另外,郑商所规定了期权转现货的了结方式。期权上市后,会存在现货商只做期权不做期货,如果买卖双方想提前交割实物,按照常规只有先把期权转成期货,然后通过期货转现货才能提前实现交割。这种方法环节多,转成期货后,保证金高,交易风险加大。作为一种创新,郑商所规定可以将期权部位直接转换成现货部位,这对套期保值非常方便,能够更好地满足保值者的需求,有利于发挥市场功能。

对于以上四种了结方式如何选择,需要区分保护性策略和抵补性策略进行具体分析。

对于保护性策略来说,买入期权后,到期是一种无可奈何的选择。到期后权利被终止,平值与虚值期权将分文不名。采用对冲平仓的方法来了结比较有利。期权的价格包括内涵价值与时间价值两部分,期货期权的价格要大于内涵价值。买方提出执行后获得期货部位,只能从内涵价值中获利,但放弃了期权的时间价值。所以,如果市场有流动性,保值者能平仓就平仓,通过期权的盈利来弥补现货的亏损,或者可以减少期权部位的亏损。如果保值者想进行实物交割,可以考虑提出执行权利或者期权转现货。保值者在买入期权后,不会面临交纳及追加保证金的风险,但如果保值者根据市场情况,选择通过实物交割的方式来完成保值交易计划,就需要先提出执行,以获得期货部位。因为持有期货部位面临着无限的风险,这与期权的风险特性显然不同,交易者就要面临期货交易的保证金要求。进入交割月前一个月,上中下旬的期货交易保证金会不断提高。因此,交易者要预先安排好资金,确保套期保值计划顺利进行。为了方便保值者实现实物交收,郑商所提供期权转现货的方式。只要持有同一期权合约的买卖双方达成一致,交易所按协定价格将双方期权持仓平仓,并按期权合约执行价格划拨货款。这样保值者既无须经受期货交易的风险,又实现了买入或卖出实物商品的目的。

对于抵补性策略来说,卖出期权后,卖方有义务而无权利,对于持仓了结的方式处于被动地位。最有利的情况是买方放任到期,卖方可以获取全部的权利金收入。如果买方提出执行,卖方需要履约,这时一般对卖方不利(也不见得亏损),会打乱保值者的交易计划。

二、到期问题

商品期权的到期一般要提前合约月份 1 个月的时间,郑商所的小麦与棉花期权的到期日均在合约月份前一个月的第 5 个交易日。如 9 月份硬麦期权的到期日为 8 月份的第 5 个交易日。根据套期保值月份相近的操作原则,应注意与其现货(期货)经营计划的期限上的配比。

三、执行价格的选择

不同期权合约的执行价格也不同。投资者可以根据自己的成本预算及利润计划等,来选择确定。执行价格越有利,权利金成本越高。对于生产者来说,为了获得较好的卖价,买入的看跌期权执行价格越高,收益越高,但其权利金成本也越高。看跌期权的执行价格越低,其锁定的卖出价越低,但权利金成本也越低;对于加工厂来说,买入的看涨期权执行价格低,可以保持较低的生产成本,但其权利金成本相应较高。看跌期权的执行价格高,意味着将来的买价高,但权利金成本相对较低。在期权交易中,一般情况下接近当前期货市场价格的执行价格的期权合约交易比较活跃,深实值与深虚值的期权合约流动性不足。保值者必须要在所提供的保护程度与所需的成本之间求得平衡。深度实值的期权能够提供更大的保护,但其成本昂贵。深度虚值期权的成本极低,但其保护功能甚至相当于"什么都没做"。这里没有始终标准的答案,保值者需要选择一种能最好地满足其保值目标与成本的折中方案。

四、流动性风险

期权合约多,成交相对分散,保值者在建立期权部位后,随着期货价格的波动,期权会成为深实值或深虚值的状态,成交清淡。这时,保值者可能无法顺利平仓以了结部位。虽然交易所实行做市商制度,但做市商的报价数量可能仍然无法满足要求。因此,保值者与其他期权交易者一样,都面临着流动性风险。

第四节 期权与期货的比较

期货与期权的最大区别是二者根本是两类商品,期权是一种选择权,不是期货。期货的标的物是实体商品(农产品或贵金属)或金融指标(大盘指数或长短期利率)(亦即期货履约时,必须买进标的物或卖出标的物,若是金融期货就以现金结算);期权的标的物是期货(亦即期权这种选择权履约时,必须买进标的期货或卖出标的期货)。

期权与期货各具优点与缺点。期权的好处在于风险限制特性,但却需要投资者付出权利金成本,只有在标的物价格的变动弥补权利金后才能获利。但是,期权的出现,无论是在投资机会或是风险管理方面,都给具有不同需求的投资者提供了更加灵活的选择。

期权交易与期货交易之间既有区别又联系。

一、期权与期货交易的联系

第一,两者均是以买卖远期标准化合约为特征的交易。

第二,在价格关系上,期货市场价格对期权交易合约的敲定价格及权利金确定均有影响。一般来说,期权交易的敲定价格是以期货合约所确定的远期买卖同类商品交割价为基础,而两者价格的差额又是权利金确定的重要依据。

第三,期货交易是期权交易的基础。期货交易越发达,期权交易的开展就越具有基础,因此,期货市场发育成熟和规则完备为期权交易的产生和开展创造了条件。期权交易的产生和发展又为套期保值者和投机者进行期货交易提供了更多可选择的工具,从而扩大和丰富了期货市场的交易内容。

第四,期货交易可以做多做空,交易者不一定进行实物交收。期权交易同样可以做多做空,买方不一定要实际行使这个权利,只要有利,也可以把这个权利转让出去。卖方也不一定非履行不可,而可在期权买入者尚未行使权利前通过买入相同期权的方法以解除他所承担的责任。

第五,由于期权的标的物为期货合约,因此期权履约时买卖双方会得到相应的期货部位。

二、期权交易与期货交易的区别

(一)买卖双方权利义务不同

期货交易的风险收益是对称性的。期货合约的双方都赋予了相应的权利和义务。如果想免除到期时履行期货合约的义务,必须在合约交割期到来之前进行对冲,而且双方的权利义务只能在交割期到来时才能行使。

而期权交易的风险收益是非对称性的。期权合约赋予买方享有在合约有效期内买进或卖出的权利。也就是说,当买方认为市场价格对自己有利时,就行使其权利,要求卖方履行合约。当买方认为市场价格对自己不利时,可以放弃权利,而无须征求期权卖方的意见,其损失不过是购买期权预先支付的一小笔权利金。由此可见,期权合约对买方是非强迫性的,他有执行的权利,也有放弃的权利;而对期权卖方具有强迫性。在美式期权中,期权的买方可在期权合约有效期内任何一个交易日要求履行期权合约;而在欧式期权交易中,买方只有在期权合约履行日期到来时,才能要求履行期权合约。

(二)交易内容不同

在交易的内容上,期货交易是在未来远期支付一定数量和等级的实物商品的标准化合约;而期权交易的是权利,即在未来某一段时间内按敲定的价格,买卖某种标的物的权利。

(三)交割价格不同

期货到期交割的价格是竞价形成,这个价格的形成来自市场上所有参与者对该合约标的物到期日价格的预期,交易各方注意的焦点就在这个预期价格上;而期权到期交割的价格在期权合约推出上市时就按规定敲定,不易更改,是合约的一个常量。标准化合约的唯一变量是期权权利金,交易双方注意的焦点就在权利金上。

(四)保证金的规定不同

在期货交易中,买卖双方都要交纳一定的履约保证金;而在期权交易中,买方不需要交纳保证金,因为他的最大风险是权利金,所以只需交纳权利金,但卖方必须存入一笔保证金,必要时须追加保证金。

(五)价格风险不同

在期货交易中,交易双方所承担的价格风险是无限的。而在期权交易中,期权买方的亏损是有限的,亏损不会超过权利金,而盈利则可能是无限的——在购买看涨期权的情况下;也可能是有限的——在购买看跌期权的情况下。而期权卖方的亏损可能是无限的——在出售看涨期权的情况下;也可能是有限的——在出售看跌期权的情况下;而盈利则是有限的——仅以期权买方所支付的权利金为限。

(六)获利机会不同

在期货交易中,做套期保值就意味着保值者放弃了当市场价格出现对自己有利变化时获利的机会,做投机交易则意味着既可能获厚利,也可能损失惨重。但在期权交易中,由于期权的买方可以行使其买进或卖出期货合约的权利,也可放弃这一权利,所以,对买方来说,做期权交易的盈利机会就比较大。如果在套期保值交易和投机交易中配合使用期权交易，无疑会增加盈利的机会。

（七）交割方式不同

期货交易的商品或资产，除非在未到期前卖掉期货合约，否则到期必须交割；而期权交易在到期日可以不交割，致使期权合约过期作废。

（八）标的物交割价格决定不同

在期货合约中，标的物的交割价格（即期货价格）由于市场的供需双方力量强弱不定而随时在变化。在期权合约中，标的物的敲定价格则由交易所决定，交易者选择。

（九）合约种类数不同

期货价格由市场决定，在任一时间仅能有一种期货价格，故在创造合约种类时，仅有交割月份的变化；期权的敲定价格虽由交易所决定，但在任一时间，可能有多种不同敲定价格的合约存在，再搭配不同的交割月份，便可产生数倍于期货合约种类数的期权合约。

（十）套期保值的不同

期货套期保值与期权套期保值的主要区别是：期货套期保值只能为现货做套期保值，而期权套期保值不仅可以为现货也可为期货做套期保值。

期货的套期保值不是对期货而是对期货合约的标的金融工具的实物（现货）进行保值，由于期货和现货价格的运动方向会最终趋同，故套期保值能收到保护现货价格和边际利润的效果。期权也能套期保值，对买方来说，即使放弃履约，也只损失保险费，对其购买资金保了值；对卖方来说，要么按原价出售商品，要么得到保险费，也同样保了值。

期权相对于期货在套期保值方面有着独特的优势，主要体现为以下四个特性：

（1）全面性。期权套期保值的范围很广，不仅可以为现货做套期保值，也可以为期货做套期保值。

（2）稳定性。用期权做套期保值，方案一旦确定，使用的资金也就完全确定，企业无须再随着行情的变化而被迫追加资金，这就便于企业安排和使用资金，避免了类似期货套期保值时由于资金追加不及时而被迫平仓的情况。

（3）针对性。对于期权而言，由于其独特的损益结构，完全可以做到有针对性地对冲风险而不对冲利润，即亏钱了有人埋单，赚钱了，该赚多少还是赚多少。不像期货在对冲风险的同时，将利润也对冲掉了。

（4）多样性。期权非常灵活，用期权可以设计出多种多样的策略，实现不同的套期保值效果。例如，当保值者希望规避价格上涨风险，可以选择买入看涨期权或者卖出看跌期权；当保值者希望规避价格下跌风险，可以选择买入看跌期权或者卖出看涨期权。这些套期保值组合包括保护策略、备兑策略、领口策略等。有了这些策略组合，就可以针对企业的具体情况量体裁衣，设计期权套期保值方案。

第五节　股指期权

　　股指期权是当前全球最活跃的衍生品之一,广泛地应用于风险管理、资产配置和产品创新等领域。期权产品的市场价值已在全世界范围内得到广泛认同,市场需求十分旺盛。国内沪深 300 指数期货已上市多时,且已成为对冲股票风险的主要套期保值工具。沪深 300 指数期权仿真交易也已试点运行。发展股指期权产品是推进我国多层次市场建设的重要举措之一,对资本市场健康发展具有重要意义。2013 年 11 月 8 日,股指期权全市场仿真交易正式启动,距离正式上市股指期权更近了一步。

　　股指期权合约是指由交易所统一制定的、规定买方有权在将来某一时间以特定价格买入或卖出标的资产的标准化合约。以股票指数为标的资产的期权称为股指期权。股指期权是国际上最成功和成熟的金融衍生品之一,和股指期货互相配合,共同形成了完整的现代金融衍生品场内市场风险管理体系。首先,上市股指期权能够为市场提供重要的金融"保险"工具,方便投资者进行更为灵活和精细的风险管理;其次,股指期权能够有效度量和管理市场波动风险,为宏观部门决策提供可靠的参考指标;最后,股指期权能够提供更为灵活的金融产品基础性构件,有利于推动金融机构创新,更好地发挥金融衍生品市场服务实体经济的作用。

一、沪深 300 指数期货与期权的套期保值特点对比

(一)期权价格与标的资产价格为非线性关系

　　期权价格与标的资产价格为非线性(凸性)关系,期货则为线性关系。期权价格与标的资产价格相关系数的绝对值小于 1,而期货则等于 1。对于看涨期权而言,随着标的资产价格升高,期权权利金升高的速度越来越快;随着标的资产价格下降,期权权利金下降速度越来越慢(图 9-7)。看跌期权价格随标的资产价格的变化方向则相反。

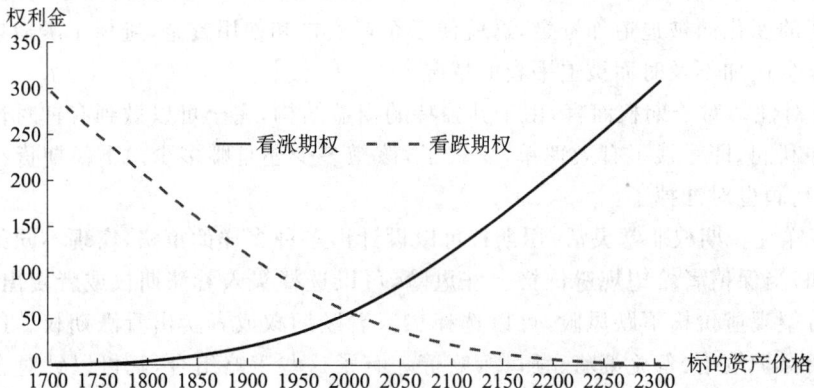

图 9-7　期权价格与标的资产价格关系

期货价格与标的资产价格的线性关系,决定了股指期货套期保值更加简单,效果更加稳定。期权价格与标的资产价格的凸性关系,可使期权套期保值策略在满足套保需求的同时,赚取收益曲线凸性带来的收益。

(二)期权套保可以对冲波动率

利用股指期货进行套期保值只能对冲价格风险。利用期权进行套期保值,不仅可以实现价格对冲,还可以实现波动率的对冲,其对冲效果更加全面。

期权的买方具有做多波动率的特性,卖方则具有做空波动率的特性。如果标的资产波动率在套保期间增大,期权买方可通过波动率增加得到额外的收益。在这种情况下,投资者可以通过买入看跌期权进行套期保值,达到对冲波动率的效果,从而满足投资者厌恶风险方面的偏好。反之,如果预期套保期间波动率降低,风险喜好的投资者可以通过卖出看涨期权来进行套期保值。

通常而言,市场中多数投资者是厌恶风险的,该类投资者更适合买入看跌期权来做套期保值。这也是买入看跌期权套保策略在实际中更加常见的原因所在。

(三)期权套保效率更高

目前,国内沪深 300 股指期货不允许用现货多头来充抵保证金,即利用沪深 300 股指期货进行套期保值时必须以现金作为保证金。利用股指期货进行套期保值时,既要预留现金作为保证金,又要额外预留现金,以满足市场向期货头寸不利方向变动时可能导致的追加保证金要求。按照我们的经验,目前国内利用股指期货进行套期保值时的现货仓位仅为 70%左右。

期权买方不存在信用风险,在实际中不需要缴纳保证金,如果利用买入看跌期权策略进行套期保值,可以提高现货的仓位。据目前沪深 300 股指期权仿真交易测算,现货仓位可以达到 90%左右,同时无须面临因价格不利方向变动所带来的追加保证金要求。这使得期权套保策略的资金利用效率较期货大大提高。

此外,沪深 300 股指期权仿真交易的手续费为每手 5 元,考虑沪深 300 股指期权和期货合约的乘数差别,与一手沪深 300 股指期货等市值的沪深 300 股指期权手续费为 15 元,仍然低于沪深 300 股指期货的交易成本。因此,沪深 300 股指期权上市后的交易成本很有可能低于沪深 300 股指期货,这将进一步提高沪深 300 股指期权的套保效率。

二、期权套期保值策略分类

按期权头寸构成划分,期权卖出套期保值策略可分为买入看跌期权、卖出看涨期权和复制期货空头三类。其中,复制期货空头是通过卖出看涨期权并同时买入相同到期日和执行价格的看跌期权来进行。由于复制期货空头进行套保的损益特征和单纯的股指期货卖出套保较为相似,本节主要分析买入看跌期权和卖出看涨期权两种套期保值策略。

按期权对冲比例及调整方式划分,期权卖出套期保值策略可分为等量对冲、静态 Delta 中性对冲和动态 Delta 中性对冲三类。需要特别说明的是,为了叙述方便,本节在后面的分析中假设组票组合的 Beta 系数为 1。

(一) 等量对冲

等量对冲也称等市值对冲或市值对冲,是指期权市值与现货市值按照 1∶1 的比例进行对冲的方式。这种策略完成建仓后,通常只在需要展期时才进行换仓,且通常选择同一类型(行权价)的期权。套期保值期间的期现比例始终保持 1∶1 的关系。

等量对冲策略的特点是简单直观。目前在以美国为代表的成熟金融市场中十分常见,并分别被称为备兑看涨期权组合(covered call)和保护看跌期权组合(protective put)。

(二) 静态 Delta 中性对冲

期权价格与标的资产价格的收益曲线为非线性,这导致一旦标的资产价格变化,整个套期保值对冲组合便不再市场中性。因此,等量对冲仅可以对冲部分标的资产价格风险。如果要对冲所有标的资产价格风险,使策略组合的收益不受标的资产价格影响,则必须要达到 Delta 中性。期权市值与现货市值比例应为 1∶Delta。

在实际操作中,为了保持组合的 Delta 中性,除了调整期权持有量外,还可以通过调整现货或期货头寸来实现。当 Delta 绝对值增大导致套保期现比例降低时,调整方式有三种:一是减少期权持有量;二是增加现货持有量;三是买入一定量的标的期货。其中,由于期货便于操作且成本较低,在实际应用中受到许多投资者的青睐。

静态 Delta 中性对冲同等量对冲相比,操作略为复杂,但能够更好覆盖套期保值期间的现货价格风险。

(三) 动态 Delta 中性对冲

期权价格与标的资产价格收益曲线的非线性,导致了期权 Delta 是不断变动的。静态 Delta 中性对冲策略除了在建仓和换仓的时点外,同样不能真正实现在套期保值期间的期现组合 Delta 中性。

为了使期现组合 Delta 更趋于中性,在静态 Delta 中性对冲的基础上,根据建仓后期权 Delta 变化不断调整期现比例的套保策略,称为动态 Delta 中性对冲策略。从换仓的形式来看,静态 Delta 中性对冲策略是定期换仓,动态 Delta 中性对冲策略则是定量换仓。

由于期权 Delta 是时时变动的,我们在实际中不可能真正实现任何时刻的 Delta 中性。在实际操作中,通常的做法是设定某一触发期现比例调整的阈值。除了通过调整期权持有量实现期现组合 Delta 中性外,也可以通过调整现货或期货头寸来实现 Delta 中性。

三、期权套保策略的损益分析

由于沪深 300 股指期权仿真交易时间较短,将利用 B-S 模型计算期权价格。假设套期保值开始时的沪深 300 指数为 2 000 点,市场波动率为 25％,市场无风险利率为 3％。基于流动性考虑,近月和远月合约分别参考流动性相对较好的沪深 300 股指期权的当月合约和当季合约的到期时间,即假设近月合约距行权期 30 天,远月合约距行权期 90 天。同时,以 5％的深度为标准来定义价内和价外,主要原因在于超过 5％深度的价内、价外期权的成交量较少,流动性不太理想。此外,股票组合的 Beta 系数假设为 1。我们重点分析等量对冲和静态 Delta 中性对冲。

(一) 等量对冲

在其他条件相同的情况下,买入看跌期权套期保值策略的收益曲线随标的资产价格呈凸性正相关(图 9-8),即具有获利加速、亏损减速的特点。该策略的价格保护效果较好,但其特点是做多波动率,需要承受期权的时间价值损耗。

在衡量套期保值效果方面,我们通常希望策略组合的收益率尽量平坦,这代表策略组合的收益率波动较小。从不同看跌期权的套保效果来看,价内期权效果最好,价平期权次之,价外效果最差。其中,近月价内看跌期权的效果最好,而近月价外期权效果最差。

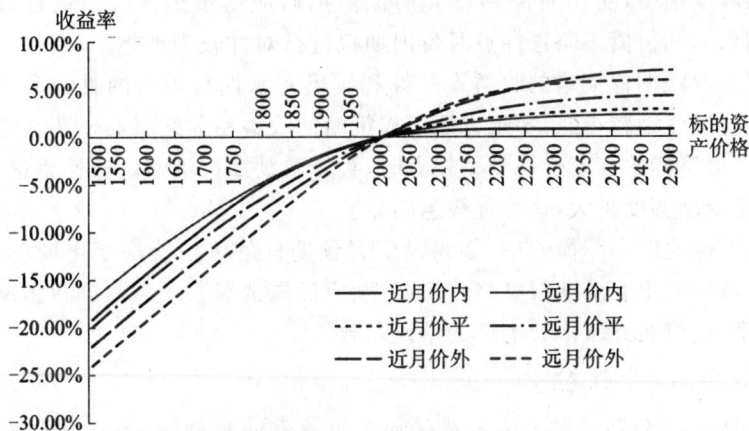

图 9-8　买入看跌等量对冲收益率与标的资产价格关系

值得注意的是,以上结论是在其他条件相同的情况下得出的。在实际中,期权的时间价值将随着行权期的缩短而减少,且在行权期到期前的一个月左右加速减少。由于买入看跌期权将损失时间价值,在实际应用中,买入看跌期权套期保值策略应尽量避免买入近月合约。综合考虑,买入看跌期权套期保值策略选择远月价内期权进行对冲较为合理。

卖出看涨期权套保策略的损益特征同买入看涨期权策略恰好相反。在其他条件相同的情况下,卖出看涨期权套期保值策略的收益曲线随标的资产价格呈凹性正相关(图 9-9),即具有获利减速、亏损加速的特点。该策略的价格保护效果较差,但该策略做空波动率,因此可以获得时间价值的收益。

从不同看涨期权的套保效果来看,价内期权效果最好,价平期权次之,价外效果最差。

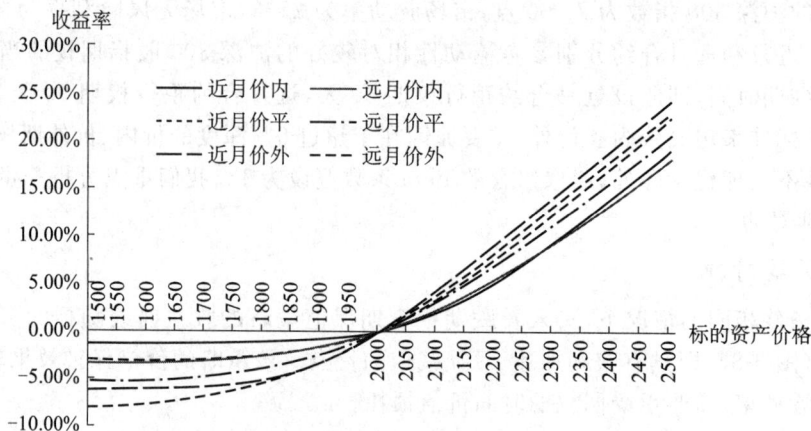

图 9-9　卖出看涨等量对冲收益率与标的资产价格关系

其中,远月价内看涨期权的效果最好,而近月价外期权效果最差。由于卖出看涨期权将获得时间价值,在实际应用中,卖出看涨期权套期保值策略应尽量选择卖出近月合约。综合考虑,卖出看涨期权套期保值策略选择近月价内期权进行对冲较为理想。

此外,从买入看跌期权策略的收益率凸性和卖出看涨期权策略的收益率凹性可以推断出,在标的资产价格变动较小时,卖出看涨期权策略的收益率曲线将高于买入看跌期权策略的收益率曲线。但当标的资产价格变动较大时,买入看跌期权策略的凸性将逐渐显现优势,且标的资产价格变动幅度越大,这种优势越明显。

因此,在套期保值的实际操作中,如果投资者预期标的资产价格变化较小,即处于振荡格局时,应优先选择卖出看涨期权策略。反之,则应优先选择买入看跌期权策略。这同期权卖方做空波动率、期权买方做多波动率的结论一致。

(二)静态 Delta 中性对冲

图 9-10 和图 9-11 分别展示了买入看跌和卖出看涨两种静态 Delta 中性对冲策略收益率与标的资产价格的关系。由图可知,买入看跌套保策略的收益率曲线始终为正值,而卖出看涨期权策略的收益率曲线始终为负值。但这并不意味着静态 Delta 中性对冲中,买入看跌期权比卖出看涨期权的套保效果更好。这是由于我们的结论是在其他条件不变的情况下得出的,即图 9-10 和图 9-11 仅考虑了标的资产价格对组合收益率的影响,而没有考虑时间及波动率等因素对策略组合收益率的影响。随着期权到期时间的缩短,买入看跌期权策略将损失时间价值,而卖出看涨期权则可以收获时间价值。这两种策略在期望收益率与时间成本上各有利弊,具体的取舍取决于投资者的偏好。

从买入看跌期权的套保效果来看,价外期权的收益率曲线始终位于最上方,但价内期权的收益率曲线更加平坦。其中,近月价外期权效果最好,价平期权次之,价内效果最差。但在实际操作中,由于近月期权时间价值损耗速度较快,买方不适合买入近月看跌期权进行套保。综合考虑,买入看跌期权策略的静态 Delta 中性对冲适合选择远月价外期权。

从卖出看涨期权的套保效果来看,价内期权的收益率曲线位于最上方,且收益率曲线也最平坦。其中,近月价内期权效果最好,近月价外期权效果最差。同时,由于持有近月期权对卖方有利,卖出看涨期权策略的静态 Delta 中性对冲适合选择近月价内期权。

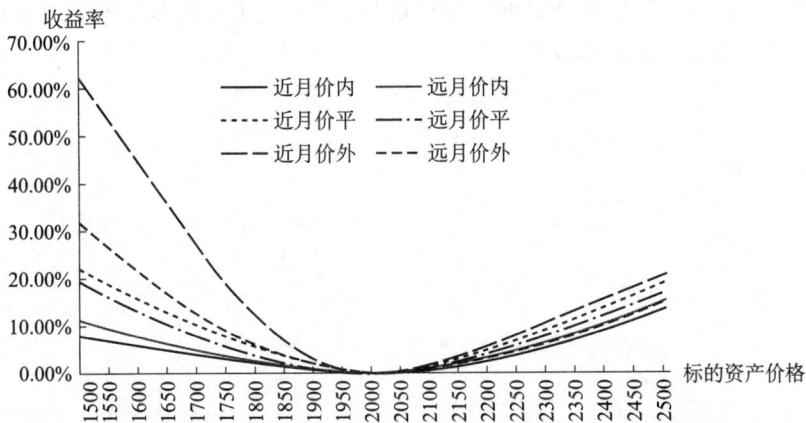

图 9-10　买入看跌静态 Delta 中性对冲收益率与标的资产价格关系

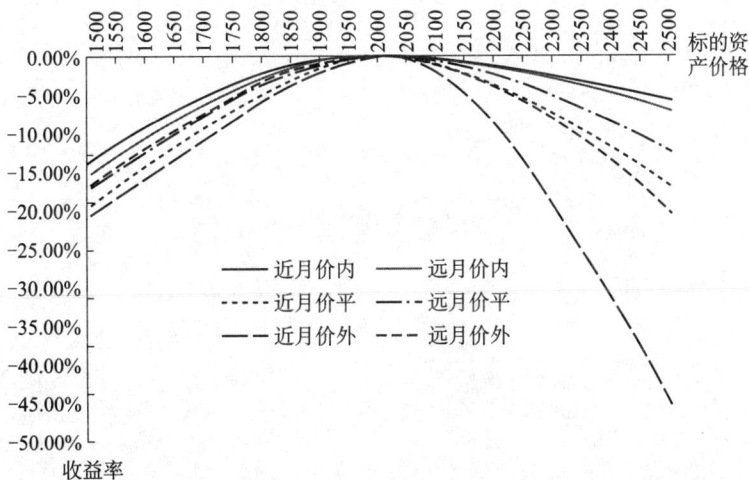

图 9-11　卖出看涨静态 Delta 中性对冲收益率与标的资产价格关系

同步测练

1. 试述期权套期保值与期货套期保值的区别。

2. 简述期权套期保值的原理。

3. 期权套期保值策略有哪些？

4. 美国某公司持有 100 万英镑的现货头寸，假设当时英镑兑美元汇率为 1 英镑＝1.620 0 美元，英国的无风险连续复利年利率为 13％，美国为 10％，英镑汇率的波动率每年 15％。为防止英镑贬值，该公司打算用 6 个月期协议价格为 1.600 0 美元的英镑欧式看跌期权进行保值，请问该公司应买入多少该期权？

C 第十章

HAPTER TEN

期权的对冲套利

学 习 目 标

　　1973年,布莱克等人提出期权评价模型,指出期权价格由目前现货价、行权价、无风险利率、距离到期日天数、隐含波动度五大因素决定,为投资者进行期权对冲套利指明了方向。本章通过对每种类型的期权发展的介绍,使读者了解期权的对冲套利策略。

重 点 难 点 提 示

　　学会应用期权的套利策略。

第一节 国内外期权的发展现状

一、海外期权市场现状

目前期权类的成交品种包括股票期权、股指期权、ETF 期权、短期利率期权、长期利率期权、商品期权、外汇期权(见图 10-1)。近 10 年来海外期权合约成交量稳步上升,2011 年达到 120.27 亿手。

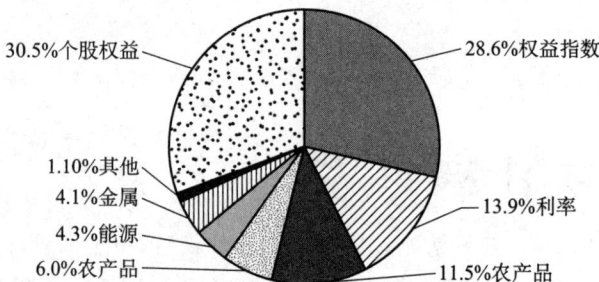

图 10-1 全球衍生品分类交易量

期权中发展最迅速的是股指期权。从交易地区分布来看,股指期权的交易区域主要分布在亚洲、欧洲和美国,从交易量来看,股指期权在亚洲交易十分活跃,亚洲交易量占所有交易量的 83.05%,韩国交易所的 Kospi200 股指期权合约具有绝对优势,即使排除韩国交易所的成交量,亚洲交易量仍占据半数以上。全球股指期权在 2001 年超过 10 亿手,2002 年超过 20 亿手,2003 年超过 30 亿手,2008 年达到 40 亿手,2010 年达到 50 亿手。

美国期权市场发展成熟,种类丰富。1973 年 4 月 26 日,芝加哥期权交易所(CBOE)成立,期权开始进入标准化、规范化的全面发展阶段。20 世纪 80 年代,费舍尔·布莱克和迈伦·斯科尔斯的期权定价学术成果应用于实践,商品期权交易快速发展。目前美国的商品期权交易覆盖谷物类、软商品(咖啡)、工业金属、原油等品种。原油、天然气等能源类商品期权成交最为活跃,农产品商品期权次之。由于高杠杆的股票投资,股票期权在 2007—2009 年呈井喷式增长,目前成交量最大,占美国衍生品交易量的 31.18%,ETF 期权次之,其他期权品种占比较小。由于发展时间较长,美国期权市场具有完备的套期保值交易体系,与现货市场的联动性较强,投资气氛相对较弱。

欧洲期权市场发展历史最悠久,17 世纪的"郁金香"热中期权就得到广泛应用。欧洲市场中,布伦特原油期货期权是成交最活跃的商品期权品种,其次是在 LME 交易的工业金属品种。20 世纪 70 年代末,伦敦证券交易所开辟 LTOM,荷兰成立 EOE,形成了金融期货期权的雏形。欧元区货币系统形成,为股指期权市场带来深刻变化。交易所整合后,欧洲期货交易所、泛欧交易所成为最重要的期权交易所。目前欧洲期货交易所有 73 只股指期权。

亚洲市场中发展最快的是韩国的股指期权。韩国于 1997 年推出股指期权,标的为 KO-SPI200,起初成交量较少,从 2000—2004 年进入快速发展期,一跃成为全球最大的期货合约。2005 年韩国证券交易所、韩国期货交易所和韩国创业板市场合并为韩国证券期货交易所。KOSPI200 指数期货合约于 2009 年 11 月在 CME 的 Globex 电子交易平台挂牌交易。2011 年韩国股指期权成交量占全球比例为 64.3%。近月价外期权因其杠杆高、权利金较低而占据韩国股指期权市场的绝大部分份额。

二、国内期权发展动向

2012 年 5 月 7 日,证监会主席郭树清在证券公司创新发展研讨会上表示,金融创新迎来了最好的历史时期,创新必须紧紧围绕实体经济的需要,除直接的金融服务以外,间接服务于实体经济的产品和工具同样重要,要积极探索利率互换、外汇远期、国债期货、商品期权等金融工具,切实提高资源配置效率,降低风险危害,为实体经济提供间接服务。

2012 年 11 月 24 日,证监会副主席姜洋在第一财经年会上表示,证监会的未来目标是深化证券期货领域改革,优化主板、中小企业板、创业板市场制度,稳步建设中小企业股份转让系统,规范发展区域性股权交易市场,支持引导柜台市场发展,发展债券市场,发展期货市场和金融衍生品市场,满足不同企业对资本市场的需求。

随着期货品种上市提速,更为复杂的衍生品期权上市亦开始升温。我国期权的发展有着漫长曲折的历史,在国外期权市场飞速发展之时,国内的期权市场仍处于停滞状态,同时由于国内没有期权交易所,导致投资者对期权也是知之甚少。近年来期权在我国推进的速度明显提升,目前各大交易所都在面向市场进行期权合约仿真交易,各种理论研究和投资者教育活动也在如火如荼地推进。

(一)我国衍生品市场发展挂加速挡

与西方悠久的金融市场发展历史不同,我国衍生品市场发展从创建初期便以服务实体经济为宗旨,自上而下进行监管和建设,一直以来受到多方面的影响。近年来市场体量增长极其迅速,据 2012 年 FIA 统计数据,大连商品交易所豆粕期货、郑州商品交易所白糖期货和上海期货交易所橡胶期货名列全球农产品期货交易量排名前三,但是我国衍生品市场结构并不完整,市场上投资和风险管理工具的种类十分单一,作为国际衍生品市场中非常重要的风险管理、资产保护工具的期权合约,目前在我国市场仍然是空白。

随着近期市场各类投资者的需求与呼吁、各大交易所不懈的努力和宣传,以及国家相关部门的重视,面对期权这样一个相对较复杂但应用起来灵活多变,并且十分实用的衍生品工具,市场上正在掀起一场期权热潮,甚至有人乐观地估计两年内期权就将顺利上市。在这样的背景下,我们将目前市场上正在推进的几个主要期权仿真合约细节进行解析,并与国际上一些主要的期权合约细则做对比,详细解读合约设计背后的思想,为期权的正式上市未雨绸缪。

(二) 曲折的期权路

1. 前期理论准备

我国市场上一直以来都有人在积极研究和准备期权相关事宜,从1995年郑州商品交易所被接纳为国内唯一的"国际期权市场协会"会员开始,国内就逐步有交易所开始期权方面的研究探讨。

1996年郑交所编制了"期权交易基本知识"的培训资料,并邀请香港专家来郑商所介绍期权交易的基本知识。随后不久大商所也邀请了日本东京谷物商品交易所(TGE)就期权交易系统设计及期货期权交易情况进行介绍和探讨。

2002年7月,中国期货业协会和郑州商品交易所共同召开了"小麦期权与机制创新座谈会",并启动"期权培训工程"。同年5月上海期交所也成立了新的铜期权开发课题组,并在12月召开了"铜期权品种开发中期研讨会"。12月中国期货业协会、郑州商品交易所邀请美国商品期货委员会(CFTC)、芝加哥期权交易所(CBOE)、韩国证券交易所、欧洲期货交易所等参加2002中国(北京)国际期权研讨会,其后又通过开展模拟交易竞赛、讲座、报告会等方式对投资者进行期权交易理念的初步培训和宣传。

2003年6月,大连商品交易所、芝加哥期货交易所(CBOT)等又联合举办了"价格风险管理"知识讲座。2004年,上海期交所引进了旨在用于期权交易和金融品种开发的SPAN系统,并加入期货与期权协会(FOA)。这一切都表明越来越多的专家学者、业内人士开始关注期权交易的研究。

中国的期权市场经历了从期权基础知识研究到期权基础理论研究,最后发展到期权品种、交易、结算等基本运作程序的模拟实施的整个过程。但是这些仅仅是处于初期的摸索探讨阶段,目前各大交易所正在积极推进期权上市工作,已经取得了可喜的进展。

2. 期权仿真交易

从2012年开始,各大交易所与合作的会员单位一起陆续开展了期权合约仿真交易的内部测试工作,并开展了多项前期课题研究。安信期货也与郑州商品交易所、大连商品交易所等合作,积极参与了内部测试,并对合约修改提出了一定的建议。

2013年年末各大交易所纷纷开展面向全市场的期权仿真交易,很多客户和相关研究人员都参与了期权仿真交易,市场对期权的认识更深了一步。中国金融期货交易所、大连商品交易所等单位的仿真交易通道与真实通道非常相似,在开展之初便本着贴近实战的态度,在全市场会员端开展仿真交易;同时测试时间并不设置固定截止日期,原则上直至期权正式上市为止。

随着我国改革开放的继续深化,十八届三中全会指出"使市场在资源配置中起决定性作用",对于金融市场的改革将以更加市场化的方式解决市场结构化的问题。期权作为国际金融市场上重要的衍生品工具,其推出对完善我国金融市场有重要的意义。目前我国市场上正在推进仿真交易的期权品种有:

中国金融期货交易所——沪深 300 指数期权；

上海证券交易所——个股期权；

郑州商品交易所——白糖期货期权；

大连商品交易所——豆粕期货期权；

上海期货交易所——铜期货期权、黄金期货期权。

3. 权益类期权蓬勃发展

权益类期权是指标的物为股票指数、单个股票及 ETF 的期权合约，由于其自身的特点，在场内市场中有得天独厚的天然优势，所以自从 1973 年 CBOE 成立以来，场内权益类期权的交易量获得快速的增长。美国期货工业协会（FIA）最新数据表明，2012 年全球以个股权益和权益指数为标的物的期货和期权交易量共占全部品种交易量的 59.1%，全球衍生品市场中权益类期权占有非常重要的地位。

从地域上看，近年来亚太地区期权衍生品交易量全球占比迅速增加，而作为传统金融中心的北美地区虽然全球占比有所下降，目前仍然保有全球 33% 的交易量。美国更有全球最繁荣的金融市场和最成熟的投资、研究机构，其全球领先地位无人能及。作为全球最先成立的场内期权交易市场，CBOE 目前是全美最大的场内期权交易中心，2012 年独占全美交易量的 26.46%。在 2012 年 CBOE 交易的期权衍生品中，个股权益类期权共占 44.51%，ETF 类期权占比 28.08%，权益指数类期权占比为 27.41%，可见权益类金融期权合约是市场上非常活跃的交易品种。

股指期权与个股期权均为场内期权交易最活跃的品种，下一节主要对股指期权进行仿真合约对比与解读。

第二节　股指期权发展与仿真合约解读

一、股指期权发展概述

从 1983 年 3 月 11 日 CBOE 推出了全球第一个股指期权 CBOE-100（后更名为 S&P 100）开始，股指类衍生品得以迅速发展，目前在场内衍生品中，股指类衍生产品的增长速度是最快的，所占比重也最大。自 2000 年以后，股指期权成交量逐渐与股票期权持平，远远超过股指期货、利率期货等其他衍生品。目前股指期权成交量占全球场内衍生品的比重超过 23%。

从场内衍生品的发展路径来看，股指期权的推出得益于两个重要市场的发展。其一是场内股票期权市场。场内股票期权市场的推出，确立了场内期权市场在合约标准化、交易方式、结算方式和行权安排等方面的基本架构，为日后场内股指期权的推出提供了坚实的基础。其二是股指期货市场。股指期货创造性地使得股票指数成为了衍生品标的资产，也验证了现金结算的可行性。在这两者的基础上,股指期权应运而生,以其方便、灵活、可操作性强等特点受到投资者,尤其是套期保值者的青睐。

尤其值得指出的是,股指期权、股指期货、股指期货期权被称为股指类三大衍生品,股指期权在其中占有主要地位。CBOE 于 1983 年 7 月 1 日推出的 S&P 500 指数期权目前已经成为全球排名前三的著名指数期权。在同一年的 1 月 28 日,CME 推出了基于股指期货的期权交易——S&P500 指数期货期权,但从目前来看,股指期货期权并未得到普遍应用,市场流动性也远不如基于股指现货的期权。

二、股指期权仿真合约

2013 年 10 月末中国金融期货交易所面向所有会员发文通知,于 2013 年 11 月 8 日开展面向全市场仿真股指期权交易测试,股指期权仿真合约细节见表 10-1 所示。

表 10-1　中金所股指期权仿真合约

合约标的	沪深 300 指数
合约乘数	每点 100 元人民币
合约类型	看涨期权、看跌期权
报价单位	点
最小变动价位	0.1 点
每日价格最大波动制	上一交易日沪深 300 指数收盘价的 ±10%
合约月份	当月、下 2 个月及随后 2 个季月
行权价格间距	当月与下 2 个月合约:50 点;季月合约:100 点
行权方式	欧式
交易时间	9:15—11:30,13:00—15:15
最后交易日交易时间	9:15—11:30,13:00—15:00
最后交易日	合约到期月份的第三个星期五,遇国家法定假日顺延
到期日	同最后交易日
交割方式	现金交割
交易代码	IO 合约月份-C/P-行权价格
上市交易所	中国金融期货交易所

1. 合约标的

沪深 300 股指期权的标的物为沪深 300 指数,选择该指数为股指期权合约标的的原因是目前我国市场仅有的股指期货标的指数同样为沪深 300 指数,日后中金所将计划推出更多的指数类期货和期权产品。

2. 合约乘数

股指期权合约乘数直接影响到股指期权的合约规模。假如目前沪深 300 指数为 2 300,以目前 100 元人民币的合约乘数计算,沪深 300 指数期权的合约规模为 23 万元人民币,相比沪深 300 股指期货 300 元人民币的合约乘数,股指期权的合约规模相对来说比较小,在全球各大股指期权合约中属于中等水平。

美国市场上各类股指期权合约乘数固定为 100 美元。世界上最活跃的几个股指期权合约,比如韩国的 KOSPI 200 指数期权、印度的 S&P CNX Nifty 指数期权合约规模都比较小。很多交易所纷纷将合约拆分推出迷你合约,如 mini S&P 500 指数期权(欧式)的标的指数为 S&P 500 指数的 1/10。

3. 合约月份

中金所沪深 300 股指期权仿真合约的合约月份为 3 个近月及之后的 2 个季月,相比对应的股指期货多了一个近月,所谓季月即指 3、6、9、12 月。表 10-2 将全球主要股指期权合约的合约月份和相应股指期货合约的合约月份做了对比。

表 10-2　世界各大交易所活跃股指合约的合约月份对比

交易所	品　种	合约月份	对应股指期货
中金所	沪深 300 指数期权	3 个近月、2 个季月	2 个近月,2 个季月
CBOE	S&P 500 指数期权(欧式)	3 个近月、3 个季月	(CME Globex) S&P500:1 个季月;Emini S&P500:5 个季月
	DJIA 指数期权	3 个近月、3 个季月	(CME Globex)DJIA:4 个季月
	Nasdaq 100 指数期权	3 个近月、3 个季月	(CME Globex) Nasdaq100,Emini Nasdaq100:5 个季月;1 个季月
Eurex	DJ Euro Stoxx 50 指数期权	3 个近月、3 个季月、4 个半年月、7 个年月	3 个季月(SENSEX Futures:3 个近月+1 个季月)
韩国证交所	KOSPI 200 指数期权	3 个连续月加上 1 个随后的季月	4 个连续季月
台期所	台指期权	3 个近月、2 个季月	2 个近月、3 个季月
港交所	恒生指数期权	短期期权:3 个近月、3 个季月;长期期权:短期之后 5 个半年月	2 个近月、2 个季月
印度国家证交所	S&P CNX Nifty 指数期权	3 个近月;长期期权:3 个季月、8 个半年月	相同

对比得出如下几个特点:一是股指期权的合约月份更加多样;二是大多数股指期权的合约月份与股指期货并不一致;三是股指期权合约更加注重近月合约,大多数股指期权合约的近月合约均多于股指期货合约。于是中金所设计的股指期权合约比股指期货多一个近月合约。

4. 执行价格

执行价格的设计包含两个部分:执行价格序列与执行价格间距。某一月份合约上市时,一般会挂牌一个平价期权,并同时以规定的执行价格间距挂等数量的实值期权和虚值期权,此后随标的指数价格变动加挂新合约,以便同时有足够数量的实值和虚值期权供交易。合约执行价格设计如图 10-2 所示。

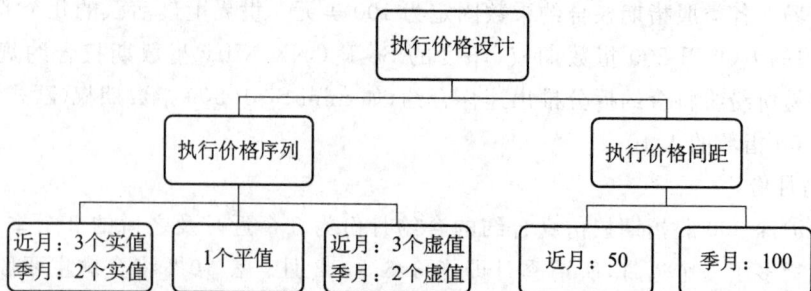

图 10-2　合约执行价格设计

中金所合约规定,对于近月合约挂 1 个平值,各 3 个实值和虚值期权,执行价格间距为 50 点;对于季月合约挂 1 个平值,各 2 个实值和虚值期权,执行价格间距为 100。值得注意的是,一般来说对应的股指期货价格有涨跌停板,所以在设计期权执行价格的时候要考虑保证期权执行价格能够覆盖对应标的物的涨跌停板,所以目前的设计能够满足当前需要,以后有可能会根据实际情况进行调整。

对于平值期权执行价的确定,遵循选取执行间距整数倍且价格最近原则,如果有两个执行价与当前标的指数最近,那么就取最小的。比如当前股指为 1 840 点,那么近月合约就取 1 850 为平值期权行权价,季月合约取 1 800 为平值期权行权价;如果标的股指为 2 050,那么季月合约就取 2 000 为平值期权行权价。

下面举例说明初始挂牌的合约的情况。假设当前平值期权执行价为 2 000 点,最近的近月合约为 1312 合约,那么三个近月为 1312,1401,1402;两个季月为 1403 和 1406。

表 10-3　股指为 2 000 点股指期权首次挂牌合约列表

	近　月				季　月	
执行价格	1312 合约	1401 合约	1402 合约	执行价格	1403 合约	1406 合约
1850	IO1312-C-1850	IO1401-C-1850	IO1402-C-1850			
	IO1312-P-1850	IO1401-P-1850	IO1402-P-1850			
1900	IO1312-C-1900	IO1401-C-1900	IO1402-C-1900	1800	IO1403-C-1800	IO1406-C-1800
	IO1312-P-1900	IO1401-P-1900	IO1402-P-1900		IO1403-P-1800	IO1406-P-1800
1950	IO1312-C-1950	IO1401-C-1950	IO1402-C-1950	1900	IO1403-C-1900	IO1406-C-1900
	IO1312-P-1950	IO1401-P-1950	IO1402-P-1950		IO1403-P-1900	IO1406-P-1900
2000（平值）	IO1312-C-2000	IO1401-C-2000	IO1402-C-2000	2000（平值）	IO1403-C-2000	IO1406-C-2000
	IO1312-P-2000	IO1401-P-2000	IO1402-P-2000		IO1403-P-2000	IO1406-P-2000
2050	IO1312-C-2050	IO1401-C-2050	IO1402-C-2050	2100	IO1403-C-2100	IO1406-C-2100
	IO1312-P-2050	IO1401-P-2050	IO1402-P-2050		IO1403-P-2100	IO1406-P-2100

	近　　月				季　　月	
执行价格	1312 合约	1401 合约	1402 合约	执行价格	1403 合约	1406 合约
2100	IO1312-C-2100	IO1401-C-2100	IO1402-C-2100	2200	IO1403-C-2200	IO1406-C-2200
	IO1312-P-2100	IO1401-P-2100	IO1402-P-2100		IO1403-P-2200	IO1406-P-2200
2150	IO1312-C-2150	IO1401-C-2150	IO1402-C-2150			
	IO1312-P-2150	IO1401-P-2150	IO1402-P-2150			

5. 行权方式

沪深 300 股指期权是欧式期权,即股指期权合约到期最后交易日,即为期权执行日。从全球来看,主流股指期权合约中除了 CBOE 的 S&P 100 指数期权同时兼有美式和欧式期权外,绝大多数均为欧式期权。

6. 结算方式

沪深 300 股指期权以现金结算,在股指期权合约到期最后交易日,中央金融交易所将判断期权是否为实值期权,如果期权是实值期权,且实值额大于行权费用,那么中央金融交易所将自动为客户执行期权,并以现金方式划转盈利至客户账户;对于虚值期权、平值期权以及实值额小于或者等于交易所规定行权手续费的实值期权,即使提出行权申请交易所也不予行权。行权的配对方式为根据持仓按比例配对。股指期权一般都以现金结算,快捷而方便,是其场内交易的一大优势。

7. 保证金计算方式

期权卖方需要缴纳保证金以确保行权安全,中央金融交易所沪深 300 股指期权的保证金是以固定比例的方式计算的,其公式如下:

每手看涨期权交易保证金=(股指期权合约当日结算价×合约乘数)+max(标的指数当日收盘价×合约乘数×股指期权合约保证金调整系数-虚值额,最低保障系数×标的指数当日收盘价×合约乘数×股指期权合约保证金调整系数)

每手看跌期权交易保证金=(股指期权合约当日结算价×合约乘数)+max(标的指数当日收盘价×合约乘数×股指期权合约保证金调整系数-虚值额,最低保障系数×股指期权合约行权价格×合约乘数×股指期权合约保证金调整系数)

其中沪深 300 股指期权合约保证金调整系数为 15%,最低保障系数为 0.667。期权虚值额计算公式如下:

看涨期权虚值额=max[(股指期权合约行权价格-标的指数当日收盘价)×合约乘数,0]

看跌期权虚值额=max[(标的指数当日收盘价-股指期权合约行权价格)×合约乘数,0]

上述期权保证金计算公式看上去非常复杂,但其实可以这样来理解,期权卖方本应该得到售出期权的权利金,但保证金计算公式中包含了权利金,所以这部分将暂时冻结在交易所;同时对于实值期权,其保证金等于以 100 合约乘数和 15％计算的股指期货保证金;对于虚值期权,保证金将会是股指期货保证金减去其虚值额,最低到股指期货保证金的 2/3 为止。

8. 交易时间、最后交易日、最后结算价

沪深 300 股指期权的交易时间、最后交易日和最后结算价与沪深 300 股指期货非常一致,这源于指数期权和指数期货内在的共性,它们均以沪深 300 指数为标的,其交易方式、结算方式、交割方式均有很大的通用性,并且不涉及实物交割的问题,所以可以很好地保持一致。

三、商品期货期权紧靠实业

1. 商品期货期权品种多样、各有所长

目前国内几大商品期货交易所主推的白糖期货期权、豆粕期货期权、铜期货期权和黄金期货期权均属于商品期货期权的范畴,其标的资产均为对应的期货合约。

商品期货期权具有悠久的历史,从 18 世纪工业革命开始就在欧洲市场出现,一直以来主要以场外市场的形式发展,事实上商品期货期权比股票期权和股指期权更早进入交易所交易,但是由于商品期货期权相比权益类期权更加贴近实际生产,其交易参与者有众多农场主和制造业生产者,他们的需求更加多样化和具体化,所以为了满足他们的需求,商品期货期权合约也变得越来越多样化和非标准化,其合约设计中许多理念和细节是为了满足各方实际需求。

商品期货期权的标的资产为商品期货合约,当期权的买方选择行权时,看涨期权买方与看跌期权卖方将进入期货合约多头,而看跌期权买方与看涨期权卖方将进入期货合约的空头。商品期货期权一般以美式期权为主,由于在行权时双方需要进入期货头寸,所以期货期权合约的到期日一般比期货合约的交割月要早,而且行权时买卖双方均要提交期货头寸的保证金。

商品期货期权作为对商品期货合约的保护手段,一般在国际上与商品期货市场联系极为紧密,很多交易所和研究机构都将商品期货和期权数据合并报告和计算,越来越多的机构和投资者以商品期货和期权组合进行资产套期保值和风险管理。

2. 白糖期货期权仿真合约解读

郑州商品交易所属于我国最早进行期权相关研究和推广的交易所之一,在期权相关领域进行了大量的基础研究和市场培育工作。安信期货与郑商所合作进行了多轮期权专题研究和仿真交易内部测试。2013 年 9 月郑州商品交易所开展了面向全市场的白糖期货期权仿真交易测试,本次仿真交易的合约细节如表 10-4 所示。

表 10-4　郑州商品交易所白糖期货期权仿真合约

合约标的	白糖期货合约
合约类型	同时推出看涨期权和看跌期权
交易代码	白糖期货合约代码＋C/P＋行权价格
合约单位	一手(10 吨)白糖期货合约
行权方式	美式,到期前的每一交易日闭市(15:00)前提交行权指令,撤销行权指令
报价单位	元(人民币)/吨
最小变动单位	0.5 元/吨
标的合约月份	1、3、5、7、9、11 月
到期月份	白糖期货合约交割月前二个月及交易所规定的其他月份
行权价格数量	每交易日以前一交易日结算价为基准,按行权价格间距挂出 5 个实值期权、1 个平值期权和 5 个虚值期权
行权价格间距	行权价 3 000 元/吨以下时,行权价格间距 50 元/吨;3 000 元/吨以上 7 000 元/吨以下时,行权间距为 100 元/吨;行权价 7 000 元/吨以上时,行权间距为 200 元/吨
每日价格最大波动	与白糖期货合约每日涨跌停板的绝对值相同
交易时间	与白糖期货交易时间相同
最后交易日	期权到期月份最后一个交易日
到期日	同最后交易日
上市交易所	郑州商品交易所

（1）合约标的、报价单位。白糖期货期权的标的物为郑商所白糖期货合约,一份白糖期货期权对应一手(10 吨)白糖期货合约,以元(人民币)/吨报价。

（2）合约月份。郑州商品交易所白糖期货期权仿真合约的合约月份为 1、3、5、7、9、11 月,这与郑商所白糖期货合约的合约月份一一对应。

（3）执行价格。执行价格的设计包含两个部分:执行价格序列与执行价格间距。某一月份合约上市时,一般会挂牌一个平价期权,并同时以规定的执行价格间距挂等数量的实值期权和虚值期权,此后随标的指数价格变动加挂新合约,以便同时有足够数量的实值和虚值期权供交易。郑州商品交易所白糖期货期权仿真合约执行价格设计如图 10-3 所示。如此设计执行价格可以有效保证期权行权价格可以覆盖当前白糖期货价格的一个涨跌停板。

对于平值期权执行价的确定,遵循选取执行间距整数倍且价格最近原则,如果有两个执行价与当前标的白糖期货价格最近,那么就取最小的。比如当前白糖期货价格为 6 980 点,那么就取 7 000 为平值期权行权价;如果当前白糖期货价格为 3 150,那么就取与当前价格相近并最小的整值 3 100 为平值期权行权价。

下面举例说明初始挂牌的合约的情况。假设当前平值期权执行价为 3 000 元/吨,那么挂牌行权价分别为:2 750、2 800、2 850、2 900、2 950、3 000、3 100、3 200、3 300、3 400、3 500

执行价格设计

执行价格序列 | 执行价格间距

至少5个实值 | 1个平值 | 至少5个虚值 | 3000元/吨以下为50元/吨 | 3000元/吨至7000元/吨为100元/吨 | 7000元/吨以上为200元/吨

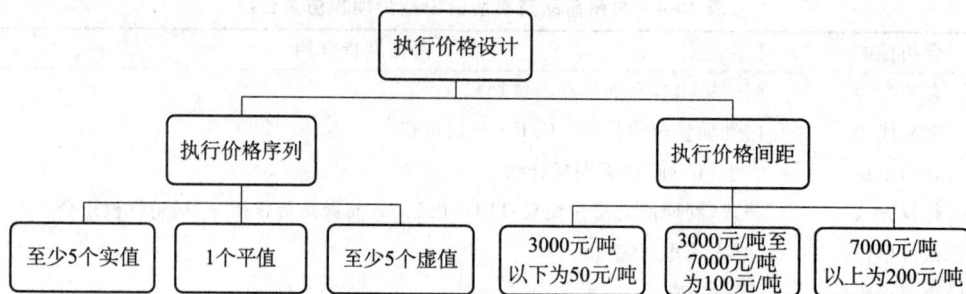

图 10-3　合约执行价格设计

元/吨。

假设当前平值期权执行价为 7 000 元/吨,那么挂牌行权价分别为:6 500、6 600、6 700、6 800、6 900、7 000、7 200、7 400、7 600、7 800、8 000 元/吨。

(4) 行权方式。白糖期货期权是美式期权,即期权合约到期日之前的任何一天买方均可以提出行权申请。从全球来看很多交易所有多种多样行权方式的期货期权合约,而美式期货期权则是最基本和常见的。

(5) 交割方式。白糖期货期权以实物交割,期权买方在期权存续期内任意一天的交易时间内,均可提交行权申请,交易所在当天收盘后验证行权申请的有效性、验证客户期货保证金,行权成功的客户将在支付期货保证金后,进入相应期货头寸。

(6) 保证金计算方式。期权卖方需要缴纳保证金以确保行权安全,郑州商品交易所白糖期货期权的保证金是以固定比例的方式计算的,期货期权卖方交易保证金的收取标准为以下二者的较大值:

权利金＋期货保证金－期权虚值额的一半;

权利金＋期货保证金的一半。

其中期权虚值额计算公式如下:

看涨期权虚值额＝max(期权合约行权价格－标的期货合约结算价,0)

看跌期权虚值额＝max(标的期货合约结算价－期权合约行权价格,0)

上述期权保证金计算公式看上去非常复杂,但其实可以这样来理解:期权卖方本应该得到售出期权的权利金,但保证金计算公式中包含了权利金,所以这部分将暂时冻结在交易所;同时对于实值期权,其保证金等于对应的白糖期货合约保证金;对于虚值期权,保证金将会是白糖期货保证金减去其虚值额的一半,最低到白糖期货保证金的 1/2 为止。

(7) 交易时间、最后交易日、到期月份。白糖期货期权的交易时间与白糖期货非常一致,但由于白糖期货期权在行权后将进入白糖期货合约头寸,所以白糖期货期权的到期月为白糖期货合约交割月前二个月。白糖期货的最后交易日为交割月的第十个交易日,而白糖期货期权的最后交易日为到期月的最后一个交易日。

3. 豆粕期货期权仿真合约解读

大连商品交易所在农产品期货期权相关领域同样也进行了大量的基础研究和市场培育工作。安信期货与大连商品交易所合作进行了多轮期权专题研究和仿真交易内部测试。

2013 年 10 月大连商品交易所开展了面向全市场的豆粕期货期权仿真交易测试,并且设计有大豆期货期权、聚乙烯期货期权的合约。本次豆粕期货期权仿真合约细节见表 10-5。

表 10-5 大连商品交易所豆粕期货期权仿真合约

合约标的	豆粕期货期权合约
合约代码	看涨期权(豆粕期货合约代码-C-行权价格)
	看跌期权(豆粕期货合约代码-P-行权价格)
	MYYMM-C(P)-EP
行权方式	美式
合约单位	一手(10 吨)豆粕期货合约
报价单位	元(人民币)/吨
最小变动单位	0.5 元/吨
涨跌停板	标的期货合约当天涨跌停板幅度对应的涨跌额度
标的合约月份	1、3、5、7、8、9、11、12 月
交易时间	每周一至周五 9:00—11:30,13:30—15:00
行权价格	行权价格间距的整数倍
行权价格间距	50 元/吨
最后交易日	标的期货合约交割月份前一个月的第 15 个交易日
到期日	同最后交易日
上市交易所	大连商品交易所

(1) 合约标的、报价单位。豆粕期货期权的标的物为大商所豆粕期货合约,一份豆粕期货期权对应一手(10 吨)豆粕期货合约,以元(人民币)/吨报价。

(2) 合约月份。大连商品交易所豆粕期货期权仿真合约的合约月份为 1、3、5、7、8、9、11、12 月,每年 8 个合约,这与大连商品交易所豆粕期货合约的合约月份一一对应。

(3) 执行价格。执行价格的设计包含两个部分:执行价格序列与执行价格间距。某一月份合约上市时,一般会挂牌一个平价期权,并同时以规定的执行价格间距挂等数量的实值期权和虚值期权,此后随标的指数价格变动加挂新合约,以便同时有足够数量的实值和虚值期权供交易。

大连商品交易所豆粕期货期权仿真合约规定,行权价格间距为 50 元/吨,行权价格是行权价格间距的整数倍,并且每个交易日,可交易期权合约的行权价格范围至少应该覆盖其标的期货合约当日停板幅度额的价格范围,交易所可以根据市场情况调整价格范围。由于当前豆粕期货价格为 3 000～4 000 元/吨,其一个停板范围为 120～160 元/吨,所以应该至少在一个平值期权上下各挂 4 个实值和虚值期权。对于平值期权执行价的确定,同样遵循选取执行间距整数倍且价格最近原则,如果有两个执行价与当前标的豆粕期货价格最近,那么就取较小的。

(4) 竞价成交方式。集合竞价采用最大成交量原则,即以此价格成交能够得到最大成交量。开盘集合竞价中的未成交申报单自动参与开市后竞价交易。开市后撮合成交价等于买入价(BP)、卖出价(SP)和前一成交价(CP)三者中居中的一个价格。

当 BP≥SP≥CP,则最新成交价=SP;

当 BP≥CP≥SP,则最新成交价=CP;

当 CP≥BP≥SP,则最新成交价=BP。

(5) 行权方式。豆粕期货期权是美式期权,即期权合约到期日之前的任何一天买方均可以提出行权申请。从全球来看很多交易所有多种多样行权方式的期货期权合约,而美式期货期权则是最基本和常见的。

(6) 交割方式。豆粕期货期权同样以实物交割,期权买方在期权存续期内任意一天的交易时间内,均可提交行权申请,交易所在当天收盘后验证行权申请有效性、验证客户期货保证金,行权成功的客户将在支付期货保证金后,进入相应期货头寸。

(7) 保证金计算方式。期权卖方需要缴纳保证金以确保行权安全,大连商品交易所豆粕期货期权的保证金是以固定比例的方式计算的,期权卖方交易保证金的收取标准为下列两者中较大者:

权利金+标的期货合约交易保证金-期权虚值额×1/2;

权利金+标的期货合约交易保证金×1/2。

其中期权虚值额计算公式如下:

看涨期权的虚值额=max(期权合约行权价格-标的期货合约结算价,0)

看跌期权的虚值额=max(标的期货合约结算价-期权合约行权价格,0)

上述期权保证金计算公式与白糖期货期权的公式非常接近,可以这样来理解:期权卖方本应该得到售出期权的权利金,但保证金计算公式中包含了权利金,所以这部分将暂时冻结在交易所;同时对于实值期权,其保证金等于对应的豆粕期货合约保证金;对于虚值期权,保证金将会是豆粕期货保证金减去其虚值额的一半,最低到豆粕期货保证金的 1/2 为止。

(8) 交易时间、最后交易日、到期月份。豆粕期货期权的交易时间与豆粕期货非常一致,但由于豆粕期货期权在行权后将进入豆粕期货合约头寸,所以豆粕期货期权的到期月为豆粕期货合约交割月前二个月。豆粕期货的最后交易日为交割月的第十个交易日,而豆粕期货期权的最后交易日为到期月的最后一个交易日。

4. 金属期货期权仿真合约解读

上海期货交易所上市的铜期货、黄金期货合约目前都开展了夜盘连续交易,并获得了良好的市场反应,同时铜期货期权在国际市场上是一种非常活跃的期权品种,国际市场上黄金也有相应的 ETF 指数期权,所以 2013 年 11 月上海期货交易所推出了面向全市场的铜期货

期权、黄金期货期权的仿真交易(见表 10-6 和表 10-7),其合约设计主要参考了国际上比较
著名的金属类期货期权合约,与之前介绍的农产品类期货期权细节上颇有不同。

表 10-6　上海期货交易所铜期货期权仿真合约

合约标的	上海期货交易所铜期货标准合约
合约类型	看涨期权,看跌期权
交易代码	看涨期权:CxxxxxxCUyymm;看跌期权:PxxxxxCUyymm
交易单位	手(1 手期货期权合约同 1 手标的期货合约)
行权方式	交易日 T 日起至最后交易日(含最后交易日)内可行权,T 由交易所另行规定
报价单位	同标的铜期货合约
最小变动价格	1 元/吨
合约月份	最近六个自然月
行权价数量	一个平值期权,最少两个实值期权,最少两个虚值期权
行权价间距	当行权价格低于 50 000 元/吨时,行权价格间距取为 500 元/吨;当行权价格在 50 000 元/吨到 80 000 元/吨之间时,行权价格间距取为 1 000 元/吨;当行权价格高于 80 000 元/吨时,行权价格取为 2 000 元/吨
每日价格最大波动限制	标的期货合约每日价格最大波动额度的两倍
交易时间	9:00—11:30,13:30—15:00 及交易所规定的其他时间
期权最后交易日	标的期货合约交割月前第一月的倒数第五个交易日
最低交易保证金	按规则计算产生并由交易所每日公布
上市交易所	上海期货交易所

表 10-7　上海期货交易所黄金期货期权仿真合约

合约标的	上海期货交易所黄金期货标准合约
合约类型	看涨期权,看跌期权
交易代码	看涨期权:CxxxxxxAUyymm;看跌期权:PxxxxxAUyymm
交易单位	手(1 手期货期权合约同 1 手标的期货合约)
行权方式	交易日 T 日起至最后交易日(含最后交易日)内可行权,T 由交易所另行规定
报价单位	同标的黄金期货合约
最小变动价格	0.01 元/克
合约月份	最近三个连续月份的合约以及最近 11 个月以内的双月合约
行权价数量	一个平值期权,最少两个实值期权,最少两个虚值期权
行权价间距	当行权价格低于 300 元/克时,行权价格间距取为 10 元/克;当行权价格在 300 元/克到 500 元/克之间时,行权价格间距取为 15 元/克;当行权价格高于 500 元/克时,行权价格间距取为 20 元/克
每日价格最大波动限制	标的期货合约每日价格最大波动额度的两倍

合约标的	上海期货交易所黄金期货标准合约
交易时间	9:00—11:30,13:30—15:00 及交易所规定的其他时间
期权最后交易日	标的期货合约交割月前第一月的倒数第五个交易日
最低交易保证金	按规则计算产生并由交易所每日公布
上市交易所	上海期货交易所

（1）合约标的、报价单位。铜期货期权的标的物为上海期货交易所铜期货合约，一份铜期货期权对应一手铜期货合约，以元（人民币）/吨报价。

黄金期货期权的标的物为上期所黄金期货合约，一份黄金期货期权对应一手黄金期货合约，以元（人民币）/吨报价。

（2）合约月份。上海期货交易所铜期货期权仿真合约的合约月份为最近六个自然月，这与上海期货交易所铜期货合约的合约月份对应。

上海期货交易所黄金期货期权仿真合约的合约月份为最近三个连续月份的合约以及最近11个月以内的双月合约，这与上海期货交易所黄金期货合约的合约月份对应。

（3）执行价格。执行价格的设计包含两个部分：执行价格序列与执行价格间距。某一月份合约上市时，一般会挂牌一个平价期权，并同时以规定的执行价格间距挂等数量的实值期权和虚值期权，此后随标的指数价格变动加挂新合约，以便同时有足够数量的实值和虚值期权供交易。

上海期货交易所铜期货期权仿真合约规定，当行权价格低于每吨 50 000 元时，行权价格间距取为 500 元/吨；当行权价格在 50 000 元/吨到 80 000 元/吨之间时，行权价格间距取为 1 000 元/吨；当行权价格高于每吨 80 000 元/吨时，行权价格间距取为 2 000 元/吨。其合约挂牌数为一个平值期权的同时，最少两个实值期权，最少两个虚值期权。

上海期货交易所黄金期货期权仿真合约规定，当行权价格低于 300 元/克时，行权价格间距取为 10 元/克；当行权价格在 300 元/克到 500 元/克之间时，行权价格间距取为 15 元/克；当行权价格高于 500 元/克时，行权价格间距取为 20 元/克。其合约挂牌数为一个平值期权的同时，最少两个实值期权，最少两个虚值期权。

对于平值期权执行价的确定，同样遵循选取执行间距整数倍且价格最近原则，如果有两个执行价与当前标的期货价格最近，那么就取最小的。

（4）行权方式。铜期货期权和黄金期货期权均是美式期权，即期权合约到期日之前的任何一天买方均可以提出行权申请。从全球来看很多交易所有多种多样行权方式的期货期权合约，而美式期货期权则是最基本和常见的。

（5）交割方式。铜期货期权和黄金期货期权均以实物交割，期权买方在期权存续期内任意一天的交易时间内，均可提交行权申请，交易所在当天收盘后验证行权申请的有效性、验证客户期货保证金，行权成功的客户将在支付期货保证金后，进入相应期货头寸。

（6）保证金计算方式。期权卖方需要缴纳保证金以确保行权安全,上海期货交易所铜期货期权和黄金期货期权的保证金是以 Delta 值固定比例的方式计算的,其计算方法如下:

期权合约卖出方单位期权合约的交易保证金为 Delta 风险值与单位标的期货合约保证金的乘积,再加上期权合约收盘价与结算价的较大值,且不低于期权最小保证金。

Delta 风险值是标的期货合约价格发生涨跌停板波动以及波动率发生 $\pm k\%$ 幅度的变化时,Delta 绝对值的最大值。期权合约的 Delta 风险值不大于 1,由交易所每日公布。Delta 是标的期货合约价格发生单位变化时,期权合约价格所发生的变化,k 值由交易所另行公布。期权最小保证金由交易所另行公告,交易所有权根据市场情况对期权最小保证金标准进行调整。

期权合约卖方保证金为以下二者的较大值:

（标的期货合约结算价×标的期货合约保证金率×Delta 风险值×期权合约持仓量）

＋（期权合约收盘价与结算价的较大值×期权合约持仓量）

期权最小保证金×期权合约持仓量

上述期权保证金计算公式与之前提过的股指期权、农产品期货期权的公式相比更为复杂,但其本质是相似的,可以这样来理解:期权卖方本应该得到售出期权的权利金,但保证金计算公式中包含了权利金,所以这部分将暂时冻结在交易所;同时对于实值期权,其保证金等于对应的期货合约保证金;对于虚值期权,保证金将会是期货保证金的一定比例中减去一部分,主要根据 Delta 值来调节,Delta 值是根据系统性风险来决定的某个比例值,主要由交易所公布并调节,减去后的保证金值不能低于某个最小保有值。

（7）交易时间、最后交易日、到期月份。铜期货期权的最后交易日为标的铜期货合约交割月前第一个月的倒数第五个交易日;黄金期货期权的最后交易日为标的黄金期货合约交割月前第一个月的倒数第五个交易日。

四、期权带来机会与挑战

随着期权仿真交易的逐步推进,我们离期权越来越近,市场上所有人都正在或主动或被动地与这样一个看似神秘的新鲜衍生品工具接触着。事实上期权是基于市场基本保险需求产生的,在西方金融世界已经存在了几百年,其理论体系近年来更是已经逐步完善,早已成为一种基础工具被市场参与者们广泛应用。期权在进入我国初期也许会经过一段时间的市场熟悉阶段,随着我国市场参与者们对其逐步了解和熟练,以及我国金融市场对外资公司和人才的逐步开放,将会越来越成熟,并对我国金融市场结构的完整化产生积极影响。

但历史经验告诉我们,西方成熟市场的经验有很好的借鉴意义,但若全盘照搬定会水土不服。由于我国市场目前的结构和现状与西方存在较大差异,期权进入我国市场可能会面临如下几个重要的问题。

（一）我国金融机构的人才和技术准备不足

期货市场经过 20 年的发展,培养了一大批对业务娴熟的人才,期货的双向交易、杠杆机制也深入人心,但就期权而言,对大家来说普遍都比较陌生,很多东西仍然停留在理论层面。对于期货公司、证券公司而言,有期权交易实战和资产管理产品设计经验的人才少之又少。在信息技术方面,目前期货公司参与期权仿真交易测试使用的都是各家交易所提供的会员端系统,虽然行情、交易、结算等基础功能都可以实现,但这并不是最终能实现期权、期货联通交易的理想交易系统,技术准备方面距离高效完备还相差很远。

(二)我国市场投资者基础不足

期权对于丰富风险管理工具,完善期货市场体系,促进机构投资者发展,提高期货市场运行质量,深化期货市场功能,更好地满足实体经济的需要具有重大意义。有了期权,交易策略将越来越多,想规避什么样的风险,在什么样的风险条件下获取什么样的收益,都可以通过期货、期权、现货的组合来实现,蕴含了巨大的市场机会。但当前市场投资者对期权的认识仍然停留在浅层了解阶段,能熟练运用期权策略进行投资避险的更少,期权如果在这样的市场现状条件下上市,将会有许多不可预见的风险存在。我国期权的投资者教育将是一个持久的过程,通过广泛宣传和深入浅出的讲述,让大家了解期权的特点、用途和风险,这样市场结构就越完善,市场效率也就越高。

(三)市场流动性问题准备不足

目前国内期货公司、证券公司普遍缺乏做市经验,一个期货合约对应的期权合约往往多达 20 多个,如果没有做市商参与,很难保证期权市场的流动性,而直接开放外资做市也同样存在不切实际和水土不服等问题。如何培养国内金融机构熟悉并胜任做市商角色,如何妥善解决期权市场,尤其是非活跃期权合约的流动性问题,如何真正发挥期权在资产管理和风险控制等方面对实体经济的支持作用,是目前市场监管部门和参与者们共同需要解决的问题。

期权的推出在我国衍生品发展历史上具有里程碑意义,必将深化期货市场价格发现、规避风险等功能发挥,加快我国金融市场结构的改革与完善进度,使我国金融市场为实体经济提供更加有力的支持。如何面对并扫除期权在我国市场上市与发展过程中面临的困难和障碍,这需要包括金融市场参与者和监管层共同努力,最终推动我国金融衍生品市场健康蓬勃地发展。

第三节 期权的套利

一、期权价格的影响因素

(一)标的物价格

标的物价格越高,看涨期权的价格越高;标的物价格越低,看涨期权的价格越低。二者呈正向关系。例如,看涨期权赋予持有者用 100 元买入标的物的权利。那么,到期时标的物越贵越好,超过 100 元的部分都是获利。因此,价格越高,看涨期权的履约概率越高,价格也越高;标的物价格越低,看涨期权的履约概率越低,价格也越低。

同时,标的物价格越低,看跌期权的价格越高;标的物价格越高,看跌期权的价格越低。二者呈反向关系。原因和看涨期权类似,看跌期权赋予持有者用 100 元卖出标的物的权利。那么,到期时标的物越便宜越好,低于 100 元的部分都是获利。

(二) 行权价格

行权价越低,看涨期权的价格越高;行权价越高,看涨期权的价格越低。二者呈反向关系。理由很简单,标的物目前的价格保持 100 元不动,行权价越低,看涨期权的履约价值越高;行权价越高,看涨期权的履约价值越低。

看跌期权方面,行权价越高,看跌期权的价格越高;行权价越低,看跌期权的价格越低。二者呈正向关系,因为行权价越高,看跌期权的履约价值越大。

(三) 距离到期日时间

时间也是期权价格的一项重要影响因素。距离到期日越久,看涨期权的价格越高。这出自期权很重要的特性:"风险有限、希望无穷"。现在的股价是 100 元,如果无风险利率是 0,无论是 1 天后、1 周后、1 年后,股价的期望值都是 100 元。对于看涨期货的买方而言,100 元以下与他无关,亏损固定为买入期权的花费。超过 100 元就不一样了,涨越多赚越多。那么,到期日越长,涨到 150 元的概率增加,收益也就增加。虽然跌至 50 元的概率和涨到 150 元的概率一样,但是跌更多不会增加亏损。

这就像从楼顶抛物,如果风向随机,扔 10 000 次,楼高 10 米或 100 米,落点分布的中心都是原点。但是,100 米的分布会比较广,距离中心的少,远离中心的多。买看涨期权的人就是希望分布越广越好,涨多多赚,跌多却不多赔。另外,距离到期日越久,看跌期权的价格越高。道理和看涨期权一样,对买方而言,时间越长,跌多多赚,涨多却不多赔。

(四) 隐含波动度

隐含波动度可以视为期权价格的最重要影响因素,因为其他的因素都非期权投资者决定,唯独隐含波动率例外。

隐含波动度越大,看涨期权的价格越高。因为波动度越大,大涨的概率越高;虽然大跌的概率也增加,但是下跌幅度对买方没有差别。还是楼顶抛物的比喻,如果楼高等于时间,波动就等于风力。同样的楼高,风力越强,分布也会越广。

举例来说,要让期权价格自 2 元上升 1 倍至 4 元,隐含波动度大约自 15% 上扬至 30% 即可。由此可看出隐含波动度的变化将造成期权价格的明显改变。

价平看涨期权隐含波动度每增加 10%,期权价格就增加 1 倍,并且呈现稳定增加的趋势。若将行权价转移至价外(out-of-the-money)5%,关系将改为隐含波动度每增加 5%,期权价格就增加 1 倍。

隐含波动度上升 10％甚或更高,容易出现吗? 以标普 500 指数期权为例,2011 年 7 月 1 日为 15.8％,8 月 8 日上升至 48.0％,38 天增加 32.2％。2008 年 8 月 22 日为 18.8％,10 月 27 日上升至 80.1％,66 天增加 61.3％。由此可见,隐含波动率的大幅变化不难出现。

(五) 无风险利率

接下来,我们探讨最后一个影响因子无风险利率(r)与期权价格之间的关系。无风险利率越大,看涨期权价格越高;无风险利率越小,看涨期权价格越低。

看涨期权是未来买进标的物的权利,无风险利率越高,标的物折现值越小,对买方有利,对卖方不利。无风险利率越大,看涨期权价格越高。相反,当无风险利率越低,标的物折现值越大,对买方不利,对卖方有利。因此,无风险利率越小,看涨期权价格越低。总之,无风险利率越大,看涨期权的价格越高;无风险利率越小,看涨期权的价格越低。二者呈正向关系。

看跌期权方面,无风险利率越大,看跌期权的价格越低;无风险利率越小,看跌期权的价格越高。因为看跌期权是未来卖出标的物的权利,所以当无风险利率越高,标的物的折现值越小,对买方不利,对卖方有利。无风险利率越大,看跌期权的价格越低。相反,当无风险利率越低,标的物的折现值越大,对买方有利,对卖方不利。因此,无风险利率越小,看跌期权的价格越高。总之,无风险利率越大,看跌期权的价格越低;无风险利率越小,看跌期权的价格越高。二者呈反向关系。

在实务交易中,无风险利率是最容易被交易员忽略的因子。原因很简单,利率不会骤升骤降。利率上升 0.5％,期权价格才上升 1％。利率变化 0.5％已经是不容易的事情,更何况期权价格变化也只有区区 1％。

综合来看,期权价格与以上提及的五大因素息息相关,因此这些因子的敏感度分析就变得很重要,可以为投资者的对冲套利提供很好的启示。

二、期权无风险套利的可行性

从理论上来说,在一个高效的市场中,所有市场信息会第一时间反映在价格上,任何资产价格都不会偏离其应有价值,利用价差进行无风险套利的机会应该是不存在的。但大量研究和实践经验表明,现实中的市场并非完全有效市场,不同资产价格之间有可能在极短时间产生失衡,这就使无风险套利成为可能。

从国际市场的实证来看,目前成熟市场中的套利机会和套利空间都较为有限,但新兴市场由于其成熟度还不够,套利机会仍然大量存在。

不过,随着参与套利的投资者不断增多,以及机构自动化交易系统的成熟,新兴市场的套利机会及空间也将不断减小。从国际成熟市场的经验来看,后期把握套利机会主要依靠较低的交易费用和较高的下单速度,目前成熟市场中仅做市商或专业的交易员才有资源去获得期权套利机会。

三、期权无风险套利原理

目前,国内沪深 300 股指期权为欧式期权,下文主要分析欧式期权。同时,我们假设标的资产在期权持有期内不支付红利,计算过程中不考虑相关交易成本及保证金机会成本。同时,假设利率在期权存续期间不会发生变动,且借贷利率相等。

(一) 单个期权上限套利

在任何时刻,看涨期权价格都不能超过标的资产价格,即期权价格的上限为标的资产价格。如果看涨期权价格超过标的资产价格,可以卖出看涨期权,同时以现价买进标的资产,从而获取无风险利润。

对于欧式看跌期权,任何时刻其价格应该低于其执行价格的贴现值。如果看跌期权价格高于其执行价格的贴现值,可以卖出看跌期权,同时买入其执行价格贴现值大小的标的资产。

单个期权上限套利的损益曲线,类似于将卖出看跌期权的损益曲线全部平移至横轴上方。在实际操作中,还可以利用标的资产的期货来替代标的资产现货,实现更便捷的操作和更低的交易费用。

(二) 单个期权下限套利

在任何时刻,不付红利的欧式看涨期权的价格应高于标的资产现价与执行价格的贴现值的差额与零的较大者。

如果标的资产现价与执行价格的贴现值差额大于 0,且看涨期权的价格低于资产现价与执行价格的贴现值差额,则可以进行看涨期权下限套利,即买入看涨期权,同时卖出标的资产而获得无风险利润。

看涨期权下限套利的损益曲线,类似于将买入看跌期权的损益曲线全部平移至横轴上方。

相似地,不付红利的欧式看跌期权的价格应高于执行价格的贴现值和标的资产现价的差额与零的较大者。

如果执行价格的贴现值与标的资产现价的差额大于 0,且看跌期权价格低于执行价格的贴现值与标的资产现价的差额,可以进行看跌期权下限套利,即买入看跌期权,同时买入标的资产而获得无风险利润。简言之,就是"买低卖高"。

看跌期权下限套利的损益曲线,类似于将买入看涨期权的损益曲线全部平移至横轴上方。

从另一个角度来理解,期权下限套利的含义是指,期权价格应当大于其内涵价值与零的较大者。期权的价值由内涵价值和时间价值构成,其中,期权的内涵价值是指买方立即行使所能获得的收益。

（三）买卖权平价套利

期权平价关系，是指任何时刻相同执行价格的看涨期权与看跌期权之间存在一种均衡关系，即对于同一标的、同一到期日、相同执行价格的看涨和看跌期权，在特定时间里看涨期权与看跌期权的差价，应该等于标的资产现价与期权执行价格贴现值之差。该等式的成立条件是基于 B-S 模型的假设，且可以用不同标的资产价格下的组合现金流来进行证明。

我们可以将看涨期权与看跌期权的差价视为组合 A，将标的资产现价与期权执行价格贴现值之差视为组合 B。当 A≠B 时，可以通过买低卖高获得两者的价差收益。

买卖权平价套利的损益曲线是一条水平的直线，且位于横轴上方。

（四）买卖权与期货平价套利

买卖权与期货平价理论是由买卖权平价理论演化而来，是将原有的买卖权平价理论中的现货改为期货。该理论由 Tucker 于 1991 年提出，主要是为了解决买卖权平价套利的高成本和操作不便问题。

该理论认为，期货价格与期权价格之间也会形成一种特定的均衡关系，即看涨期权价格与期权执行价格贴现值之和（视为组合 A），应当等于看跌期权价格与标的资产期货价格的贴现值之和（视为组合 B）。当 A≠B 时，便可以通过买低卖高获得两者的价差收益。

买卖权与期货平价套利的损益曲线与买卖权平价套利的损益曲线相似，也是一条水平的直线，且位于横轴上方。

（五）多个期权价差套利

1. 垂直价差上限套利

期权与期权合约间的价差存在特定的均衡关系，主要包括期权价差上限和下限。当期权合约间价格关系出现偏离，便可以构建组合进行套利。

看涨期权价差上限关系是指，较高执行价格与较低执行价格之差的贴现值（视为组合 A），应当大于或等于较低执行价格的看涨期权价格与较高执行价格看涨期权价格之差（视为组合 B）。看涨期权垂直价差上限套利的损益曲线，类似于将熊市价差组合的损益曲线全部平移至横轴上方。

看跌期权价差上限关系，是指较高执行价格与较低执行价格之差的贴现值（视为组合 A），应当大于或等于较高执行价格的看跌期权价格与较低执行价格看涨期权价格之差（视为组合 B）。看跌期权垂直价差上限套利的损益曲线，类似于将牛市价差组合的损益曲线全部平移至横轴上方。

2. 垂直价差下限套利

看涨期权价差下限，是指较低执行价格的看涨期权价格与较高执行价格的看涨期权价格之差应当大于 0。换言之，较低执行价格的看涨期权价格（视为组合 A）应高于较高执行价格的看涨期权价格(视为组合 B)。看涨期权垂直价差下限套利的损益曲线,类似于将牛市价差组合的损益曲线全部平移至横轴上方。

看跌期权价差下限,是指较高执行价格的看跌期权价格与较低执行价格的看跌期权价格之差应当大于 0。换言之,较高执行价格的看跌期权价格(视为组合 A)应高于较低执行价格的看跌期权价格(视为组合 B)。看跌期权垂直价差下限套利的损益曲线,类似于将熊市价差组合的损益曲线全部平移至横轴上方。

3. 凸性价差套利

期权凸性价差套利是利用期权的凸性关系来进行套利。期权的凸性关系是指,对于看涨期权而言,随着标的资产价格升高,期权权利金升高的速度越来越快;随着标的资产价格下降,期权权利金下降速度越来越慢。对于看跌期权而言,其变化特征和看涨期权恰好相反。

凸性价差套利的损益曲线,类似于将买入蝶式组合的损益曲线全部平移至横轴上方。

4. 箱式(盒式)套利

箱式套利又称盒式套利,是由一个牛市价差组合和一个熊市价差组合构成。箱式差价关系是建立在牛市差价期权与熊市差价期权之间的无套利原则之上。换言之,较低执行价格看涨期权价格与较高执行价格看涨期权价格之差,加上较高执行价格看跌期权价格与较低执行价格看跌期权价格之差(视为组合 A),应当等于较高执行价格与较低执行价格之差的贴现值(视为组合 B)。当 A≠B 时,可以通过买低卖高获得两者的价差收益。

箱式(盒式)套利的损益曲线是一条水平的直线,且位于横轴上方。

四、期权套利应用需注意的问题

(一)平仓时机

上述期权套利策略展示的均是投资者将套利组合持有到期的情况。在实际套利过程中,投机者的平仓时机为组合价差收敛之时。投资者除了将套利组合持有到期外,还可以选择提前平仓,并有可能获得比持有到期更高的利润。

期权套利提前平仓方式可以参照 Cheng 于 1998 提出的提前平仓策略。提前平仓策略只需要在原有套利公式的基础上稍作修改即可。

(二)套利空间计算

在期权套利实务中,投资者需要考虑的套利成本主要是交易费用、保证金成本和冲击成本。实际的套利利润应当为理论套利利润扣除上述费用后的余额。交易费用主要包括期权交易费用和须执行时的执行费用、期货和现货的交易费用。其中,由于冲击成本的费用占比较小,且实际估算较为困难,我们不予重点讨论。

在用现货进行套利的策略中,现货主要有两种:一是标的资产 ETF;二是用全样本复制或抽样复制方法来复制标的资产。通常,标的资产 ETF 具有操作方便且跟踪误差较小的特点。第二种方式主要用于没有标的资产 ETF 的情况下。

ETF 交易属于股票交易,其交易费用通常较高。如果在套利策略中做空现货,则需要通过融券实现,其交易成本将更高。因此,ETF 交易费用对实际套利利润的影响需要重点考虑。

以沪深 300 股指期权为例,做空沪深 300 股指期权现货主要通过融券做空沪深 300ETF 来实现。目前,国内融券费用主要通过商议决定。据了解,目前国内的融券年利率均高于 8%,如果再考虑一定的成本缓冲,在估算套利利润时通常要将融券年利率设定在 9% 左右的高位(即便在中国香港市场,融券费用也不低于年利率 6%)。如此高的成本无疑将对套利利润形成较大的影响,甚至导致许多套利机会无法被触发。

此外,理论上的期权套利需要以无风险收益率借入资产来买入期权,但在实际中难以实现。而期权的卖方和期货也需要缴纳保证金,实际的期权套利中需要使用自有资金,保证金成本实际上可视为机会成本,即如果将这笔钱用于借款可以得到的最大收入。

(三)期货与现货孰优孰劣

如果在套利策略中需要做空现货,其较高的交易成本将对套利利润形成较大影响。除此之外,现货交易的操作也较为复杂。现货交易在股票市场进行,而期权交易在期货市场进行。如果选用期权标的资产现货进行套利,通常需要在股票市场和期货市场两个市场进行操作,无疑将加大操作难度并增加交易风险。

因此,利用标的资产期货代替套利组合中的现货交易具有较大优势,不仅可以降低交易成本,还可以在期货市场完成套利组合的构建,操作也更加简便。除此之外,现货买入需要全额资金,融券的杠杆最大亦不超过 2.5 倍。期货高达 5 倍左右的杠杆可以提高资金的使用效率。事实上,买卖权与期货平价套利将买卖权平价套利中的现货替换为期货正是出于以上考虑。

第四节　期权套利策略

一、期权套利的分类

期权套利是一个较为复杂的策略,它牵涉到同时买入不同认购期权、认沽期权、期货以及现货来构造一个无风险的组合,并赚取其中的价差。期权价格的失衡通常来自市场波动增加、交易量变化,简单来说,期权套利很大程度上决定于对标的资产的合理定价。

期权套利策略可以分为垂直套利、水平套利、对角套利、跨式套利转换与反向转换套利以及跨品种套利。

垂直套利是指同时买入和卖出到期日相同但执行价不同的看涨期权或者看跌期权。牛市套利和熊市套利是两种基本的垂直套利方式。牛市套利与熊市套利还能够衍生出许多复杂套利策略,如盒式套利、蝶式套利等。

水平套利又叫日历套利,是卖出到期日较近的期权,同时买入到期日较远的期权,两者的执行价相同。

转换套利指买入看跌期权、卖出看涨期权,同时买入期权合约进行套利。

反向转换套利指买入看涨期权、卖出看跌期权,同时卖出期权合约进行套利。

跨式套利是同时买入或者卖出一手执行价相同的看涨期权和看跌期权。

以上套利都是针对相同标的物,针对不同标的物的套利称为跨品种套利。与期货套利一样,假设有两个标的物 A 和 B,在一个长期的历史统计数据上 A 与 B 呈现稳定关系,短期则可能随机波动。使用期权套利设计策略:买进一手 A 的实值看涨期权和买进一手 B 的实值看跌期权,这样的策略与期货套利相似,并且由于投资者只做买方,所以风险可控,而用期货套利策略。

从跨式套利和跨品种套利上可以看出,期权和期货虽同为衍生品且都能作为对冲工具,但二者有本质的不同。期货价格本质上是未来的现货价格,投资者对期货的投资同对现货的买卖具有相似性,即投资者若看对方向,则收益可能极大,若看错方向,损失也可能极大。由于期货投资这一特点,投资者不能做出类似于期权跨式套利的策略。期权则是赋予买方现货买卖的权利,期权价格本质上反映的是未来现货价格向上或向下的不确定性,它可以在未来现货价格满足一定条件时,转变为现货价格与执行价格的价差。另外,价格的不确定性反映在价格的波动率上,因此投资者进行期权套利时,不仅要关注标的资产价格,更要重视价格的波动程度。

二、期权套利分析

(一)转换套利与反转换套利

1. 转换套利

转换套利是指在买入看跌期权、卖出看涨期权的同时,买入相关期货合约的交易。在期货合约到期前,当期货价格高于执行价格的时候,交易者的空头看涨期权将被履约,并自动与交易者的多头期货部位相对冲,多头看跌期权则任其作废。如果在期货合约到期前,期货价格低于执行价格,交易者的多头看跌期权将被履约,并自动与交易者的多头期货部位相对冲,空头看涨期权则任其到期取消。

转换套利所获利润的一般计算公式如下:

转换套利利润=(看涨期权权利金-看跌期权权利金)-(期货价格-期权执行价格)

期权转换套利的操作是,交易者卖出一张看涨期权(short call),买进一张看跌期权(long put),再买进一张期货合约(long future)去套利。

进行转换套利的条件为:

（1）看跌期权和看涨期权的行使价格和到期月份要相同；

（2）期货合约到期月份要与期权合约到期月份相同；

（3）期货价格应尽可能接近期权的行使价格。

【例 10-1】 某投资者在 5 月份以 3 美元/盎司的权利金买进 1 张执行价格为 400 美元/盎司的 6 月份黄金看跌期权，又以 3.5 美元/盎司的权利金卖出 1 张执行价格为 400 美元/盎司的 6 月份黄金看涨期权，再以市场价格 399.5 美元/盎司买进 1 张 6 月份黄金期货合约。其套利分析过程见表 10-8。

表 10-8　转换套利分析过程

	盈（＋），亏（－）
买进看涨期权，敲定价格 400 美元/盎司	－3 美元/盎司
卖出看涨期权，敲定价格 400 美元/盎司	＋3.5 美元/盎司
买进期货合约，价格为 399.5 美元/盎司	0
净获利	0.5 美元/盎司
合约到期时期货价格跌到 350 美元/盎司	
履约看跌期权，转为空头期货部位	
放弃看涨期权	
将对头期货部位与履约后的看跌期权对冲	＋0.5 美元/盎司
净获利	0.5＋0.5＝1 美元/盎司
合约到期日期货价格为 399.5 美元/盎司	
履约看跌期权，转为空头期货部位	
放弃看涨期权	
将多头期货部位和履约后的看跌期权对冲	＋0.5 美元/盎司
净盈利	0.5＋0.5＝1 美元/盎司
合约到期日期货价格涨到 500 美元/盎司	
看涨期权被履约，转为空头期货部位	
放弃看跌期权	
将多头期货部位和被履约后的看涨期权对冲	＋0.5 美元/盎司
净盈利	0.5＋0.5＝1 美元/盎司

2. 反向转换套利

反向转换套利与转换套利的操作相反，是指在买入看涨期权、卖出看跌期权的同时，卖出相关期货合约的交易。其中看涨期权与看跌期权的执行价格和到期日都相同，相关期货合约的交割月份与期权到期月份也相同，并且在执行价格上尽可能接近期货价格。在这种操作下，如果相关期货价格在到期时高于期权的执行价格，多头看涨期权将被履约，并自动与交易者的空头期货部位相对冲，空头看跌期权则被放弃。如果期货价格在到期时低于期权执行价格，空头看跌期权将被履约，并自动与交易者的空头期货部位相对冲，多头看涨期权被放弃。

反向转换套利的利润有一个一般性计算公式：

反向转换套利的利润＝（看跌期权权利金－看涨期权权利金）－（期权执行价格－期货价格）

3. 案例分析——沪深 300 股指期权仿真交易的转换套利

中金所推出的沪深 300 股指期权仿真合约为欧式期权，而且与沪深 300 股指期货合约有相同到期日，同时股指期权仿真合约与股指期货的交割结算价一致，均为最后交易日标的指数最后 2 小时的算术平均价，这就保证了转换套利的顺利进行。

4 月 28 日 13 时 31 分 5 秒，沪深 300 股指期货与股指期权仿真合约报价（单位：点）情况见表 10-9 所示。

表 10-9　仿真合约报价

	IO-1405-C-2250	IO-1405-P-2250	IF1405
申买价	28	104.2	2 147.6
申卖价	28.5	104.7	2 147.8

在发现转换套利机会后，我们做了如下交易：以 104.7 点买入 3 手 IO-1405-P-2250 合约，以 28 点卖出 3 手 IO-1405-C-2250 合约，以 2147.8 点买入 1 手 IF1405 合约。在不考虑手续费及占用保证金资金成本的情况下，到期损益点数见表 10-10（单位：点）所示。

表 10-10　到期损益点数

到期点位	卖出 IO-1405-C-2250	买入 IO-1405-P-2250	买入 IF1405	总损益
1 000	28	1 145.3	−1 147.8	25.6
2 250	28	−104.7	102.2	25.5
6 250	−3 972	104.7	4 102.2	25.5

我们可以把表中最左边的一列视为股指期货与股指期权仿真合约共同的结算价。以合约到期时指数为 1 000 点为例，IO-1405-C-2250 合约无价值过期，收获 28 点权利金，对 IO-1405-P-2250 合约行权，获得 2 250−1 000−104.7＝1 145.3（点）的收益，买入的 IF1405 合约亏损 2 147.8−1 000＝1 147.8（点）。合计的总损益为 25.5 点，即合约到期时，无论指数为多少点，都可以无风险地获取 25.5 点的收益。需要说明的是，由于目前股指期货合约乘数为 300，而股指期权仿真合约乘数为 100，在做转换套利时，需要以 3 手股指期权合约对应 1 手股指期货合约。

在具体交易中，投资者可以根据自己的实际情况，计算手续费和占用保证金的资金成本，比如手续费共 300 元，保证金占用为 30 万元（考虑了因价格不利变动需要增加的保证金），贴现率（投资者的资金成本）为 5％。本案例中，距到期日还有 18 天，则占用的保证金成本为 30 万元×5％×18÷360＝750（元），收益为 25.5 点（7 650 元），扣除成本后净收益为6 600 元，年化收益率在 40％以上。

之所以会有这样的转换套利机会,是因为我们买入的 IO-1405-P-2250 合约(图 10-4 中的粗实折线)与卖出的 IO-1405-C-2250 合约(图 10-4 中的粗虚折线),相当于合成了价格为 2 250 点的股指期货空头合约(粗实线与粗虚线连成的从左上到右下的直线),并且我们以 2 147.8 点买入了股指期货合约(从右上到左下的细斜线),锁定了 $2\ 250 - 2\ 147.8 = 102.2$(点)的利润(较高的水平线)。为了合成股指期货空头合约,我们付出的成本为 $104.7 - 28 = 76.7$(点),锁定的利润大于合成期货空头的成本,所以我们锁定了 25.5 点的无风险利润(较低的水平线)。

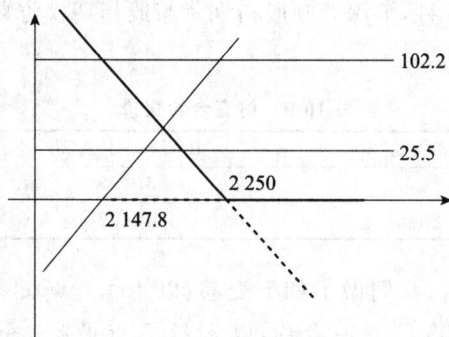

图 10-4　转换套利

不难看出,在不考虑手续费等其他成本的情况下,转换套利的条件为:期权行权价格(X,相当于合成期货空头的价格)—期货价格(F)>买入看跌期权付出的权利金(P)—卖出看涨期权收到的权利金(C)。通过移项整理,得到转换套利的条件(不考虑手续费等)为:$C - P > F - X$。转换套利的收益为:$X - F - P + C$。

4. 反向转换套利的实质与案例

反向转换套利是指在买入看涨期权、卖出看跌期权的同时,卖出相关期货合约的交易,其操作与转换套利相反。其中看涨期权与看跌期权的行权价格和到期日相同,相关期货合约的交割月份与期权到期月份也相同。反向转换套利的实质,是用看涨期权和看跌期权合成多头头寸,同时卖出期货合约,拥有空头头寸。空头头寸和多头头寸锁定的利润大于成本,这时就有套利机会。

仍以 4 月 28 日 13 时 31 分 5 秒,沪深 300 股指期货与期权仿真合约报价(单位:点)情况为例。

表 10-11　仿真合约报价

	IO-1405-C-2100	IO-1405-P-2100	IF1405
申买价	73.2	32.9	2 147.6
申卖价	73.3	33	2 147.8

发现反向转换套利机会后,以 73.3 点买入 3 手 IO-1405-C-2100 合约,以 32.9 点卖出 3 手 IO-1405-P-2100 合约,以 2 147.6 点卖出 1 手 IF1405 合约。在不考虑手续费及占用保证金资金成本的情况下,到期损益点数如表 10-12 所示。

表 10-12　到期损益点数

到期点位	买入 IO-1405-C-2100	卖出 IO-1405-P-2100	买入 IF1405	总损益
1 000	−73.3	−1 067.1	1 147.6	7.2
2 100	−73.3	32.9	47.6	7.2
6 100	3 926.7	32.9	−3 952.4	7.2

无论指数点为多少,都可以获得 7.2 点的无风险收益。如果仍以手续费 300 元、保证金占用为 30 万元、贴现率 5% 测算,年化收益率在 7% 以上。

在不考虑手续费等其他成本的情况下,反向转换套利的条件为:期货价格(F)−期权行权价格(X,相当于合成期货多头的价格)>买入看涨期权付出的权利金(C)−卖出看跌期权收到的权利金(P),即 $C-P$。

综上,当看涨期权价格−看跌期权价格=期货价格−期权行权价格时,没有转换套利或反向转换套利的机会。而只要这种相等的关系被打破,并且上述等号任意一侧超出另一侧的点数足够弥补手续费等成本,即出现了无风险套利机会。在仿真交易中,是无须考虑占用保证金资金成本的,而目前的手续费成本为 1~2 个点,故仿真交易中超出 2 个点即可套利,而在真实交易中还必须考虑占用保证金的资金成本。

(二)垂直套利

垂直套利(vertical spread)又称"价格套利"或"货币套利"。它的交易方式是按照不同的执行价格同时买进和卖出同一合约月份的看涨期权或看跌期权。

垂直套利形式有 4 种:牛市看涨期权、牛市看跌期权、熊市看涨期权、熊市看跌期权垂直套利。

1. 牛市看涨期权垂直套利

表 10-13　牛市看涨期权垂直套利综合分析表

策略	买 1 份低执行价格的看涨期权(A),卖 1 份更高执行价格的看涨期权(B)
使用范围	看多后市,但认为不会大幅上涨。特点在于权利金成本低,风险收益均有限
最大风险	净权利金支出=收取的权利金−支出的权利金
最大收益	(高执行价格−低执行价格)−最大风险=执行价格差−净权利金支出
损益平衡点	低执行价格+最大风险或高执行价格−最大收益
履约后头寸	买低卖高

2. 牛市看跌期权垂直套利

表 10-14　牛市看跌期权垂直套利综合分析表

策略	买1份低执行价格的看跌期权(A),卖1份更高执行价格的看跌期权(B)
使用范围	预测行情看涨。投资者看好后市,希望卖出看跌期权以赚取权利金。他认为市价会逐步上升,而卖出期权是可以收取权利金的。而买入的低执行价格的看跌期权以控制价格可能下跌出现的风险
最大风险	(高执行价格－低执行价格)－最大收益
最大收益	净权利金
损益平衡点	低执行价格＋最大风险或高执行价格－最大收益
履约后头寸	买低卖高

3. 熊市看涨期权垂直套利

表 10-15　熊市看涨期权垂直套利综合分析表

策略	卖1份低执行价格看涨期权(A),买1份高执行价格的看涨期权(B)
使用范围	预测行情看跌。卖方希望从熊市中收益,于是卖出看涨期权,但又通过买进看涨期权来降低风险。如果标的物价格上涨,后者将限制损失;如果标的物价格下跌,后者将会限制收益,但总体风险是有限的
最大风险	(高执行价格－低执行价格)－最大收益
最大收益	净权利金
损益平衡点	低执行价格＋最大收益或高执行价格－最大风险
履约后头寸	买高卖低

【例 10-2】 卖出执行价格为 920 美分/蒲式耳的芝加哥期货交易所(CBOT)7 月大豆看涨期权,权利金为 80 美分/蒲式耳,买进执行价格为 940 美分/蒲式耳的 CBOT-9 大豆看涨期权,权利金为 69.1 美分/蒲式耳,即为熊市看涨期权套利。则:

最大收益＝80－69.1＝10.9 美分/蒲式耳;

最大风险＝(940－920)－10.9＝9.1 美分/蒲式耳;

损益平衡点＝920＋10.9＝930.9 或 940－9.1＝930.9 美分/蒲式耳。

4. 熊市看跌期权垂直套利

表 10-16　熊市看跌期权垂直套利综合分析表

策略	卖1份低执行价格看跌期权(A),买1份高执行价格的看跌期权(B)
使用范围	预期市场价格下跌到一定水平,买方希望从熊市中收益,但是通过卖出看跌期权来降低权利金成本。在标的物价格上涨时降低损失,在标的物价格下跌时限制收益。风险有限,利润也有限

最大风险	净权利金
最大收益	（高执行价格－低执行价格）－净权利金
损益平衡点	低执行价格＋最大收益或高执行价格－最大风险
履约后头寸	买高卖低

（三）日历套利

日历套利，即水平套利，又称为日期套利（calendar spread）、横向套利、跨月份套利或时间套利，是指买进和卖出敲定价格相同但到期月份不同的看涨期权或看跌期权合约的套利方式。该策略特点在于，投资者就期权到期日时间进行差别化交易以寻求套利机会。

由于水平套购涉及的两个期权的到期日不同，在期限较短的期权到期时，期限较长的期权的价值是标的股票价格的非线性函数，因此，损益状况图是非线性的。

如果在期限较短的那个期权到期时标的股票的价格接近期权的执行价格，那么水平套购策略将盈利；反之，水平套购策略将亏损。

日历套利的盈利点主要在于期权的因时减值因素，由于近期到期期权因时衰减远胜于远期到期期权，便存在了套利的机会。随着时间的消逝，因时减值的作用在近期到期期权上的程度会比到期日较远的期权要大得多，即近期期权价值的衰减要远胜于到期日较远的期权，如此，投资者在近期期权到期日前将该套利头寸平仓了结，以获取远、近期权的价值基差的变化。日历套利的优点在于初始投资相对便宜，并且很容易调整头寸组合。由于日历套利构建初始是一种债务套利行为，其最大的风险虽然是初始构建时所付出的权利金成本，但相应锁定了风险。构建时费用有限，日历套利的风险收益却比较可观。如果期权的隐含波动率上升，即期权价格发生跃升，但标的资产价格并未实质性变化时，交易者在短期内便可以获得可观的盈利。

（四）跨式套利

跨式套利是一种基于行情波动性判断的常用组合策略。在一段时间内，投资者如果认为行情会有爆发性的运动，虽然并不确定行情的方向性，但是可以考虑同时买入买权与卖权，如此，投资者都将有利可图。反之，如预期短期内股市将走粘滞盘整的小幅振荡行情，基于这种低波动率的预期，投资者可以考虑同时卖出买权与卖权，从而获取权利金收入。

进行跨市套利的条件为执行价格、买卖方向和到期日相同。

1. 买入跨式套利

投资者同时买入相同执行价格的买权与卖权，适用于对后市方向判断不明确，但认为会有显著波动的情况。如一份可以左右市场的宏观经济统计报告即将公布，或者标的资产正面临强支撑位或阻力位，并预计将在这一价格水平有强烈反弹或向下反转。

图 10-5 显示，买入跨式套利中，初始权利金投入为买权与卖权的权利金之和 OA，盈利

平衡点 P_1 与 P_2 关于初始购买点 A 对称,标的股指波动性越大,向 P_1 与 P_2 两端延伸得越远,对期权头寸越有利,因此买入跨式套利也可看成是购买波动性的行为。

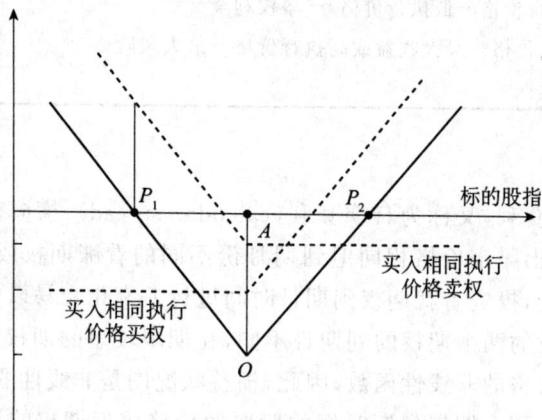

图 10-5 买入跨式套利损益示意

2. 卖出跨式套利

卖出跨式套利是一种卖出市场波动的行为,在市场波动率平稳时有利可图。在卖出跨式组合中,投资者通过同时卖出执行价相同的买权与卖权,获得初始的两笔权利金收入,并从股指的窄幅波动中稳固期初盈利。

图 10-6 显示,投资者进行反向套利行为时,初始可获得买权与卖权的权利金叠加收入 OA,并拥有 P_1 到 P_2 段的收益保证,并且由于是卖出操作,因时减值对于投资者是有利的。从某种意义上说,跨式套利并非针对价格走向判断做出的策略组合,其本质更像是一种交易波动率的行为,在投资者对后市走向判断不明、但对后市的波动幅度有所预判时适用。

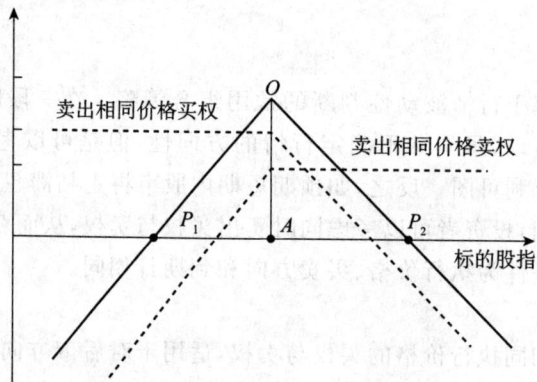

图 10-6 卖出跨市套利损益示意

跨式套利并不必拘泥于相同的定约执行价操作,特别是对于喜好卖出波动性的投资者而言,卖出跨式套利风险平衡的 P_1 与 P_2 间的宽度非常重要。适当拉开两点间的距离,进行不同定约价的期权操作,就变得比较合理,这种操作即为宽跨式套利。作为跨式套利的升级,构建宽跨式组合的投资者同时买进或卖出相同到期日但不同执行价格的看涨期权与看跌期权。买入宽跨式套利的操作比跨式套利成本低,但需要较大的波动才能实现损益平衡或获利(见图10-7)。相应的,卖出宽跨式套利操作中达到损益平衡点所要求的股指波动较大、时间较长,可作为中、长线的配置策略(见图10-8)。

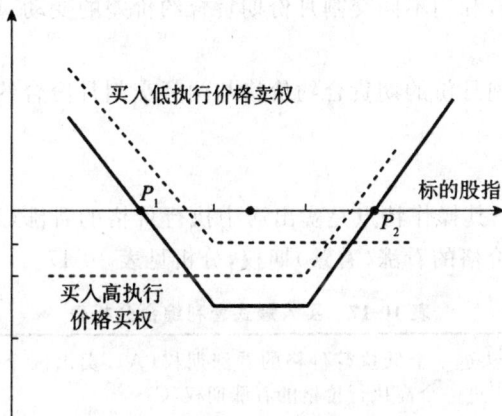

图 10-7 买入宽跨式套利损益示意

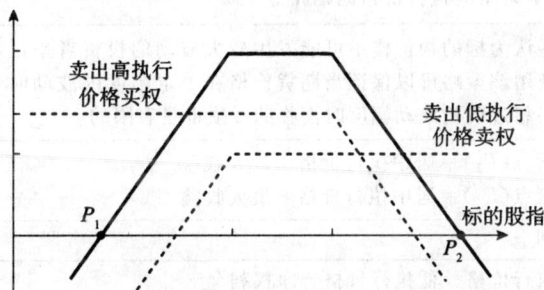

图 10-8 卖出宽跨式套利损益示意

(五)蝶式套利

蝶式套利是利用不同交割月份的价差进行套期获利,由两个方向相反、共享居中交割月份合约的跨期套利组成。它是一种期权策略,它的风险有限,盈利也有限,是由1手牛市套利和1手熊市套利组合而成的。蝶式套利形成的条件为低执行价、居中执行价和高执行价之间的间距相等。

蝶式套利是套利交易中的一种合成形式,整个套利涉及近期合约、远期合约以及更远期合约三个合约,我们称为近端、中间、远端。蝶式套利在净头寸上没有开口,它在头寸的布置上,采取1份近端合约：2份中间合约：1份远端合约的方式。其中近端、远端合约的方向一致,中间合约的方向则和它们相反。即一组是买近月、卖中间月、买远月,另一组是卖近月、买中间月、卖远月。两组交易所跨的是三种不同的交割期,三种不同交割期的期货合约不仅品种相同,而且数量也相等,差别仅仅是价格。正是由于不同交割月份的期货合约在客观上存在着价格水平的差异,而且随着市场供求关系的变动,中间交割月份的合约与两旁交割月份的合约价格还有可能会出现更大的价差。这就造成了套利者对蝶式套利的高度兴趣,即通过操作蝶式套利,利用不同交割月份期货合约价差的变动对冲了结,平仓获利。

1. 蝶式套利的原理

套利者认为中间交割月份的期货合约价格与两旁交割月份合约价格之间的相关关系将会出现差异。

2. 蝶式套利的种类

(1) 买入蝶式套利。其操作特点是卖出居中执行价格的看涨(看跌)期权的同时买入两边低执行价格和高执行价格的看涨(看跌)期权,分析见表10-17。

表10-17　买入蝶式套利综合分析表

构造方法	方式一:买进一个低执行价格的看涨期权(A),卖出两个居中执行价格的看涨期权(B),再买进一个高执行价格的看涨期权(C) 方式二:买进一个低执行价格的看跌期权(A),卖出两个居中执行价格的看跌期权(B),再买进一个高执行价格的看跌期权(C) 注意:本策略的执行价格间距相等
使用范围	对那些认为标的物价格不可能发生较大波动的投资者来说,这是一个非常适当的策略。使用该策略可以保证当期货价格在一定幅度内波动时可以获得一定的收益,并在价格超过既定波动幅度时面临的亏损也是有限的
损益平衡点	高平衡点(P_2)＝居中执行价格＋最大收益 低平衡点(P_1)＝居中执行价格－最大收益
最大风险	净权利金
最大收益	居中执行价格－低执行价格－净权利金

(2) 卖出蝶式套利。其操作特点是买入居中执行价格的看涨(看跌期权)的同时卖出两边低执行价格和高执行价格的看涨(看跌期权),对卖出蝶式套利的具体分析见表10-18。

表10-18　卖出蝶式套利综合分析表

构造方式	方式1:卖出一个低执行价格的看涨期权(A),买入两个居中执行价格的看涨期权(B),再卖出一个高执行价格和看涨期权(C) 方式2:卖出一个低执行价格的看跌期权(A),买入两个居中执行价格的看跌期权(B),再卖出一个高执行价格的看跌期权(C) 注意:本策略的执行价格间距相等

使用范围	适合标的物价格可能发生较大波动的情况。投资者认为市价出现向上或者向下突破,但是又不愿意支付买入跨式期权那么多的权利金。这种策略可以在价格出现大幅度变化时获取收益,并且即使预测错误,所承担的损失也是有限的
损益平衡点	高平衡点(P_2)＝居中执行价格＋最大风险值 低平衡点(P_1)＝居中执行价格－最大风险值
最大风险	居中执行价格－低执行价格－净权利金
最大收益	净权利金

3. 蝶式套利的特点

(1) 蝶式套利实质上是同种商品跨交割月份的套利;

(2) 蝶式套利由两个方向相反的跨期套利组成;

(3) 连接两个跨期套利的纽带是居中月份的期货合约,数量是两端之和;

(4) 蝶式套利必须同时下达3个买卖指令;

(5) 蝶式套利与普通的跨期套利相比,从理论上看风险和利润都较小。

(六)飞鹰式套利

飞鹰式套利,也叫秃鹰式套利,是指分别卖出(买进)两种不同执行价格的期权,同时分别买进(卖出)较低与较高执行价格的期权。所有的期权都有相同的类型、标的合约与到期日,执行价格的间距相等。

1. 买入飞鹰式期权组合套利

策略:本策略的履约价格间距相等。

(1) 买进1个低履约价格看涨期权,卖出1个中低履约价格看涨期权,卖出1个中高履约价格看涨期权,买入1个高履约价格看涨期权。

(2) 买进1个低履约价格看跌期权,卖出1个中低履约价格看跌期权,卖出1个中高履约价格看跌期权,买入1个高履约价格看跌期权。

牛市:预期价格波幅较大,买入虚值看涨期权或实值看跌期权飞鹰式套利。

中市:预期价格波幅较大,买入平值看涨期权或平值看跌期权飞鹰式套利。

熊市:预期价格波幅较大,买入实值看涨期权或虚值看跌期权飞鹰式套利。

表 10-19 买入飞鹰套利分析表

构造方式	方式一:买进一个低执行价格(A)看涨期权,卖出一个中低执行价格(B)看涨期权,卖出一个中高执行价格(C)看涨期权,再买入一个高执行价格(D)看涨期权 方式二:买进一个低执行价格(A)看跌期权,卖出一个中低执行价格(B)看跌期权,卖出一个中高执行价格(C)看跌期权,再买入一个高执行价格(D)看跌期权 注意:本策略的执行价格间距相等

使用范围	对后市没把握,但希望标的物价格到期时能在中低执行价格与中高执行价格之间。投资者认为,市场价格会处于某个幅度内,但希望投资一个比蝶式套利更保守的组合,即扩大平衡点之内的价格范围,而损失则控制在一定水平之内
损益平衡点	高平衡点(P_2)＝中高执行价格＋最大收益 低平衡点(P_1)＝中低执行价格－最大收益
最大收益	最大收益＝中低执行价格－低执行价格－净权利金
最大风险	净权利金

2. 卖出飞鹰式期权组合套利

策略:本策略的履约价格间距相等。

(1)卖出1个低履约价格看涨期权,买入1个中低履约价格看涨期权,买入1个中高履约价格看涨期权,卖出1个高履约价格看涨期权。

(2)卖出1个低履约价格看跌期权,买入1个中低履约价格看跌期权,买入1个中高履约价格看跌期权,卖出1个高履约价格看跌期权。

牛市:预期价格波幅较小,卖出实值看涨期权或虚值看跌期权飞鹰式套利。

中市:预期价格波幅较小,卖出平值看涨期权或平值看跌期权飞鹰式套利。

熊市:预期价格波幅较小,卖出虚值看涨期权或实值看跌期权飞鹰式套利。

表 10-20　卖出飞鹰式套利综合分析表

构造方式	方式一:卖出一个低执行价格看涨期权(A),买入一个中低执行价格看涨期权(B),买入一个中高执行价格看涨期权(C),再卖出一个高执行价格看涨期权(D) 方式二:卖出一个低执行价格看跌期权(A),买入一个中低执行价格看跌期权(B),买入一个中高执行价格看跌期权(C),再卖出一个高执行价格看跌期权(D) 注意:本策略的执行价格间距相等
使用范围	对后市没把握,但希望标的物价格到期时能低于低执行价格或高于高执行价格。投资者认为,市场会出现向上或向下突破,但嫌卖出蝶式套利组合所付出的权利金太高,因此愿意将平衡点的距离拉大,减少权利金支出
损益平衡点	高平衡点(P_2)＝高执行价格－净权利金 低平衡点(P_1)＝低执行价格＋净权利金
最大收益	净权利金
最大损失	最大损失＝中低执行价格－低执行价格－净权利金

(七) 比率期权套利

1. 反向比率看涨期权套利

策略:卖出1份低履约价格的看涨期权,买入2份高履约价格的看涨期权。

适用范围:中性市场。投资者认为价格波动率上升,市场将出现趋势,理论上可以买入跨式期权。不过,投资者较为看好后市,而且希望付出较低的权利金。

最大风险:(高履约价格－低履约价格)－净权利金

最大收益:低履约价格之下＝净权利金。

　　　　高履约价格之上＝标的物结算价－高履约价格＋最大风险

损益平衡点:高平衡点＝高履约价格＋最大风险

　　　　　低平衡点＝低履约价格＋净权利金

2. 反向比率看跌期权套利

策略:卖出 1 份高履约价格的看跌期权,买入 2 份低履约价格的看跌期权。

适用范围:中性市场。投资者认为价格波动率上升,市场将出现下跌。

最大风险:(高履约价格－低履约价格)－净权利金

最大收益:高履约价格之下＝净权利金

　　　　低履约价格之上＝低履约价格－标的物结算价－最大风险

损益平衡点:高平衡点＝高履约价格－净权利金

　　　　　低平衡点＝低履约价格－最大风险

3. 正向比率看跌期权套利

策略:买入 1 份高履约价格的看跌期权,卖出 2 份低履约价格的看跌期权。

适用范围:中性市场。投资者认为价格波动率下降,市场窄幅波动。理论上可以卖出跨式组合。不过,投资者较为看好后市,忧虑市价会向上突破,给其持仓带来巨大的风险,希望将市价上升所带来的风险固定在某一水平上。

最大风险:高履约价格之上＝净权利金

　　　　低平衡点之下＝标的物结算价－低履约价格＋最大收益

最大收益:(高履约价格－低履约价格)－净权利金

损益平衡点:高平衡点＝高履约价格－净权利金

　　　　　低平衡点＝低履约价格－最大收益

4. 正向比率看涨期权套利

策略:买入 1 份低履约价格的看涨期权,卖出 2 份高履约价格的看涨期权。

适用范围:中性市场。投资者认为价格波动率下降,市场窄幅波动。理论上可以卖出跨式期权。不过,投资者较为看淡市场走势,不排除市价会大幅下跌。为免市价下跌会承受巨大的下跌风险,他希望控制下跌风险在固定水平之上。

最大风险:低履约价格之下＝净权利金

　　　　高平衡点之上＝高平衡点－标的物结算价

最大收益:(高履约价格－低履约价格)－净权利金

损益平衡点:高平衡点＝高履约价格＋最大收益

　　　　　低平衡点＝低履约价格＋净权利金

（八）盒式期权组合套利

盒式套利又称箱式套利,是由一个牛市价差组合和一个熊市价差组合构成。箱型差价关系是建立在牛市差价期权与熊市差价期权之间的无套利原则之上。换言之,较低执行价格看涨期权价格与较高执行价格看涨期权价格之差,加上较高执行价格看跌期权价格与较低执行价格看跌期权价格之差(视为组合 A),应当等于较高执行价格与较低执行价格之差的贴现值(视为组合 B)。当 A≠B 时,可以通过买低卖高获得两者的价差收益。

箱式(盒式)套利的损益曲线是一条水平的直线,且位于横轴上方。

策略:一个履约价格的合成多头期货合约＋一个价格的合成空头期货合约履约

同步测练

1. 简述期权的发展概况。

2. 期权的套利策略有哪些?

3. 某年 10 月 25 日,模拟交易参与者老张认为,中美纺织品贸易谈判结果不明,棉花价格的波动进一步扩大。当时 CF601 市场价格为 15 340 元,模拟交易中 CF601P15200、CF601PC15600、CF601C15400 和 CF601P15400 四个合约的最新价分别为 160 元、100 元、250 元和 200 元。则老张将采取什么样的交易策略? 如果到期结算价分别为 14 000 元、15 000 元、16 000 元,其损益如何? 画出盈亏结构示意图加以分析。

参 考 文 献

[1] 林孝贵. 期货套期保值的统计分析[M]. 北京:中国矿业大学出版社,1998.

[2] 王健. 期货市场理论与实务[M]. 北京:对外贸易教育出版社,1996.

[3] [美]赫尔(Hull,J.C.). 期货、期权和其他衍生产品[M]. 北京:华夏出版社,2000.

[4] [美]约瑟夫·A. 沃克(Walker,J.A.). 期权市场运作[M]. 北京:清华大学出版社,1998.

[5] 魏振祥. 期权投资[M]. 北京:中国财政经济出版社,2003.

[6] 罗孝玲. 期权投资学[M]. 2 版. 北京:经济科学出版社,2010.

[7] 姜礼尚. 期权定价的数学模型和方法[M]. 2 版. 北京:高等教育出版社,2008.

[8] 吴海峰. 国外最新期权交易方式及技巧:期权专业交易实证分析[M]. 北京:中国商业出版社,
2007.